# Os Nove Arquétipos da Alma Feminina

Cherry Gilchrist

# Os Nove Arquétipos da Alma Feminina

Círculos de Mulheres e a Jornada de Autoconhecimento para
Despertar o Feminino Divino Interior

*Tradução*
Marcelo Brandão Cipolla

Editora
Pensamento
SÃO PAULO

Título do original: *Circle of Nine – An Archetypal Journey to Awaken the Divine Feminine Within.*

Copyright © 2018 Cherry Gilchrist.

Copyright da edição brasileira © 2020 Editora Pensamento-Cultrix Ltda.

1ª edição 2020. / 2ª reimpressão 2023.

Todos os direitos reservados. Nenhuma parte deste livro pode ser reproduzida ou usada de qualquer forma ou por qualquer meio, eletrônico ou mecânico, inclusive fotocópias, gravações ou sistema de armazenamento em banco de dados, sem permissão por escrito, exceto nos casos de trechos curtos citados em resenhas críticas ou artigos de revista.

A Editora Pensamento não se responsabiliza por eventuais mudanças ocorridas nos endereços convencionais ou eletrônicos citados neste livro.

Imagem interior: *Primavera*, 1884 de Sandro Botticelli (1445-1510). Uffizi Gallery, Florença, Itália. Fornecido pela © Gettyimages.com

**Editor:** Adilson Silva Ramachandra
**Gerente editorial:** Roseli de S. Ferraz
**Preparação de originais:** Alessandra Miranda de Sá
**Gerente de produção editorial:** Indiara Faria Kayo
**Editoração eletrônica:** S2 Books
**Revisão:** Vivian Miwa Matsushita
**Capa:** Vinícius Almeida

Dados Internacionais de Catalogação na Publicação (CIP)
(Câmara Brasileira do Livro, SP, Brasil)

Gilchrist, Cherry
   Os nove arquétipos da alma feminina : círculos de mulheres e a jornada de autoconhecimento para despertar o feminino divino interior / Cherry Gilchrist ; tradução Marcelo Brandão Cipolla. -- São Paulo : Editora Pensamento Cultrix, 2020.

   Título original: Circle of nine : an archetypal journey to awaken the divine feminine within
   ISBN 978-85-315-2124-9

   1. Arquétipo 2. Arquétipo (Psicologia) 3. Espiritualidade 4. Feminismo 5. Mitologia - Aspectos psicológicos 6. Mulheres - Psicologia I. Título.

20-33269                                        CDD-150.1954

Índices para catálogo sistemático:

1. Arquétipo : Psicologia 150.1954

Maria Alice Ferreira - Bibliotecária - CRB-8/7964

Direitos de tradução para o Brasil adquiridos com exclusividade pela
EDITORA PENSAMENTO-CULTRIX LTDA., que se reserva a propriedade literária desta tradução.
Rua Dr. Mário Vicente, 368 – 04270-000 – São Paulo – SP
Fone: (11) 2066-9000
http://www.editorapensamento.com.br
E-mail: atendimento@editorapensamento.com.br
Foi feito o depósito legal.

*A minhas netas Eva Grace e Martha Love. Vocês são agora as representantes de nossa linhagem de mães e filhas e me deram inspiração para escrever esta nova versão*
de Os Nove Arquétipos da Alma Feminina.

# Sumário

Agradecimentos ............................................................................. 9
Introdução - A História do Círculo ........................................... 11

Prólogo - O Despertar do Círculo das Nove Mulheres ....................... 17
Capítulo 1 - A Companhia das Nove Mulheres ................................... 21
Capítulo 2 - A Rainha da Terra ............................................................. 41
Capítulo 3 - A Mãe Tecelã .................................................................... 63
Capítulo 4 - A Senhora da Dança ........................................................ 85
Capítulo 5 - A Rainha da Noite ........................................................... 105
Capítulo 6 - A Mãe Justa ..................................................................... 127
Capítulo 7 - A Senhora do Lar ............................................................ 149
Capítulo 8 - A Rainha da Beleza ......................................................... 171
Capítulo 9 - A Grande Mãe ................................................................. 193
Capítulo 10 - A Senhora da Luz .......................................................... 215
Capítulo 11 - O Trabalho com o Círculo das Nove Mulheres ........ 235

Conclusão - Fechando o Círculo ........................................................ 253
Notas Finais ............................................................................................. 255

# AGRADECIMENTOS

Agradeço de coração àquelas mulheres que me deram novas ideias e me forneceram novos materiais para esta versão do livro.

Agradeço, em particular, às membras fundadoras da Associação das Nove Senhoras, que me ajudaram a recapitular a história que temos em comum e a vislumbrar o futuro da espiritualidade feminina. Presto aqui uma homenagem especial à saudosa Barbara Cousins, que me encorajou a escrever a nova versão do livro. Sou grata a ela por toda uma vida de amizade e trabalho em conjunto.

A Fleur Darkin, por sua disposição a partilhar o amor pela dança e por ter exposto de maneira maravilhosa o significado da dança, iluminando o capítulo sobre a Senhora da Dança.

A Liz Erett, por ter me ajudado com a matemática do número nove. Sua colaboração foi muito bem recebida pelo meu cérebro avesso a números.

Às integrantes do grupo do Círculo das Nove Mulheres em Amberley, que me ajudaram a manter a chama acesa.

Gostaria de agradecer àqueles que tornaram possível o lançamento deste livro: em especial, à cara memória da falecida Doreen Montgomery, minha agente, cujo apoio e encorajamento me acompanharam de maneira infalível durante mais de vinte anos. O último e-mail que ela me enviou expressava seu contentamento com esta nova versão de *Os Nove Arquétipos da Alma Feminina*.

E agradeço, é claro, à equipe da Red Wheel/Weiser pelo encorajamento e pelos excelentes conselhos de edição. É um prazer trabalhar com vocês!

Por último na ordem, mas não na importância, agradeço a meu marido, Robert Lee-Wade, por ter se disposto a deixar o Círculo das Nove Mulheres entrar na nossa vida e por ter partilhado comigo tantas aventuras, percorrendo terrenos selvagens em meio à chuva e à neblina para encontrar alguns círculos de pedras das Nove Donzelas.

# Introdução

# A HISTÓRIA DO CÍRCULO

Num dia frio de primavera, em março de 1981, um pequeno grupo de mulheres se reuniu no círculo de pedra das Nove Senhoras, no condado de Derbyshire, Inglaterra. Foram atraídas a esse local remoto pelo nome do círculo, na esperança de que ele pudesse proporcionar inspiração para uma nova forma de trabalho feminino. Ali, nas charnecas de High Peak, há nove pedras na altura da cintura de uma pessoa – uma presença elegante naquela paisagem agreste.[1] Para a surpresa das mulheres, o círculo megalítico da Idade do Bronze não estava vazio; no centro das lápides lascadas havia um buquê com nove narcisos. As flores amarelas reluziam como um farol, iluminando o círculo e imprimindo seu selo ao trabalho espiritual inaugurado naquele dia, que continua sendo praticado até hoje.

Embora eu não estivesse presente no círculo de pedras naquela primeira ocasião, fui uma das que ajudaram a fundar os primeiros grupos de mulheres logo após. Nosso trabalho girava em torno dos nove arquétipos que você vai conhecer neste livro: as três Rainhas, as três Senhoras e as três Mães. Trabalhando juntas, definimos seus nomes e exploramos seus atributos em termos contemporâneos, dando nova forma às nove figuras míticas que, sob diversos disfarces, têm estado conosco desde tempos imemoriais. Aqui, exploraremos esses arquétipos com os nomes de Rainha da Terra, Mãe Tecelã, Senhora da Dança, Rainha da Noite, Mãe Justa, Senhora do Lar, Rainha da Beleza, Grande Mãe e Senhora da Luz.

O primeiro impulso no sentido da criação de uma nova rede de mulheres nasceu de uma sensação de frustração. A maioria de nós estava engajada em trabalhos de natureza mística ou filosófica, mas não parecia haver, dentro desse contexto, uma forma apropriada para que as mulheres trabalhassem juntas. Nos grupos mistos, a tendência era que as especulações masculinas predominassem; o esforço de incorporar e praticar ideias, tão essencial para o jeito feminino de trabalhar, ficava em segundo plano. No fim, a fundação dos nossos grupos de mulheres não somente se mostrou importante em si e por si, como também ajudou a criar um equilíbrio melhor nos grupos mistos dos quais continuávamos participando. De lá para cá, sempre nos pautamos pelo princípio de que o trabalho feminino incorpore tanto o nível abstrato quanto o nível prático da vida. Podemos tentar alcançar as estrelas, mas também devemos ter os pés no chão. As pedras do círculo das Nove Senhoras nos lembram disso: apontam para o céu, mas estão profundamente arraigadas na terra.

## O TRABALHO FEMININO E O CÍRCULO DAS NOVE MULHERES

As mulheres têm um potencial extraordinário. Às vezes se diz que elas já sabem tudo – só precisam descobrir e encontrar meios de expressar o que sabem. Isso porque a mulher tem o potencial de se unir à vida que leva dentro de si e trazê-la ao mundo. Quer ela tenha um filho, quer não, seu potencial biológico de fazê-lo, como também seu potencial espiritual, a sintoniza com os ritmos e as marés da vida de um jeito inacessível aos homens. Os homens são mais singulares; seus limites são mais impermeáveis. Não estou dizendo aqui que as características de um dos dois sexos são superiores às do outro; quero apenas assinalar que o conhecimento profundo e inato das mulheres é um poder que reside dentro delas. O problema está em saber formular o que sabemos e em agir com consciência de acordo com esse conhecimento, sempre com verdadeira compreensão.

Por natureza, as mulheres parecem ser capazes de encontrar significado em símbolos que permitem que as emoções fluam sem ser obstaculizadas por contestações "racionais". Na qualidade de mulheres, podemos usar os arquétipos das Nove Mulheres para nos ajudar a entender nossa vida individual – nos ajudar a expressar aquilo que, lá no fundo, já sabemos. Fazendo contato com as figuras arquetípicas do Círculo das Nove Mulheres, nos tornamos mais fortes, mais empoderadas, até mais alegres. Com a ajuda desses arquétipos, podemos também trabalhar de modo mais dinâmico, às vezes fundindo-nos com a identidade feminina coletiva, às vezes lançando mão de nossos pontos fortes e capacidades particulares a fim de agir no mundo com mais eficácia. Assim, o Círculo das Nove Mulheres pode nos ajudar a soltar as amarras do nosso verdadeiro potencial.

Alguns anos depois de termos começado nosso trabalho, decidi escrever sobre os arquétipos para um público mais amplo, o que levou à publicação da primeira versão deste livro, em 1988. O livro alcançou muitos leitores e foi publicado em vários países, possibilitando que muitas pessoas e grupos estabelecessem contato com os nove arquétipos e criassem suas próprias formas de trabalhar. No decorrer dos anos, recebi relatos de leitoras acerca de como as Nove Mulheres inspiraram peças de teatro, romances e até perfumes, além de deixar uma marca significativa na vida das mulheres.

Esforçando-me para manter esses nove arquétipos vivos e acessíveis às mulheres ainda por muitos anos, decidi reescrever o livro original para o público do século XXI. As coisas mudaram muito desde que escrevi a primeira versão, e não foi fácil trabalhar em cima do texto original – embora as recompensas tenham valido a pena. Meu objetivo foi dar vida nova ao texto, sem, porém, descartar todo o material valioso do original. Atualizei o conteúdo para torná-lo mais pertinente à nossa época e acrescentei dois capítulos novos: o primeiro, que apresenta as tradições antigas ligadas aos nove arquétipos, e o último, que discute o trabalho prático com o Círculo das Nove Mulheres. Por fim, procurei ampliar o máximo possível o meu próprio ponto de vista, a fim de torná-lo condizente com tudo o que, como mulher, tenho vivido ao longo dos anos. Quando escrevi a primeira versão do livro, eu era uma mãe relativamente jovem; agora sou avó. Para mim, foi incrível me ver capaz de combinar as ideias de uma jovem, de uma mãe e de uma avó – respeitando as diferenças entre elas, mais deixando, também, que cada uma delas exista como parte de um contínuo de envolvimento com os nove arquétipos femininos. Sou muito grata por essa oportunidade.

Enquanto trabalhava na redação da nova versão do livro, consultei outras membras fundadoras do nosso círculo, que ajudaram a lançar luz sobre certas questões mais difíceis; algumas das sugestões que elas deram foram incorporadas ao texto. Além disso, recebi uma ajuda valiosíssima de algumas mulheres mais jovens que me contaram sobre suas vidas e me deram ideias acerca de novas maneiras de abordar os arquétipos. Minha interpretação é individual, mas, se eu for capaz de apontar o caminho para que outras pessoas explorem essa tradição, sentirei que terei feito o necessário para representar o antigo Círculo das Nove Mulheres.

# COMO USAR ESTE LIVRO

*Os Nove Arquétipos da Alma Feminina* apresenta uma estrutura arquetípica testada e comprovada com a qual podemos trabalhar. O modo pelo qual essa estrutura está exposta no livro é relativamente fácil de entender. O primeiro capítulo explora o antigo símbolo das nove mulheres, interpretando-o como um modelo para os trabalhos mágicos e espirituais. É essa a sementeira de onde nasceu o nosso próprio Círculo das Nove Mulheres, e recomendo que você de fato comece pelo Capítulo 1 para ganhar perspectiva e conhecer os antecedentes do nosso trabalho. Seguem-se então estudos individuais sobre cada um dos nove arquétipos, em capítulos isolados que podem ser lidos em qualquer ordem. Há certas vantagens, entretanto, em realizar a leitura dos capítulos na ordem em que os apresento, pois o desenvolvimento de certos temas poderá, assim, ser acompanhado. Por outro lado, é possível ler primeiro, por exemplo, todos os capítulos dedicados às Rainhas, depois todos os dedicados às Mães, e depois todos os dedicados às Senhoras. Qualquer sequência é válida, e todas elas acrescentarão algo à sua compreensão das Nove Mulheres. Também pode ser muito recompensador estudar um capítulo de cada vez, pois isso poderá lhe dar ideias criativas sobre como descobrir os arquétipos em sua própria vida.

Para tornar nossa discussão mais concreta, o último capítulo do livro descreve esquemas específicos de trabalho com os arquétipos, quer individualmente, quer num grupo de mulheres. Também aborda a questão do trabalho feito em conjunto por pessoas de várias gerações, com sugestões de atividades que podem ser feitas por mães e filhas e avós e netas.

*Os Nove Arquétipos da Alma Feminina* é um manual prático e também uma investigação teórica dos arquétipos e da vida das mulheres. Embora seja provável que estas venham a constituir a maioria do público leitor do livro – e em geral vou me dirigir ao leitor no feminino –, espero que o livro tenha alguns leitores do sexo masculino, pois os nove arquétipos femininos podem também ter um significado profundo para os homens.

Uma nota sobre o título original dado a este livro: *The Circle of Nine* [O Círculo das Nove] é o nome que dei não somente a este livro, mas também aos grupos que dirijo. Outros grupos nascidos da mesma fonte são chamados de Nove Senhoras, em homenagem ao círculo de pedra onde a iniciativa tomou forma. Os dois tipos de grupos têm a mesma linhagem. Embora seja importante que o simbolismo siga a tradição das Nove Mulheres, tal como as conhecemos, os nomes individuais dos círculos podem mudar, se necessário, para refletir uma determinada ênfase.

## Prólogo
# O DESPERTAR DO CÍRCULO DAS NOVE MULHERES

É noite e o círculo de pedra está envolto em sombras profundas. O espaço dentro dele está pesado e escuro e as pedras não passam de formas circunspectas que se inclinam sobre um abismo insondável. São mais sentidas do que vistas; seu número é difícil de determinar; seus contornos são vislumbrados e depois desaparecem, como os detalhes de um sonho de que tentamos nos recordar. Então, a lua aparece em meio às densas nuvens. Sua luz toca as pedras, que entram em foco: são em número de nove. Estão cobertas de rachaduras, que se tornam ainda mais escuras à luz da lua. As fissuras se aprofundam; as superfícies rebrilham. A imobilidade, porém, se foi; as pedras parecem atentas, vivas. Suas formas estranhas vão se contorcendo até que as figuras se tornam fluidas, suaves e móveis. As Nove Mulheres se libertam de sua antiga fixidez, pois a luz voltou a tocá-las e o olho que as vê reconhece o seu ser.

Na luz fria da noite, suas formas parecem crescer e modificar-se de mil maneiras até que, por fim, o olhar é capaz de fixá-las e seus traços se imprimem na imaginação.

Com suas formas arredondadas e bochechas vermelhas, ela ri. Você também pode rir, se quiser, pois ela é a fertilidade da terra e está de bem com a vida, feliz por estar aqui. Há barro em seus pés, mas ela traz, na cabeça, uma coroa real de espigas de trigo; frutos diversos se derramam de suas mãos. Ela é a Rainha da Terra.

Girando o fuso em suas mãos, puxando o fio, a Mãe Tecelã é pensativa. Ela não se apressa; sua intenção não se precipita, suas mãos são rápidas e ágeis, seu olhar, experiente e estável. Agora seus dedos passam pelos fios, endireitando-os para o trabalho que virá: uma tapeçaria de desenhos e cores inumeráveis.

Há aquela que nunca está parada. Estrelas soltam-se de seus dedos e seus cabelos fluem como a água quando ela dança, de passo leve, sobre a relva coberta de orvalho. A brisa quase a levanta; ela pula, salta e gira, e o vestido de seda se enfuna ao seu redor. A Senhora da Dança é incorrigível, alegre, irresistível.

Brilhante à luz da lua, atenta como um gato, arisca como uma coruja, veloz como um cavalo alado. A Rainha da Noite cumprimenta sua corte; a escuridão ao seu redor está carregada de eletricidade. Ela não espera por ninguém, nada a detém. Levanta as mãos e os braços; seus cabelos tremulam atrás dela enquanto sua capa rebrilha, agitando-se e batendo como as asas de um grande morcego.

A Mãe Justa permanece à sombra, ainda meditativa; mas está preparada, à espera do seu momento. Seu manto é preto, mas sua espada é prateada, afiada e está de prontidão. Seus traços são fortes, mas tristes, pois ela não consegue se esquecer do que sabe.

Onde antes havia uma pedra, agora parece haver uma concavidade na qual brilha uma cálida fogueira. A mulher de azul cuida da fogueira: a Senhora do Lar. Ela se prepara para receber convidados, pessoas estranhas e aqueles que virão depois. Trabalha em silêncio, e poucos percebem a constância de sua atenção. Sê bem-vindo, viajante; senta-te e conta tua história.

A mais bela. Suas bochechas são como de cetim estendido sobre marfim. O ouro e a prata rebrilham em suas vestes. A Rainha da Beleza está presente e se faz ver como uma flor de primavera, minúscula e perfeita – como uma queda-d'água, um cristal finamente lapidado. Cada qual a vê como sua própria imagem da beleza: contida, radiante, nascida da essência.

Aquela cuja forma jamais se evidencia por completo. Quente, com a respiração pesada, a pedra bruta ganhou vida e pulsa como os jorros de sangue escuro dentro das veias. Alguns a chamam de Grande Mãe, pois ela contém tudo dentro de si; por grande que seja uma forma dentro dela, ela própria é maior ainda. O respeito e o medo se juntam ao seu redor, pois ela é a primeira e a última.

A Senhora da Luz é um raio de seda, um contorno difuso, uma lâmpada de paz. Em sua plenitude de luz, ela se torna nada, ninguém; para contemplar sua forma, é preciso velar seu esplendor. Ela está sempre ali: jamais se ausenta, mesmo na escuridão da noite. O toque de sua luz é como o calor do sol; para ela, a imobilidade e o movimento são uma só coisa.

Estas são as Nove Mulheres que guardam o círculo, e vamos conhecê-las uma por uma. Antes, porém, vamos excursionar pela antiga paisagem de onde elas surgiram.

# Capítulo 1

## A COMPANHIA DAS NOVE MULHERES

A tradição que reúne os arquétipos do Círculo das Nove Mulheres é bem antiga – faz parte de uma linhagem que remonta há milhares de anos. Com efeito, a ideia de uma "companhia das nove mulheres" tem servido de base para os mais diversos tipos de trabalho espiritual e mágico feminino no decorrer dos milênios, tanto na vida real quanto nos mitos e lendas. Até agora, no entanto, essa tradição não tem sido considerada fundamental e vital para o jeito feminino de trabalhar. Mesmo quando escrevi a primeira versão deste livro, eu ainda não tinha plena consciência da antiquíssima tradição das nove mulheres. Para mim, foi uma revelação descobrir o quanto essa tradição é significativa e quanto é disseminada.

Exploraremos aqui alguns dos papéis representados pela companhia das nove mulheres nos mitos e na história. Isso nos ajudará a situar a discussão dos arquétipos do Círculo das Nove Mulheres em um contexto mais amplo e nos dará vislumbres da presença das Nove Mulheres em outras culturas, épocas e locais. Compreendendo a tradição em seu contexto mais amplo, poderemos também ter ideias sobre novos trabalhos a serem realizados no futuro.

Começamos nossa jornada numa ilha remota ao largo do litoral da região que hoje chamamos Bretanha. Há quase 2 mil anos, o geógrafo romano Pompônio Mela relatou a existência de um grupo de nove sacerdotisas vivendo nessa ilha, que chamou de Sena – o mais provável é que se trate da ilha que hoje chamamos Île de Sein, ao largo do litoral da Bretanha. Mela nos fala de nove virgens que cuidavam do santuário de um deus gaulês. No entanto, não eram apenas mulheres consagradas; eram famosas como oráculos, e suplicantes vinham de longe para pedir e obter seus conselhos. As videntes, quando quisessem, poderiam oferecer vislumbres do futuro e adivinhar a sorte das pessoas. Porém, seus poderes especiais iam além disso. Eram também capazes de encantar os ventos e os mares de modo a torná-los favoráveis aos navegantes, de assumir a forma de diferentes animais e de curar os mais graves ferimentos e doenças.

Embora não tenhamos outra prova da existência desse grupo, Pompônio Mela era, de maneira geral, bastante confiável nos registros que fazia acerca de pessoas e lugares. Além disso, seu relato é compatível com outros relatos que descrevem grupos de nove sacerdotisas oraculares em outros locais da Europa. Mais ainda: a região do mar onde se situa a ilha de Sena era chamada "Baía dos Mortos" e era vista como um pedaço do "outro mundo" pelos habitantes da região – um local onde seria mais fácil para as videntes levantar o véu que as separava do mundo dos deuses.

Infelizmente para nós, as nove virgens consagradas de Sena deixaram de existir há muito tempo, mas o relato de Mela dá mais peso histórico às tradições folclóricas e míticas que descrevem grupos de nove mulheres que trabalham com poderes mágicos, curativos e divinatórios. Embora a linha divisória entre o mito e a história nem sempre seja tão nítida em relatos desse tipo, é fato que houve, na vida real, assembleias compostas por nove mulheres, e, na maioria dos casos, elas pareciam seguir um padrão comum: um grupo votivo ou irmandade feminina dedicada a uma causa sagrada. Esses grupos votivos eram – e ainda são – portadores genuínos das práticas espirituais e mágicas femininas.

Quando juntei o material para a primeira versão deste livro, na década de 1980, as ferramentas de busca da internet ainda não existiam. Por isso, só encontrei referências esparsas a essas companhias de nove mulheres – embora já em número suficiente para dar a entender que nossos nove arquétipos tinham origem antiga. Agora, com a ajuda da internet, tenho muito mais certeza de que nosso Círculo das Nove Mulheres é um novo florescimento dessa linhagem que remonta à pré-história. A linhagem se encontra numa área que vai da Escandinávia ao Mediterrâneo, passando pela Europa Continental, e chega a leste até a Sibéria. Pode ser, inclusive, que esteja presente no mundo inteiro, pois encontram-se exemplos isolados das Nove Mulheres também na África e na América do Sul.[1]

## A NATUREZA DAS NOVE MULHERES

Todas as manifestações das Nove Mulheres com que me deparei têm sua própria identidade individual, além de papéis, tarefas ou funções específicas a desempenhar. As descrições dessas atividades variam muito: desde servir a uma divindade até adivinhar o futuro, curar, fazer magia ou apenas dançar de alegria. A mistura de mito, história e folclore que caracteriza esses grupos afeta o tom dos relatos, que às vezes são sérios, às vezes leves; às vezes são misteriosos, às vezes factuais. Um dos elementos importantes que todos têm em comum, no entanto, é que em geral elas participam de uma energia cuja fonte é sagrada ou de outro mundo.

Examinando exemplos específicos das Nove Mulheres, evidencia-se quanto o contexto e a passagem do tempo deram forma a essas histórias.

Às vezes, as ações dos arquétipos são demonizadas pelos costumes religiosos ou sociais prevalecentes – a dança pode ser vista como um ato maligno, por exemplo, ou a cura compassiva pode ser entendida como uma prática de magia negra. De certo modo, contudo, essas diferentes versões das Nove Mulheres ajudam a dar coerência à narrativa geral da tradição, pois elas constituem uma versão caleidoscópica de histórias na qual se podem discernir certos padrões em comum. Nem sempre é necessário separar o fato da ficção para ver que essas companhias de nove mulheres têm uma relação geral que as conecta entre si.

Essas companhias têm, em geral, um nome simples – as Nove Donzelas, as Nove Irmãs, as Nove Senhoras, as Nove Filhas, as Nove Virgens ou, de vez em quando, as Nove Mães. Além disso, muitos grupos não atribuem nomes individuais aos arquétipos, ao contrário do que se verifica em nosso Círculo das Nove Mulheres – embora às vezes a figura que lidera o grupo, ou uma ou duas de suas seguidoras, tenha nome. No geral, os grupos se distinguem mais pelo contexto e pela função que pelo nome.

A partir dos exemplos que examinamos aqui, fica claro que as nove figuras que integram essas companhias não são vistas como deusas. São consideradas videntes, curadoras sagradas, devotas de uma divindade ou dançarinas cheias de energia, mas não seres divinos. Podem ter contato com os deuses, divisar o futuro e metamorfosear-se em diferentes animais, mas não são, elas próprias, divindades. Essa distinção é importante, sobretudo na medida em que se aplica aos arquétipos do nosso Círculo das Nove Mulheres. Os nove arquétipos não são deusas; têm um aspecto mítico, mas também se manifestam na vida de mulheres comuns.

Na verdade, toda a dificuldade e a alegria de trabalhar com o arquetípico Círculo das Nove Mulheres vêm dessa polaridade. As Nove Mulheres nos estimulam a abraçar tanto o aqui e agora quanto a dimensão mítica da vida e a ver os arquétipos funcionando nos dois contextos. Talvez isso explique por que é difícil saber se alguns dos exemplos históricos são míticos ou reais, e por que muitas vezes o que se obtém é uma curiosa mistura das duas coisas. A lição, para nós, é que as Nove Mulheres precisam passar a fazer parte da nossa vida concreta enquanto mulheres, mesmo que emanem de um mundo espiritual ou não material. Um poema grego do século VII a.C. relata que as Nove Mulheres transitam entre os mundos material e espiritual na qualidade de nove belas donzelas que usam colares brilhantes de marfim. Elas entram dançando no mundo dos mortos e aproximam-se da deusa que ali reside. No poema, fica claro que estão sob as ordens dessa deusa sem nome, mas não têm o mesmo *status* sagrado.[2]

> *Nós, que vivemos entre os mortos e chegamos*
>
> *à própria Deusa, nove meninas,*
>
> *donzelas, amáveis em nosso dançar,*
>
> *na luminosa beleza dos tecidos*
>
> *drapeados, com colares finamente cinzelados*
>
> *de marfim, brilhamos, esplendorosas,*
>
> *perante os mortos, como a luz do sol esquecida.*

## GRUPOS DE TRÊS E DE NOVE

Por que o número nove é tão importante nessa tradição? Um dos principais fatores talvez seja a importância do número três, que dá origem ao nove quando multiplicado por si mesmo e está na raiz de muitos exemplos de mitologia feminina. A ideia de uma deusa tríplice é bem antiga, quer na forma de três deusas que constituem uma trindade, quer na de uma única deusa com três faces. Diz-se que Diana, a deusa romana da lua, por exemplo, existe em três modalidades diferentes: senhora da caça, da lua e do mundo subterrâneo. Há também triplicidades de espíritos que presidem a certas coisas – as Três Parcas, as Três Graças e, na origem, as Três Musas, as quais vêm muito ao caso em nosso estudo, pois seu número depois aumentou de três para nove, como veremos. Embora o número três não seja relacionado apenas às mulheres, parece haver uma relação especial entre o feminino e a triplicidade. Talvez isso se deva às mudanças óbvias que ocorrem no corpo da mulher no decorrer de sua vida: virgem, mãe e idosa.

A fórmula "3 x 3" é vista muitas vezes como uma invocação mágica, como o modo por excelência de se selar uma ação. Talvez a "amarração" da magia num encantamento repetido nove vezes seja considerada um modo particularmente feminino de praticar um feitiço ou uma cura. É certo que a fala das bruxas no primeiro ato do *Macbeth* de Shakespeare dá peso a esse fato:

>*Três para ti, três para mim,*
>
>*Três para nove no fim.*
>
>*Silêncio! O encanto está pronto.*[*]

Um dos modos pelos quais se pode determinar se o número nove tem mesmo uma relação especial com as modalidades femininas de trabalho é perguntar se existem grupos análogos de outro número de mulheres – cinco, seis ou oito, por exemplo. A resposta é que, embora haja alguns,

---

[*] *Macbeth*, Ato 1, Cena 3. Tradução de Carlos Alberto Nunes. (N.T.)

não há muitos. Há alguns casos de grupos de sete – as Sete Irmãs das Plêiades, por exemplo – e o sete é visto de fato como um número mágico, mas o que predomina são os grupos de nove.

O próprio número nove tem outra propriedade especialmente significativa. A soma dos algarismos de qualquer múltiplo de nove também dá nove. Ou seja, todos os múltiplos de nove podem ser reduzidos ao próprio número nove (por exemplo: 32 x 9 = 288 = 2 + 8 + 8 = 18 = 1 + 8 = 9). No entanto, não podemos atribuir a esse fato um significado universal, pois essa propriedade só ocorre em nosso sistema numérico decimal, ao passo que exemplos de grupos de Nove também se encontram em culturas que vão desde a pré-história até os gregos e romanos, que usavam sistemas numéricos diferentes. Às vezes, inclusive, os grupos de nove mulheres se tornam grupos de dez quando as nove se põem sob o comando de uma líder. Santa Brígida, por exemplo, tinha um grupo de nove damas de companhia. Era esse também o caso da formidável fada bretã chamada Korrigan, e a deusa nórdica Freya era servida por uma companhia de nove videntes. Nesses casos, a décima figura em geral é uma deusa, um espírito ou uma santa com função orientadora, e as nove mulheres têm todas o mesmo *status* ao redor dessa figura.

Os grupos de nove mulheres também podem ser comandados por uma figura masculina, como no caso das nove donzelas que mexem o caldeirão de Pen Annwyn, o senhor do mundo subterrâneo na mitologia galesa, o das nove filhas do Rei Piero que, na mitologia grega, ousaram desafiar as Musas numa competição de canto e, em razão de sua temeridade, foram transformadas em pássaros. As nove filhas de São Donevaldo, que conheceremos daqui a pouco, são outro exemplo; e até o nosso círculo das Nove Senhoras, em Derbyshire, tem uma décima pedra chamada Pedra do Rei, que está fora do círculo, a cerca de 40 metros dele.

# AS ÚLTIMAS REMANESCENTES DE UMA PODEROSA ORDEM

A visão especulativa a seguir, sobre como uma companhia de nove mulheres pode ter vivido e atuado como fonte de apoio sagrado à sua comunidade, ocorreu-me de modo espontâneo há muitos anos, quando eu explorava uma sequência de imagens relacionadas às tradições femininas. A visão permaneceu vívida em minha memória desde aquela época. Não sei se ela tem alguma exatidão histórica – minha impressão, quando a tive, foi que possa ter vindo de um lugar como a antiga Creta.

Quando tive essa experiência, eu ainda não conhecia em detalhes a antiga tradição de grupos de nove mulheres que viviam e atuavam como adivinhas e conselheiras, muitas vezes isolando-se em ilhas ou cumes de montanha e usando varas como instrumentos sagrados. À medida que fui mergulhando nessa tradição por meio de minhas pesquisas, surpreendi-me ao perceber que o que tinha visto em minha visão era tão compatível com os relatos históricos. Isso dá peso à sensação que tive na época: que eu estava fazendo contato com uma ordem especial de arquétipos do passado. Quer minha visão seja "real" no sentido histórico, quer não, é certo que existem muitos paralelos entre ela e uma tradição de cuja existência, agora, já não tenho dúvidas. Isso me leva a pensar que talvez sejamos capazes de nos sintonizar com uma dimensão da existência que transcende o tempo e o lugar onde nos encontramos e, de algum modo, entrarmos em contato com os grupos de nove mulheres que existiram antes de nós. Assim, podemos viver e trabalhar com consciência, como herdeiras dessa linhagem.

Transmito a vocês agora minha visão, exatamente como a escrevi há muitos anos:

*Vejo mulheres vivendo numa região montanhosa. Elas usam vestidos brancos, leves, e são todas integrantes da mesma companhia, mas passam a maior parte do tempo na solidão. Têm muito conhecimento sobre a natureza* e a ordem natural, mas nem sempre se identificam com ela em seu trabalho. São capazes de invocar e manipular um poder, usando como instrumento, muitas vezes, uma vara fina; no entanto, são devotas e dedicam muito tempo à oração. Têm fontes sagradas onde suas varas podem ser mergulhadas. São as últimas remanescentes de uma poderosa ordem.

Seu símbolo parece ser um galho com três ramos, cada um dos quais também se divide em três na ponta. Elas precisam conservar o calor do lar que naturalmente teriam caso levassem vida em família, mas vivem sem isso. Viver assim não é fácil, e elas são seres raros. São etéreas, puras e devotas e trabalham com amor e conhecimento. São consultadas por pessoas que viajam até onde elas estão, em busca de ajuda e conselho.

Chega ali um homem, talvez um conselheiro do líder ou rei local. Uma das mulheres ergue o galho de três ramos ao cumprimentá-lo. Pelo seu treinamento, ela deve saber a pergunta que ele fará antes ainda que a faça; ela adivinha, assim, o que ele quer saber.

Essas mulheres têm conhecimento a oferecer. Não têm ninguém a quem transmiti-lo, pois seu número vem diminuindo. Peço orientação. Vêm-me as palavras: "O poder da oração é semelhante à água". As palavras vêm acompanhadas da imagem de um riacho correndo entre as pedras. Duas mãos em concha, dentro dele, direcionam-lhe o fluxo. A imagem tem um grande impacto sobre mim, e ouço em seguida: "Experimente e verá".

## AS DONZELAS DO CÍRCULO

As companhias de nove mulheres que pesquisei representam vários arquétipos diferentes, e cada um deles tem diferentes funções a desempenhar. Examinaremos aqui os cinco tipos principais – donzelas santas, donzelas pagãs, donzelas da paisagem, donzelas antigas e donzelas clássicas – tanto em razão do seu interesse histórico quanto para demonstrar que as Nove Mulheres podem se manifestar em diferentes culturas e assumir os mais diversos papéis. É claro que nem todos esses arquétipos são "donzelas" no sentido literal, ou seja, mulheres jovens ou virgens. Só uso o termo porque ele é o mais encontrado nas histórias das Nove Mulheres. O papel de donzela leva em si, em geral, um elemento de devoção ou celebração, bem como uma conexão com a fonte sagrada que opera em cada tradição particular.

*Donzelas santas*

A maioria dos grupos de nove mulheres que encontramos são associados a tradições mágicas ou oraculares, o que talvez evidencie uma afinidade com formas mais antigas de adoração à natureza ou com divindades de períodos mais antigos. Vamos começar com os exemplos cristãos, pois eles nos ajudarão a entender como certas histórias sobre as "nove donzelas" foram modificadas por interpretações posteriores e pela censura cristã.

É provável que os grupos de nove mulheres formados dentro do cristianismo tenham se desenvolvido a partir das tradições anteriores. Elas tinham o papel de criadas ou damas de companhia, mulheres devotas ou exemplos santos de pessoas que viviam pela fé. Isso não significa, entretanto, que fossem sempre meigas e subservientes. Alguns dos exemplos que chegaram a nós dão a entender que elas agiam com grande coragem.

No início do século VIII d.C., um santo de nome Donevaldo se estabeleceu na região da Escócia hoje chamada Glamis e trouxe consigo suas nove filhas. Quando Donevaldo morreu, dizem-nos os cronistas que suas filhas foram convidadas pelo Rei dos Pictos a refugiar-se em Abernethy, no condado de Perthshire. Ali, resolveram dedicar-se à vida em solidão – jejuando, peregrinando e rezando com devoção. Com o tempo, milagres começaram a ser-lhes atribuídos. Embora não saibamos muita coisa sobre elas como indivíduos, os nomes de Mazota e Fincana chegaram a nós, pois foram veneradas como santas posteriormente. Quando morreram, segundo a lenda, as nove filhas foram enterradas ao pé de um carvalho, embora uma versão diga que, na verdade, elas habitavam dentro de um carvalho oco quando mudaram-se para Abernethy. Aí o mito e a história se misturam, talvez girando em torno de uma associação simbólica entre as nove donzelas e as árvores. Na Sibéria, um deus criador chamado Ulgan teria exercido seu domínio sobre os nove ramos da Árvore do Mundo, ajudado por suas nove filhas.

Até o momento em que a Igreja proibiu a comemoração, no século XVII, as vidas das nove filhas de Donevaldo eram celebradas todo ano, quando as donzelas da região faziam uma peregrinação até aquele carvalho. É provável, inclusive, que as peregrinações anuais tenham continuado apesar do decreto das autoridades. O mesmo tipo de rito comemorativo se encontra numa tradição associada a Santa Brígida, que era acompanhada por um círculo de nove damas de companhia. Santa Brígida é venerada em duas tradições. Com o nome de Brida, é associada a uma antiga deusa pagã irlandesa; como santa cristã, tanto a Irlanda quanto a Escócia reivindicam a honra de ter sido o local onde ela viveu. Em sua encarnação escocesa, ela era homenageada todo dia 1º de maio no Poço de Santa Brida (Saint Bride's Well), em Sanquar, onde nove pedras brancas e lisas eram depositadas como oferendas pelas jovens do local. Pode-se entender que as pedras representavam as nove presenças femininas que rodeavam Brígida.[3]

A estranha história de Cálcia, uma nobre romana da Galícia, que era casada com Lúcio Catelo, o governador local, data dos primeiros séculos do cristianismo, embora só tenha sido redescoberta no século XVII. Cálcia deu à luz nove filhas de uma vez. Deu-lhes os nomes de Liberata (liberta), Basília (rainha), Vitória, Márcia (guerreira), Quitéria (vermelha), Eufêmia (respeitada), Marina (porto seguro), Genebra (paz) e Germana (irmã) – nomes associados, todos eles, à segurança, à força e à independência.[4] As filhas depois se tornaram conhecidas como as Nove Irmãs do Mesmo Nascimento. O marido de Cálcia estava ausente quando as crianças nasceram. Por isso, com medo de que suspeitasse que ela houvesse cometido adultério, sua esposa disse à parteira que levasse embora as bebês e as afogasse num rio próximo. A parteira, entretanto, teve pena das meninas e deu-as a uma família cristã do local, sob cujos cuidados elas foram criadas com uma forte fé cristã, muito diferente da religião de seus pais romanos. Quando, mais tarde, as meninas se recusaram a adorar os deuses pagãos, foram levadas à presença de Lúcio Catelo, que ignorava o parentesco que tinha com elas. Foram assim torturadas e assassinadas a mando do próprio pai. Isso as elevou à posição de virgens e mártires, dotando-as de uma santidade toda especial.

Outro exemplo cristão de uma companhia de nove mulheres – seguramente histórico, dessa vez – é o das nove monjas beneditinas que deixaram a Inglaterra em 1623 para fundar um convento em Combrai, Flandres. (Suas sucessoras foram obrigadas a fugir de volta para a Inglaterra na época da Revolução Francesa e o convento está estabelecido hoje na Abadia de Stanbrook, condado de Yorkshire.) As nove jovens eram comandadas pela irmã Gertrude More, tataraneta de Sir Thomas More. Tinham relativa liberdade de pensamento e foram responsáveis pela preservação de vários manuscritos controversos, entre eles uma versão rara das *Revelações do Amor Divino* da mística medieval Juliana de Norwich. Seria por coincidência que houve nove freiras nessa companhia que partiu para começar vida nova na Europa continental? Ou seria esse fato o reflexo de um padrão que as próprias freiras já conheciam – uma tradição transmitida por histórias como as de Santa Brígida e São Donevaldo? Quem sabe? Talvez, agora e no futuro, surgirão ainda outros exemplos de nove mulheres espirituais que trabalhem e rezem juntas no quadro da fé cristã.

*Donzelas pagãs*

A tradição das nove donzelas muitas vezes incorpora choques entre as práticas cristãs e as práticas pagãs, como vimos na proibição da homenagem às nove filhas de Donevaldo. Alguns círculos de pedra e monumentos megalíticos associados às Nove Donzelas ou Nove Senhoras são explicados com dançarinas transformadas em pedra – meninas imprudentes que desobedeceram às regras e dançaram num domingo, dia em que todos os trabalhos e diversões eram proibidos. O círculo de pedras das Nove Senhoras, em Derbyshire; as Nove Donzelas, em Belstone, Dartmoor; as Alegres Donzelas da Cornualha; e o círculo do Violinista e das Donzelas de Stanton Drew, perto de Bristol – todos eram vistos desse modo.[5]

É certo que a dança já foi vista muitas vezes como uma tentação satânica e era proibida pelos anciões puritanos. Por outro lado, talvez as lendas sobre dançarinas petrificadas também tragam em si a memória de garotas dançando em roda, dentro dos círculos de pedra ou ao redor deles, aludindo portanto a antigos rituais pagãos relacionados às nove donzelas que teriam sido realizados pelas garotas da vizinhança. Tanto num caso como no outro, a antiga tradição das Nove Dançarinas não foi – e dificilmente um dia será – suprimida. Diz-se que a pessoa que se aproxima do círculo das Nove Donzelas em Belstone ao meio-dia vê as donzelas recuperarem a vida e começarem sua dança rítmica.[6]

*Donzelas na paisagem*

Há muitos exemplos das Nove Mulheres na forma de acidentes geográficos que fazem parte da paisagem britânica. Eles surgem, o mais das vezes, nas proximidades de círculos de pedras, fileiras de pedras e poços sagrados, sobretudo nas regiões celtas da Escócia, da Cornualha e do condado de Devon. Só na Cornualha, há pelo menos seis círculos que se chamam Nove Donzelas ou Nove Pedras.[7] É provável que o mesmo ocorra em outras partes da Europa – em especial na Bretanha, que partilha a mesma herança celta.

O nome mais comum dessas características da paisagem é Nove Donzelas, mas há também exemplos de Nove Senhoras e Nove Irmãs. Esses nomes são abreviados, em geral, para "As Nove", mas seu vínculo com as Nove Donzelas é evidenciado nas lendas locais e também pelo fato de esses nomes, aplicados a certos monumentos megalíticos, permanecerem teimosamente idênticos, mesmo quando o número de pedras que compõem o monumento não é nove. O círculo de pedra das Nove Senhoras, em Derbyshire, parece ter nove pedras eretas, mas uma décima pedra foi descoberta há pouco tempo e está agora visível, mas não se encontra ereta, e sim deitada no círculo.[8] Dos seis círculos da Cornualha que levam o nome das Nove Donzelas, apenas um tem de fato nove pedras, e duvida-se que tenha sido esse o número original.[9] Até o folclorista William Bottrell, do século XIX, natural da Cornualha, que tentou refutar a importância das Nove Mulheres nos nomes dos monumentos megalíticos, foi obrigado a admitir: "Sabe-se que, por aqui, todos usam o número nove em seus encantamentos e em muitos outros assuntos".

Na Escócia, várias histórias envolvendo nove meninas são associadas a determinados locais da paisagem, mesmo quando os nomes desses locais não incluem a palavra "nove". Na Ilha de Skye, por exemplo, diz-se que um monstro de nove cabeças, em forma de serpente, raptou nove donzelas. Segundo a lenda, quando o monstro por fim foi morto, seu corpo tornou-se a própria ilha. Grupos de nove bruxas também são associados à paisagem. Do outro lado do Canal da Mancha, na Bretanha, diz-se que nove bruxas ou espíritos habitam a montanha chamada Dol; e, na Transilvânia, diz-se que um *coven* maléfico de nove bruxas comandadas por uma velha feiticeira chamada Malvínia controlava a chegada do inverno. As lendas também dão a entender que elas foram, no fim, transformadas em pedra.

Embora a maioria das companhias de nove mulheres tenha um propósito benéfico, algumas lendas ou interpretações inevitavelmente as veem de forma diferente. Nas versões cristãs dessas lendas, as formas pagãs de magia feminina, mais antigas, muitas vezes eram consideradas contrárias aos ensinamentos da Igreja. São Sansão, um santo matador de dragões associado tanto ao Monte Dol, na Bretanha, quanto ao País de Gales, teria encontrado uma mulher galesa que conhecia a magia — ou, dependendo da fonte, uma "bruxa louca" — e havia integrado uma companhia de nove irmãs que moravam na floresta. Enlouquecida, ela brandia um tridente e afirmava ser a última da sua raça.[10]

### Donzelas antigas

Quando consideramos as nove donzelas em sua relação com os monumentos megalíticos, temos de levar em conta que as Nove Mulheres nem sempre foram associadas a essas estruturas de pedra desde o início. Na verdade, é muito difícil saber como os monumentos megalíticos eram usados quando foram construídos, há cerca de 4 mil anos. E conquanto possam, em tese, ter um vínculo muito antigo com a tradição das Nove Donzelas, o mais provável é que a relação destas com esses lugares tenha sido estabelecida mais tarde, quando o propósito original dos monumentos já havia sido esquecido. Pode até ser que eles tenham sido lugares de culto ligados a uma mitologia completamente diferente.

Existe, porém, uma imagem antiquíssima das Nove Mulheres que pode situar a origem da tradição numa época muito mais recuada — algo entre 7.000 e 10.000 a.C. Uma pintura rupestre de nove dançarinas aparece numa série de pinturas nas cavernas de El Cogul, na Catalunha (chamada Roca dels Moros).[11] Representam-se aí nove mulheres dançando ao redor de um homem de pênis ereto. A pintura, que situa em época muito recuada a origem da Dança das Nove Donzelas, é muito semelhante a representações posteriores das Nove Mulheres e nos traz à memória a Pedra do Rei de Derbyshire, que fica fora do círculo de pedra das Nove Damas. Talvez isso também explique a ampla distribuição geográfica da tradição das Nove Mulheres, tratando-se portanto de um culto que transferiu-se de local a local desde muito antes de se começar a registrar a história.

O rito da Dança do Trovão, por exemplo, um sobrevivente da antiquíssima tradição xamânica da Sibéria, envolve oito irmãos e nove irmãs. Diz-se que a dança realizada como parte desse ritual impulsiona o xamã em seu voo rumo ao outro mundo. As nove jovens donzelas brincam nos raios do sol e da lua enquanto dançam em sua subida rumo aos céus e ao descer novamente às montanhas (num movimento que se repete três vezes) para encontrar uma mãe que brilha com o fulgor da luz.[12]

É possível que algo semelhante esteja acontecendo na pintura rupestre da Catalunha, e de fato foi assim que os círculos de pedras das Nove Donzelas foram usados a certa altura de sua história.

*Donzelas clássicas*

A maioria das pessoas já ouviu falar das Musas, as figuras míticas que presidem às artes. As Musas, no entanto, nem sempre foram as figuras ilustres da mitologia clássica. Em suas encarnações anteriores, eram mais associadas à natureza e à adivinhação. Além disso, na cultura grega antiga, as Musas eram, de início, em número de três. Regiam as nascentes de água e eram associadas à inspiração. Mais tarde, seu número aumentou para nove e elas passaram a ser conhecidas como as Filhas da Memória, que constituíam um coro celestial e concediam à humanidade o dom da profecia. Só bem depois, sob a influência romana, é que a cada uma delas se atribuiu a regência de uma determinada arte – Calíope, por exemplo, inspira a poesia épica, ao passo que Terpsícore rege a dança – e que elas passaram a ser representadas da maneira detalhada que conhecemos hoje.

As nove Sibilas também eram, na origem, figuras da cultura grega antiga e depois foram adotadas e adaptadas pelos romanos. As Sibilas eram um grupo de oráculos femininos que profetizavam nos nove mais importantes centros oraculares espalhados pelo mundo antigo. O mais famoso deles era o oráculo de Delfos, mas havia Sibilas que residiam também em outros centros – no santuário de Cumas, por exemplo, perto de Nápoles, onde uma profetisa fazia previsões num transe extático.[13] Suas palavras eram enigmáticas, mas muitas vezes eram consideradas verazes, profetizando eventos que depois de fato vieram a acontecer. No século V a.C., Heráclito escreveu: "A Sibila, enunciando com sua boca em frenesi coisas de que não se deve rir, sem adornos nem perfumes, mas alcançando com sua voz um raio de mil anos pelo auxílio do deus". O piso da catedral renascentista de Siena, na Itália, mostra nove oráculos individualizados e agrupados ao redor de Hermes Trismegisto, o mestre da sabedoria e psicopompo da alma. Assim, o conceito das Nove Mulheres, proveniente da cultura clássica, penetrou na tradição hermética renascentista.

## TRADIÇÕES NÓRDICAS E GALESAS

Antes de explorar os arquétipos individuais que compõem o Círculo das Nove Mulheres, vamos examinar uma companhia mencionada numa saga medieval islandesa intitulada *Eirik Rauda* (*Eric, o Vermelho*). Essa história, que descreve a visita de uma mulher-oráculo a um povoado na Groelândia, não se baseia à risca em eventos históricos, mas nos pinta um retrato bastante fiel da vida naquela época e descreve em cores vivas uma vidente itinerante que, como nos diz a saga, integrava um grupo de nove. Na tradição islandesa, esse tipo de adivinha era chamada *völva* ou, em inglês *spae queen* (rainha da profecia). Muitas vezes, os grupos de profetisas como essa eram associados à deusa nórdica Freya.[14]

A saga nos diz que, quando a *völva* Thorbjorg chegou ao povoado após uma longa jornada, estava cansada e resistiu aos pedidos de seu anfitrião para que lhe fizesse previsões naquela mesma hora. Assim, comeu, descansou e preparou-se para o ritual. Quando estava pronta, Thorbjorg subiu a uma plataforma especialmente construída usando um manto azul crivado de pedras preciosas e semipreciosas, um gorro preto de pele de cordeiro e luvas brancas de arminho. Levava na mão um bastão com cabo de bronze, também incrustado de pedras. Posicionada num assento elevado, declarou-se pronta para dar início ao rito de adivinhação.

Chamou-se uma mulher denominada Gudrid para cantar as necessárias "canções encantatórias" que ajudariam a conduzir Thorbjorg a um estado de transe, para que pudesse responder às perguntas que os habitantes do povoado estavam ansiosos para propor-lhe. Gudrid admitiu que conhecia as canções, mas, por ser cristã, relutava em entoá-las. Os presentes a ajudaram a deixar de lado o zelo e, por fim, ela concordou em cantar:

> *As mulheres se posicionaram em círculo ao redor dela e Thorbjorg subiu ao tablado e ao assento preparados para seus encantamentos. Gudrid então cantou a canção encantatória de modo tão belo e excelente que nenhum dos presentes julgou já ter ouvido aquela canção entoada de modo tão bonito.*
>
> *A rainha da profecia agradeceu-lhe pela canção, dizendo: "Muitos espíritos fizeram-se presentes sob o seu encanto e agradaram-se de ouvi-la, espíritos que, antes disso, afastar-se-iam de nós e não nos dariam tal honra. E, agora, estão claras para mim muitas coisas que antes estavam ocultas tanto para mim quanto para outrem".*[15]

A *völva* fez, então, pronunciamentos dirigidos à comunidade e previsões relacionadas ao clima, às riquezas e a futuros casamentos – incluindo-se aí um casamento para a própria Gudrid. Depois, os homens da comunidade aproximaram-se dela um por um, para lhe fazer perguntas. "Ela também foi generosa em suas respostas", conta-nos a história, "e tudo o que ela disse acabou por se mostrar verdadeiro."

Esse relato pitoresco, tão rico em detalhes, lança suas raízes no contexto histórico da época, mostrando com clareza que a antiga cultura escandinava conhecia a tradição dos círculos de nove mulheres-oráculos associados, na maioria das vezes, à deusa Freya. Além disso, há outros grupos pertinentes de nove mulheres na mitologia nórdica. Dizia-se que nove mulheres cuidavam do Moinho do Mundo, que mói perpetuamente o material cósmico da criação. Hegir, deus das ondas, tinha nove filhas que representavam as ondas do mar, e nove donzelas atuavam como damas de companhia para Menglod, a Senhora do Castelo da Colina da Cura. As famosas Valquírias também se apresentavam, de maneira geral, em número de nove, e nove mães deram à luz Heimdall, o deus guardião de Asgard.

Nas Ilhas Britânicas, a tradição de nove mulheres que operam a cura se encontra no mito das Nove Irmãs de Avalon, entre as quais se destacava a Fada Morgana. Foram elas as mulheres que levaram o moribundo Rei Artur para Avalon, lugar que lembra a Ilha de Sena a que já nos referimos. Outro grupo de habitantes de uma ilha são as nove virgens que, segundo se dizia, moravam na ilha de Grassholm, ao largo do litoral de Pembrokeshire. Eram encarregadas de esquentar o caldeirão da inspiração com seu sopro, numa narrativa semelhante à das nove donzelas que esquentavam o caldeirão de Ceridwen, a mítica feiticeira galesa.

As teias tecidas pelo Círculo das Nove Mulheres abarcam a cura, a profecia e a devoção mística. As Nove Mulheres podem ser servas de um ser sagrado, parteiras da inspiração, senhoras da dança, adivinhadoras do futuro, operadoras de encantamentos ou irmãs da cura. Esse breve resumo da tradição pode servir para dar à leitora uma sensação da presença das Nove Mulheres e da antiquíssima linhagem da qual se originam. É certo que minhas pesquisas me deram, de modo particular, uma sensação de maravilhamento perante essa tradição tão santa e tão bela, que honra a espiritualidade e a sabedoria das mulheres.

Chegou, então, a hora de conhecermos os arquétipos individuais que nos aguardam no Círculo das Nove Mulheres.

# Capítulo 2

## A RAINHA DA TERRA

Nenhuma rainha nasce rainha; em geral, ela começa a vida como princesa. Quando sobe ao trono, reina a princípio como uma rainha "genérica", pois sua natureza pessoal está subordinada ao papel que assumiu. É só depois que deixa sua marca individual; seu caráter e seus atos definem seu reinado e seu nome, denotando o modo como ela será lembrada – é o caso de Elisabeth I da Inglaterra, Catarina, a Grande, da Rússia, ou da Imperatriz Teodora de Bizâncio. A essas governantes plenamente amadurecidas, dou o nome de "rainhas com nome" – rainhas que imprimiram a imagem de sua personalidade na história, como a estampa de um selo real num rolo de pergaminho, cujos nomes, reinados e personalidades ainda despertam poderosas associações.

A Rainha da Terra representa a apoteose da "rainha com nome". A evolução está embutida em seu arquétipo. Ela é ao mesmo tempo a princesa, a rainha recém-coroada e a governante madura que define seu domínio. Como seu título implica, a Rainha da Terra está ligada aos ciclos de crescimento, da semente à flor e daí ao fruto. Seu conhecimento próprio é o das propriedades ocultas do solo e daquilo que jaz abaixo da superfície deste, bem como daquilo que crescerá rumo à luz, florescerá e depois morrerá.

Em termos femininos, a Rainha da Terra está ligada de modo especial à sexualidade. Seu ciclo de vida pode ser dividido em três fases: a rainha "inocente", a rainha "desperta" e a rainha "individualizada". Essas fases podem se manifestar uma após a outra na vida de uma mulher e isso de fato acontece, mas as três estão presentes ao mesmo tempo na idade adulta. Assim como a terra contém todas as estações de uma só vez, assim também as mulheres contêm individualmente as energias desses três diferentes estágios em qualquer momento do tempo. Eles representam três elementos da sexualidade que podem coexistir numa mulher madura. Vamos examinar esses estágios um por um, mas é importante lembrar que eles não são apenas estágios que uma mulher alcança em determinados momentos importantes de sua vida. Podem também corresponder a pontos de ênfase ou evolução que podem tornar a ser despertados em qualquer idade. Também não se limitam ao desenvolvimento sexual; podem estar igualmente ligados ao crescimento emocional e espiritual.

## TODAS SOMOS MENINAS

Quando escrevi a primeira versão deste livro, lamentei a ausência de rituais modernos que assinalem a menarca, a chegada da menstruação, que indica a passagem do estágio de menina para o de mulher. Hoje, felizmente, esses rituais vêm sendo redescobertos, e muitas vezes se realiza uma festa ou celebração para honrar tal acontecimento. Já quando eu estava crescendo, a menstruação era em grande medida um assunto proibido, a ser discutido apenas com as amigas ou, se tivéssemos sorte, com a mãe. Por fragmentária que fosse nossa educação sexual na época, as amigas travavam infinitas conversas entre si e acabavam aprendendo umas com as outras, muito embora as informações que trocássemos nem sempre fossem as mais precisas.

Para mim, essa vivência coletiva da sexualidade foi fortalecida pelo fato de que, a partir dos 11 anos, frequentei uma escola só de meninas na qual, desde a primeira semana, tivemos de ficar nuas na preseça umas das outras e sob o olhar atento de uma professora de educação física que não gostava de conversa mole. Quando ela nos mandou trocar de roupa para a primeira aula, falou bem alto: "Não há nada de que se envergonhar. Todas somos meninas!". ("Todas somos meninas" tornou-se o seu apelido daí para sempre.) Depois de alguns risinhos envergonhados, obedecemos e, uma semana depois, já não nos parecia nem um pouco estranho tirarmos a roupa na frente umas das outras. Essa nudez coletiva nos ensinou quanto nossos corpos eram diferentes, e encontramos confiança nessas diferenças individuais. Todas nós tínhamos tamanhos e formas variados de busto e pelos no corpo e nos encontrávamos em diferentes fases de desenvolvimento – mas de fato éramos "todas meninas".

Com nossas diferenças, também encontramos pontos em comum – no cheiro de nosso suor coletivo, por exemplo, enquanto esperávamos para tomar banho após a aula. Embora fosse um pouquinho repugnante, esse cheiro também era reconfortante. No mundo asséptico de hoje em dia, em geral não nos cheiramos como os animais fazem; nosso cheiro é suprimido por banhos de chuveiro, desodorantes e roupas limpas.

A Rainha da Terra, por outro lado, está bem enraizada no mundo físico e conhece o cheiro férreo do sangue menstrual, a fragrância delicada do corrimento vaginal e o aroma almiscarado dos pelos das axilas. A sociedade nos condicionou a eliminar esses cheiros, e, embora ninguém queira viver o tempo todo dentro da atmosfera abafada dos odores corporais, pode ser útil aprender a distinguir entre os cheiros normais e aqueles relacionados a problemas de saúde. Na verdade, a consciência dos odores corporais básicos pode nos ajudar a estabelecer vínculos com outras mulheres. Uma vez alcançada essa consciência, podemos suprimir os odores do corpo quando quisermos e, talvez, até optar por dar um atrativo a mais à nossa presença, usando perfume.

Quando as meninas têm a oportunidade de viver ou estudar juntas, elas criam uma atmosfera de confiança e confidências na qual seu desenvolvimento sexual pode ser comparado e comentado. É claro que isso é, em geral, acompanhado por uma certa quantidade de especulações, fofocas e piadas – bem como por uma boa dose de fanfarronice e de mentira. Porém, tudo isso contribui para uma experiência geral de coletividade, de pertencer a um grupo com o qual as meninas podem se identificar. A partilha de suas experiências numa atmosfera de confiança pode ajudá-las a eliminar quaisquer bolsões de ignorância e medo. Essa partilha também tende a influenciar o nível aceitável de experimentação sexual: os indivíduos muitas vezes moldam seu comportamento de acordo com o que é aceitável pelo grupo de colegas. Embora esta ou aquela menina possa ser temerária ou retraída por natureza, é quase certo que ela verá esse seu comportamento segundo a óptica da "norma" do grupo.

Embora o nível de educação sexual no mundo ocidental hoje seja bastante bom, ainda há muito a ser feito em matéria de compreender as meninas e educá-las sobre as implicações mais amplas da energia sexual. O sexo não é só um ato físico; envolve também energias emocionais e psíquicas. Em muitas culturas, a energia sexual desempenha papel importante na vida social e religiosa. Em certos sistemas – no yoga tântrico e, no outro extremo, no celibato monástico cristão –, a energia sexual é vista como um poder precioso a ser canalizado e controlado, um poder que pode conduzir ao êxtase espiritual.

Ao pensarmos no arquétipo da Rainha da Terra, vale considerar as visões profundamente entranhadas que nós mesmas temos sobre a energia sexual. Quando duas pessoas fazem sexo, o que isso significa para o relacionamento entre elas? Como essas energias são canalizadas e trocadas em cada encontro? Será que o ato sexual é algo mais que uma simples oportunidade de conceber uma criança? Como o nosso bem-estar emocional e físico é afetado quando fazemos sexo, ou quando não o fazemos? O celibato tem alguma vantagem ou só serve para nos privar de uma saudável descarga de energia? O fato é que ainda há muito trabalho a se fazer nesse sentido, sobretudo numa sociedade em que as mulheres já não se sentem tão presas pelas regras culturais e religiosas referentes à atividade sexual. Temos de desenvolver nossos próprios códigos de ação a partir de um ponto de vista amadurecido e reflexivo.

Para a mulher jovem, a chegada da sexualidade pode ser ao mesmo tempo assustadora e empolgante. Pode haver também outros momentos na vida em que a mulher descobre ou redescobre seu pleno poder sexual. Esse novo despertar pode ser revigorante ou incômodo. Às vezes a mulher reprime seus poderes e torna a fechar seus horizontes; às vezes os usa para descobrir que há ainda mais opções à sua espera. Pode seguir o caminho mais óbvio e dar início a novos relacionamentos sexuais; ou, se quiser evitar os abalos que esse caminho pode causar, pode aprender a usar sua sexualidade – talvez pela primeira vez na vida – como um combustível básico da vida.

É certo que a energia sexual pode aprofundar as amizades e precipitar a criatividade. Ao longo de toda a vida, bem no momento em que a mulher pensa que já não tem nada a ganhar com a paixão sexual, esta pode tornar a acender-se e pôr a mulher diante de novos territórios a serem explorados. As descobertas que daí se seguem podem trazer prazer ou sofrimento, escravidão ou liberdade. As escolhas e decisões podem se tornar mais difíceis. Com maturidade, no entanto, podemos aprender a ver o que está além das ações imediatas e a pensar nas consequências mais amplas.

Essa maturidade sexual é uma característica fundamental do arquétipo da Rainha da Terra, e é também uma chave que explica sua evolução de princesa a rainha coroada e daí a "rainha com nome". Também é um elemento de nosso próprio amadurecer de meninas a mulheres, pois o desenvolvimento sexual traz consigo descobertas, responsabilidades e força individual.

## A PRINCESA

Segundo a lenda, a deusa grega Ártemis pediu a seu pai que jamais a obrigasse a se casar. Não fez isso por ser avessa aos homens – pelo contrário, alguns mitos relatam que ela teve diversos amantes –, mas porque o casamento eliminaria a liberdade que ela tanto apreciava. Era livre para vagar pelas colinas e florestas da Arcádia com suas companheiras; era livre para correr, caçar, banhar-se e caminhar como quisesse. Vivia unida à natureza selvagem e às inclinações de seu próprio espírito.

A maioria das mulheres vive essa sensação de liberdade na juventude, em especial entre os 7 e 12 anos de idade, quando seus corpos são vivos e ágeis. É nessa época que muitas apreciam esportes como corrida, natação e ginástica. Podem se interessar por sua aparência, mas ela ainda é um jogo; ainda não foram pegas pela insegurança da adolescência. Começam, porém, a apreciar a própria companhia e a desenvolver uma noção cada vez mais forte de independência.

A felicidade que surge nesse estágio de desenvolvimento da menina tem uma pureza especial. O prazer de estar viva, que ela sente, é muitas vezes despertado por percepções simples – o cheiro do almoço, o espetáculo das margaridas no meio da grama ou a sensação do vento no rosto. Se você conversar com qualquer mulher ou se recordar de suas próprias experiências, poderá se lembrar de como era a sensação de estar livre, feliz e unida ao seu ambiente. Mais tarde, nossos sentidos às vezes são velados por pensamentos, considerações e estados de humor. Deixamos de ver as coisas como são e nossas percepções passam a assumir a cor do nosso estado emocional. Tornam-se, assim, mais pesadas e complexas.

Isso significa que a "jovem" Rainha da Terra simboliza nossa resposta imediata ao mundo ao nosso redor. As impressões que nos entram pelos sentidos nesse estágio são diretas e a sexualidade é indiferenciada – como a seiva que corre numa árvore em crescimento. É durante essa fase da meninice que podemos formar laços fortes e duradouros com determinados ambientes e experiências que estimulam em nós momentos de alegria – momentos em que nos sentimos completas e felizes, quando a vida não tem complicações. Anos depois, às vezes temos vontade de retornar a esses ambientes e experiências – voltar ao campo e reencontrar aquelas margaridas, ou talvez viver numa aconchegante casinha geminada, como aquela em que toda semana íamos tomar chá com a tia de quem mais gostávamos.

A sensação de ser uma "filha da natureza" pode surgir quer passemos a infância na cidade ou no campo, muito embora a presença do mundo natural evoque uma qualidade muito especial. As flores que crescem nas rachaduras do cimento e as árvores dos parques urbanos podem ter seu impacto, mas as campinas, florestas, montanhas, rios ou o que quer que caracterize nossa paisagem local podem criar em nós uma ligação permanente com a natureza e uma noção do lugar que ocupamos dentro dela.

Um poema medieval anônimo fala de maneira tocante desse anseio semiesquecido:

> *Uma donzela esteve no campo*
>
> *Durante sete longas noites,*
>
> *Sete longas noites mais um dia.*
>
> *Ela comeu muito bem,*
>
> *Mas o que ela comeu?*

*As prímulas e violetas.*

*Ela bebeu muito bem,*

*Mas o que bebeu?*

*A água fria da nascente.*

*Ela dormiu muito bem,*

*Mas qual era seu leito?*

*A rosa vermelha e o lírio.*[1]

Muitas tradições celebram a menina que se encontra entre a inocência e a experiência. A Rainha de Maio é, muitas vezes, uma menina à beira da adolescência. Sua beleza é refrescante e inocente. Na cerimônia do Dia de Maio, ela aparece vestida de branco, é coroada de flores e lidera a procissão que vai até o mastro de maio, onde haverá uma dança. A beleza da Rainha de Maio é uma promessa de tudo o que ainda deve acontecer, à medida que a estação do ano e a menina começam a florescer e a realizar todo o seu potencial.

A princesa, ou futura rainha, é livre de deveres e responsabilidades – com exceção das atividades prazerosas sugeridas pelos ritos de maio. A terra é seu parque de diversões, as criaturas são suas companheiras. A sexualidade existe, mas não é motivo de preocupação. Embora a menina possa transmitir aos outros uma imagem atraente, ela própria não tem, em geral, consciência de seus encantos. Com efeito, se ela adquirir essa consciência, pode perder a beleza inocente que a torna tão atraente. Nesse estágio, ela tem pouca consciência de si, pouco constrangimento. Sua conexão com o ambiente ainda é aberta e fácil, o que possibilita que ela se dedique continuamente a um alegre jogo de interações. Mais tarde na vida, às vezes sentimos que essa qualidade ainda está viva em algum lugar dentro de nós e temos vontade de nos religar a ela. Buscamos meios de trazê-la de novo à tona. Como seria maravilhoso se pudéssemos recuperar a capacidade de ser naturais, espontâneas e desinibidas!

Em anos recentes, tem aumentado o interesse pelo real significado do termo "virgem". Sugeriu-se que ele denota uma mulher completa em si mesma.[2] Pode dedicar-se à atividade sexual e talvez até ser mãe, mas está unida à sua essência. Além de representar um estágio de meninice, portanto, o termo pode ser entendido como definição de uma parte de nosso ser que consideramos "intocada". E isso, por sua vez, pode ter relação com um ressurgimento do desejo de autorrealização e independência. Depois de passar muito tempo envolvida na criação dos filhos – ou envolvida num relacionamento de dependência –, a mulher pode conceber o desejo de redescobrir sua própria companhia e remodelar sua vida.

Esse desejo genérico de recapturar a "Ártemis feliz" ressurge de tempos em tempos nas tendências de estilo de vida. As roupas passam a refletir uma ingenuidade despojada, como na era *hippie*, quando flores, batas, miçangas, sandálias e cabelos compridos lembravam a inocência natural do campo de margaridas ou de Lady Marian na floresta. Qualquer voga contemporânea que envolva um "retorno à natureza" – acampar, nadar no rio, cultivar ervas no quintal – pode ser sinal de uma nova tendência artemisiana. As mulheres em geral desempenham um papel importante nesse processo social, sobretudo quando passam a maior parte do tempo em casa com seus filhos pequenos ou quando sua principal tarefa é a de cuidar da casa. Um trabalho de tempo integral numa empresa dificulta muito as brincadeiras criativas com o meio ambiente e a fusão entre a vida e a natureza.

Era exatamente desse modo que as coisas ocorriam quando escrevi a primeira versão deste livro, visto que muitas mulheres com filhos pequenos não trabalhavam fora de casa em período integral. Eram tão ocupadas quanto quem trabalha fora, mas sua agenda era mais flexível. No geral, podiam escolher quanta energia dedicar a uma determinada tarefa, em especial atividades que envolviam o trabalho com matérias-primas ou com a natureza – fazer pão, tingir tecidos, cuidar de animais de criação ou colher frutas silvestres. Hoje em dia, a pressão do tempo é maior e a proporção de mulheres que trabalha fora de casa é muito maior. A escolha de qualquer uma dessas atividades como um *hobby* pode ser, hoje, o único jeito de incorporá-las à nossa vida, pois ficou difícil incorporá-las à rotina diária.

Embora eu tenha dito que a fase de princesa é uma fase lúdica, isso não significa que não seja profundamente significativa. Não é preciso que haja uma separação total entre trabalho e diversão, e, se você abrir espaço em sua vida para a jovem deusa da terra, poderá encontrar verdadeira satisfação. Para conservar esse contato, por exemplo, pode retomar algum de seus antigos interesses – um esporte ou um *hobby*. Eu adorava andar a cavalo quando mais jovem e retomei essa prática depois dos 60 anos. Nunca mais serei uma campeã de equitação, mas ainda sinto uma intensa alegria quando ando a cavalo por uma estrada rural repleta de flores primaveris. A sensação de unidade com meu cavalo num galope suave e o doce aroma de seu suor quando lhe tiro a sela ainda me deixam feliz. Aquilo que aprendemos na juventude, e aquilo que praticamos naqueles primeiros anos, pode voltar mais tarde na vida para aliviar nosso espírito e nos trazer um prazer profundo.

## A RAINHA É COROADA

À medida que a princesa amadurece e que a Rainha da Terra se prepara para subir ao trono, ela desperta para seus poderes e começa a utilizá-los. Como a terra que passa pelas estações das flores, dos frutos e da colheita, ela começa a abarcar todas as estações em seu novo papel. Quando a princesa vagava livre, o tempo parecia ausente de seu mundo. Porém, visto de sua posição de rainha coroada, torna-se curto demais. A partir de agora, ele precisa compreender todo o ciclo de crescimento.

Esse conhecimento pode ter sido incorporado em antigos ritos de iniciação. Imaginemos uma cena que poderia ter ocorrido há muitos séculos:

*Está escuro e o calor é sufocante. Você, uma jovem em meio a uma multidão de outras jovens, está fechada num espaço que pode ser uma cabana de paredes grossas ou uma caverna – é impossível saber. O chão sob os seus pés nus é de terra batida. É morno e, sobre sua superfície lisa, percebe-se o toque áspero, pulverulento, de sementes de trigo. Esfregando os pés no chão, sente as espigas de trigo com suas protuberâncias pontiagudas; sente também os cernes mais lisos que saíram da casca.*

*Há muito barulho – alto, caótico – e muito riso, e chamados como o da fêmea de um animal que grita no meio da noite – uma raposa, uma coelha, uma coruja, um grito primitivo que surge de modo espontâneo. Você se junta às outras, pisando no trigo e dando-lhe pontapés. Gira e caminha para os lados, dando os braços às suas companheiras para não cair. Os gritos se tornam mais altos e depois se unificam, transformando-se numa espécie de canto, e os sons esparsos do bater de pés desenvolvem o ritmo de uma dança. Os cernes do trigo, libertos da casca, começam a se juntar em pequenos montes. Os corpos estão quentes, suados; todas estão nuas. Você há de se lembrar por toda a sua vida desse odor picante da carne feminina.*

*À medida que o ritmo da dança se acelera, vocês puxam e empurram umas às outras e o canto se desfaz em gritos, até que um único grito, bem alto, parece irromper de todas juntas.*

*Alguns meses depois, são levadas ao campo e ali veem os verdes brotos de trigo que nasceram das sementes que joeiraram. Este é o ponto em que a escuridão se transforma em luz, em que a semente dá lugar à colheita. Levam-nas para ver isso a fim de que possam reconhecer os princípios da vida e lembrar-se do que infundiram naquelas sementes no escuro. Veem agora em que elas se transformaram e compreendem que o ciclo jamais se interrompe.*

*As sementes velhas e novas são iguais e a força vital se manifesta por meio de todas elas.*

Esse relato não foi derivado de nenhum documento histórico, mas sabemos que há muito tempo se faz uma associação entre a colheita e o princípio feminino. O trigo e a cevada já eram cultivados na Eurásia há mais de 10 mil anos e o milho surgiu nas Américas pouco tempo depois. Deméter, a Deusa dos Cereais, era a divindade que presidia aos Mistérios de Elêusis na Grécia antiga, embora o conteúdo desses mistérios nos seja, em grande parte, desconhecido. Nas tradições britânicas ligadas à colheita, que continuaram sendo praticadas até meados do século XX, dizia-se que o último feixe de trigo ou cevada a ser cortado no campo – chamado "Pescoço" – incorporava o Espírito do Trigo, que era um espírito feminino. Bonecas eram feitas com o Pescoço e penduradas dentro de casa para servirem como talismãs de boa sorte. Com efeito, essas bonecas decorativas ainda são feitas e vendidas hoje em dia, muito embora os métodos de colheita tenham mudado.

Assim como a colheita é um símbolo universal da sexualidade feminina, assim também se fazem paralelos entre o ato de joeirar e o ato sexual. Várias canções folclóricas relatam um apimentado encontro entre um jovem agricultor e uma donzela; ele mostra a ela o funcionamento de sua "máquina de joeirar" e planta sementes que estarão prontas para a colheita daí a nove meses. A se crer nas canções folclóricas, as moças que levam trigo ao "belo moleiro" para ser transformado em farinha põem sua virtude em risco. Uma dessas canções relata que, apesar de o nível da água estar baixo demais para girar a roda do moinho, o moleiro logo mostrou a uma moça como se fazia para "moer trigo".

Por trás dessas insinuações voluptuosas pode haver correntes mais profundas de significado. A sexualidade ativa da Rainha da Terra, que representa a de todas as mulheres em idade fértil, está ligada à fertilidade da sociedade e da terra. O relato imaginativo feito acima evoca o clímax a que as mulheres chegam quando batem o trigo e batem seus corpos entre si, liberando uma energia sexual coletiva no trabalho que têm a fazer. Isso talvez vá além da mera "magia simpática" e talvez represente uma relação real entre a energia dos seres humanos e a fertilidade da terra.

A liberdade sexual encontrou momentos de expressão no calendário – em vários países, por exemplo, isso ocorre no carnaval, quando os relacionamentos tradicionais são ignorados e todos fazem vista grossa para ligações temporárias. Na Inglaterra, moças e moços iam às florestas na véspera do Dia de Maio (1º de maio), o qual, em razão da mudança do calendário, ocorria então cerca de duas semanas depois da época em que ocorre hoje, de modo que o tempo já estava mais quente. Passavam a noite na floresta, desfrutando uns dos outros no sentido pleno da palavra e, na manhã seguinte, traziam triunfantes para casa ramalhetes da flor de maio (espinheiro). Na Rússia, os costumes ligados ao solstício de verão também davam aos jovens a oportunidade de ir à floresta a pretexto de procurar a flor mágica que só floria na Noite de São João, na crença de que lhes facilitaria encontrar tesouros escondidos.[3]

Embora muitos desses antigos costumes já tenham morrido, o Dia de Maio na cidade de Padstow, na Cornualha, ainda é um evento vibrante que atrai milhares de pessoas para assistir às danças e cantar junto. A cidadezinha é enfeitada com flores e arvorezinhas. Ouve-se o incessante bater de tambores enquanto as procissões serpenteiam pelas ruas atrás do "Old 'Oss", o Cavalo de Pau que, balançando, vai avançando pelas ruas e capturando donzelas jovens ou não tão jovens numa espécie de tenda encoberta que pende de sua cabeça. Diz-se que qualquer mulher capturada pelo cavalo terá um bebê naquele ano. Está claro que essa energia exuberante tem base sexual, mas ela também serve para unir a comunidade. Vi que pessoas do mundo inteiro voltam àquela cidade para comemorar. Ainda me lembro dos tambores, da música alegre e do vigor da celebração. A Rainha da Terra abençoa seus domínios e lembra as pessoas da alegre abundância da natureza, que todos devemos comemorar.

É assim que a rainha sobe ao trono, assume seu poder, reconhece e experimenta a plenitude de sua sexualidade. Paradoxalmente, em nossa época em que tudo é permitido, o único desregramento moral que de fato se verifica no Dia de Maio em Padstow é uma folga de dois dias no trabalho e, talvez, um consumo excessivo de bebida alcoólica. Quando estava lá, ouvi uma jovem censurando o namorado por estar bêbado. "É o Dia de Maio!", disse ela. "Isso que você está fazendo não se faz." Ao que parece, ainda há um elemento sagrado nesse ritual.

A Rainha da Terra sentada no trono é um símbolo da beleza viva da terra, das plantas, dos animais e dos contornos da paisagem. Quando se olha pela janela numa viagem de trem ou de carro, é possível imaginar as colinas como as curvas de seu corpo, cobertas de veludo; os campos são um estampado de ricos materiais, as folhas das árvores são as madeixas de seus cabelos. É assim que o poeta descreve sua amada no Cântico dos Cânticos de Salomão (vii.3-4, 8):

> *Teu corpo é um monte de trigo cercado de lírios;*
>
> *teus dois seios são como dois filhotes gêmeos de uma gazela [...]*
>
> *Teu porte assemelha-se ao da palmeira, de que teus dois seios são os cachos.*

A sexualidade incorporada pela Rainha da Terra quando assume o poder tem o ímpeto quente e pulsante do desejo físico e o belo florescimento que vem quando ela responde à energia sexual, refina-a e é transformada por ela. Tanto o caráter de "terra" quanto o de "flor" são necessários para a plena manifestação da sexualidade. A Deusa dos Cereais e a Rainha de Maio representam essas duas qualidades nos antigos ritos e mistérios. A

Deusa dos Cereais tem um espírito livre, apaixonado, até selvagem, que era tradicionalmente considerado perigoso. A Rainha de Maio, simbolizada pela brancura ligeira das flores que se espalham pelos gramados na primavera, é uma figura mais graciosa, virginal e encantadora.

É fácil encontrarmos em nós mesmas aspectos dessas duas figuras. Se quisermos cultivá-los, porém, devemos fazê-lo com moderação e equilíbrio. Uma Deusa dos Cereais descontrolada pode se tornar voraz, violenta e indomável. Uma Rainha de Maio que reine durante todo o ano será cansativa, vazia e sentimental. No entanto, se você as combinar num equilíbrio adequado, com um toque da sua própria individualidade, a Rainha da Terra poderá se manifestar em sua vida.

## A RAINHA COM NOME

Quando a rainha entronada abraça sua própria sexualidade e aprende a usar seu poder, ela passa ao terceiro estágio de desenvolvimento e se torna uma "rainha com nome". A esta altura, quase todos os preparativos já foram feitos. Esse estágio final gira em torno do desenvolvimento de um estilo pessoal e de uma forma de reinar com a Rainha da Terra.

A rainha com nome que se firmou em seu reinado tende a ser caprichosa. Mas se permite que ela seja voluntariosa e até excêntrica, desde que cumpra seus deveres reais. Não há dúvida de que a Rainha de Copas de *Alice no País das Maravilhas*, de Lewis Carroll, é mais louca que a maioria das rainhas da vida real, pois grita "Cortem-lhes as cabeças!" quando lhe dá na telha e joga críquete usando um flamingo como taco e um ouriço como bola. Veja como ela exerce seu poder real sobre as cartas de baralho que cuidam de seu jardim:

> *Uma roseira grande erguia-se perto da entrada para o jardim. As rosas que dela nasciam eram brancas, mas três jardineiros atarefavam-se a pintá-las de vermelho. Alice pensou*

*que isso era muito curioso, e aproximou-se para observá-los, e justamente quando ela chegou perto deles, ouviu um dizer: "Presta atenção, Cinco! Não salpiques tinta para cima de mim!" [...]*

*"Vocês me diriam", disse Alice, um pouco timidamente, "por que estão a pintar essas rosas?"*

*O Sete e o Cinco nada disseram, mas olharam para o Dois. O Dois começou em voz baixa: "Bem, o fato é, você vê, senhorita, isto aqui deveria ter sido uma roseira vermelha e nós colocamos uma branca por engano; e se a Rainha descobrir isto, todos nós devemos ter as nossas cabeças cortadas, sabe [...]"\**

Não obstante, as rainhas que deixam sua marca na história são aquelas que reinam com individualidade e projetam seu poder pessoal. Seus gostos se tornam parte de sua imagem. Se tornam símbolos de uma era. Na Inglaterra, falamos dos estilos "vitoriano" e "Rainha Ana" e lhes associamos roupas, edifícios e valores sociais. A influência da Rainha Ana sugere uma arquitetura elegante e charmosa, por exemplo, ao passo que a de Vitória está associada à riqueza ornamental e aos costumes rígidos. Pode-se discutir se a própria Vitória era tão puritana quanto seu nome implica hoje em dia. Na verdade, se diz que na juventude ela era alegre e apreciava os prazeres que podem ser encontrados entre quatro paredes, e não uma viúva de cara amarrada que passa anos em luto por ter perdido o marido. Vitória nos mostra que uma rainha "com nome" nem sempre é capaz de controlar a imagem que se forma ao seu redor. Há um relacionamento de reciprocidade entre a rainha e seus súditos. Ela pode se

---

\* Tradução de Márcia Soares Guimarães. (N.T.)

exibir e expressar sua personalidade, mas é o público quem escolherá os trejeitos, hábitos e manifestações pelos quais ela será lembrada.

A imagem de uma rainha com nome pode deixar uma marca profunda e duradoura. A palavra "elisabetana", associada à Rainha Elizabeth I, evoca imagens de vestidos ricamente coloridos, boa música, pinturas requintadas e poesia. Mas o longo reinado de Elizabeth foi muito mais do que isso. Selou a identidade nacional inglesa, foi uma era de descobrimentos e conquistas e afetou, até os dias de hoje, nossa noção de o que é a Inglaterra. A Princesa Diana também exerceu certa influência sobre a psique britânica, mas de modo muito diferente: a princesa que nunca chegou a reinar. Sua morte foi uma tragédia que entrou para a história da Inglaterra. Diana é um ícone que mudou a imagem da monarquia e despertou a compaixão do público, muito embora ela nunca tenha chegado a realizar seu pleno potencial de rainha.[4]

A rainha com nome é unida à sua terra; seu caráter pode ajudar a moldar a paisagem cultural e dar-lhe individualidade. Ela recebe a vida da terra e a devolve transformada, num processo de mútua nutrição e reforço. Enquanto a rainha fortalece seu país e une seu povo, ela também é apoiada pelos súditos e pela terra. Para ter êxito, ela precisa compreender a natureza desta, seus ritmos e as idiossincrasias do terreno e de seus habitantes. Tem de trabalhar com o material específico que já existe, moldando-o, honrando-o e extraindo dele todo o seu potencial, segundo sua visão e suas capacidades. As rainhas capazes de fazer isso tornam-se verdadeiramente célebres.

## A RAINHA EM SEU JARDIM

Há séculos que a rainha em seu jardim é um símbolo da criação mística. Isso vai desde a declaração "jardim fechado és tu, irmã minha, minha esposa",[5] do Cântico dos Cânticos e das iluminuras medievais que retratam uma rainha ou senhora em seu jardim de roseiras, simbolizando a beleza e a cultura supremas, até as loucuras da Rainha de Copas que Alice encontra no País das Maravilhas. E esse arquétipo não se manifesta apenas nas rainhas dos livros de história e contos de fadas. Aparece também individualizada em outros papéis na sociedade e em outras figuras da nossa vida. Quais são, por exemplo, os campos sobre os quais outras mulheres têm domínio? Na política atual, somos capazes de apontar um número cada vez maior de primeiras-ministras e presidentes do sexo feminino. Além disso, as mulheres agora desempenham papéis de comando nas profissões liberais e nos negócios – como administradoras, diretoras, profissionais da área de saúde, gerentes de loja, agricultoras e donas de restaurante.

Todos esses papéis envolvem a responsabilidade primária por um certo domínio e aqueles que nele estão. Mas o que torna a governante mulher diferente do governante homem? Talvez a arte do cultivo nos dê pistas sobre as diferenças entre homens e mulheres nesse domínio. A Rainha da Terra cuida de seu jardim. Trata de seu reino com mais cuidado, encorajando o crescimento e prestando atenção não apenas às questões mais amplas, mas também a pequenos detalhes pessoais.

Quais terras, territórios e domínios você governa? Como os administra e cuida deles? É capaz de se ver como a Rainha da Terra em seus domínios? Vamos examinar alguns modos específicos pelos quais pode desenvolver esse potencial.

Primeiro, você precisa tomar plena posse de seu corpo e de suas faculdades sexuais e precisa aprender a administrá-los da melhor maneira. Esse aprendizado se dá primeiro pela nossa criação, nossos colegas e as regras sociais. No fim, porém, temos de compreender como agir a partir do fundamento da nossa responsabilidade pessoal. Assim, a mulher pode descobrir as "estações" de seu corpo e sua psique e usá-las para viabilizar seus projetos. Isso pode até parecer simples, mas o mais provável é que seja tarefa para uma vida inteira. Pode levar muitos anos para compreender os ritmos do desejo sexual e os fluxos das marés da emoção. No momento mesmo em que imaginamos que entendemos tudo, nosso próprio corpo muda – numa gravidez ou na menopausa, por exemplo. Assim, o crescimento pelo qual nos adaptamos ao papel de rainha é contínuo, e precisamos tentar compreender nossas energias criativas para criar algo verdadeiramente individual.

Certos ritmos nos são impostos pela sociedade (a semana de trabalho de cinco dias, por exemplo) ou pela natureza da nossa profissão (os médicos fazem plantão noturno, por exemplo). Dentro dessas restrições, é essencial que você avalie seus ritmos e seu fluxo de energia, para poder trabalhar de modo criativo e produtivo de acordo com a noção que tem do seu objetivo de vida. Quando crescemos como indivíduos do sexo feminino, podemos ter uma sensação de perda ao constatar que os anos da inocência, ou do auge da sexualidade, ficaram para trás. Mas temos a oportunidade de ser quem de fato somos, de moldar nossa individualidade pela arte e pela intenção. Mesmo para mulheres mais velhas, a sensualidade ainda pode ter importância vital; e o corpo ainda pode ser um instrumento para dar e receber amor. Abraçar, acarinhar, tocar, beijar e fazer massagem podem ser atos tão prazerosos como sempre foram – e talvez adquiram ainda mais significado num estágio posterior da vida.

Em sua plena maturidade, a Rainha da Terra é capaz de criar um belo jardim a partir da natureza bruta. Ela passou pelo amor da natureza selvagem – o estágio de princesa – e pela entronização, que simboliza a administração dos recursos da terra. Agora chegou a hora de criar algo mais – não apenas para uso prático, mas em vista da beleza em si.

A rainha em seu jardim pode ser um arquétipo ou atuar como um símbolo, mas também afirma sua personalidade. O jardim pode refletir o pensamento e a concepção da rainha como indivíduo, mas só poderá florescer se for criado de acordo com as forças naturais. A rainha deve escolher plantas capazes de tolerar o clima e o tipo de solo prevalecentes.

Deve cuidar delas com regularidade para controlar o crescimento das mais vigorosas e impedir que as ervas daninhas tomem conta de tudo. Deve alimentar o solo para que as plantas possam florescer. Além disso, a Rainha da Terra não é apenas uma trabalhadora em seu jardim; também caminha por ele e está unida a ele.

A inocência, a paixão e a sabedoria coexistem como atributos da Rainha da Terra. Ela precisa compreender não somente as fases de fertilidade, mas também as de esterilidade. Não pode ater-se apenas ao florescimento de vida nova que surge de seus desejos; deve pagar também ao mundo subterrâneo – ao silêncio e à escuridão que lá reinam – o tributo que lhe é devido. Com a arte e a habilidade que vêm de seu entendimento, ela pode dar ao seu jardim mágico uma forma que alegre seu coração.

## Imagens da Rainha da Terra

- *Imagem cotidiana:* Uma mulher cujo corpo parece querer estourar a roupa – não por esta ser muito apertada, mas porque suas curvas são muito generosas. Independentemente da moda, ela gosta de decotes profundos e saias longas. Tirou os sapatos e está comendo um pêssego maduro; com uma das mãos, enxuga o suco que lhe escorre pela boca; com a outra, leva um saco cheio de frutas. Qualquer que seja a época do ano, ela tem uma aparência de verão. É tranquila com suas companheiras – elas riem e exalam uma atmosfera de férias enquanto passeiam por parques e jardins.

- *Imagem mítica:* Uma rainha passeando em seu jardim. Visita o pomar e dá a ordem para que comece a colheita. Para além dos jardins há campos cheios de trigo maduro, que ela supervisiona com prazer. Além dos campos há uma paisagem de montanhas e florestas, que ela às vezes percorre com suas companheiras. Ela é Ártemis e é também Deméter, a Deusa dos Cereais; é a Rainha de Maio, a Virgem grávida e todas as rainhas que escreveram seu nome na história e deixaram a marca em sua terra e em sua cultura.

- *Imagem pessoal:* Há momentos em que você conhece uma felicidade simples e há momentos em que toma consciência de sua sexualidade como uma maré rica e escura. Por mais que passe por fases estéreis, a fertilidade retornará. O que faz para entrar em contato com o mundo natural ou com matérias-primas? Alguma vez já teve vontade de retroceder ainda mais nesse processo? Encontrar frutas silvestres para preparar um doce? Escavar argila para fazer cerâmica? Criar pigmentos para tingir tecidos? Se fizesse isso, que diferenças haveria no processo e no resultado final?

## A Evolução da Rainha da Terra

- *Juventude:* A criança goza de uma relação despreocupada com a natureza, seguida por um interesse cada vez maior por seu próprio corpo – os poderes que este tem de saltar, correr, escalar e seu desenvolvimento sexual, nos seios que crescem, nos pelos pubianos e no arredondar das curvas do corpo. Essa fase termina com a primeira menstruação (marcada por cerimônias mais ou menos elaboradas nas diferentes culturas) e a primeira experiência sexual.

- *Maturidade:* A mulher pode aprender a ser generosa sem abrir mão de si mesma. Na maturidade, pode apreciar sua corporeidade, sentindo as marés e correntes de energia sexual que a percorrem. Seus ciclos menstruais já são habituais, mas seus efeitos podem mudar de modo sutil ao longo dos anos. Ela experimenta a renovação da energia sexual depois de períodos de indiferença e aprende a aceitar seus ritmos, embora nem sempre seja capaz de prevê-los.

- *Velhice:* A mulher mais velha tem novos mistérios para explorar e diferentes ciclos de energia para administrar. Predominam agora os ciclos de sono, saúde e energia corporal, e ela deve adaptar seu trabalho a estes enquanto quiser continuar em sua vida produtiva. Outros sentidos também despertam – uma unidade com a natureza e uma observação contemplativa das paisagens interiores e exteriores.

## Manifestações da Rainha da Terra

- *Dons:* Fecundidade física, apelo sexual, alívio da excitação sexual. Uma empatia com a natureza, jeito para jardinagem, amor pela mudança das estações. Entendimento dos padrões do clima, do crescimento e da colheita. O dom da fertilidade, qualquer que seja a tarefa em questão.

- *Provações:* Excesso – de frutos, amantes, energia sexual ou ofertas de trabalho. As coisas vêm em abundância e seu excesso produz dificuldades. Ou, ao contrário, esterilidade e infertilidade. Frieza e aspereza, épocas em que nada dá frutos. Pragas e doenças que prejudicam o crescimento natural.

- *Rituais e cultos:* Cerimônias ligadas às estações, sobretudo os ritos da primavera e da colheita. Banquetes. Colher e armazenar os frutos da terra; inclui-se aí preparar cerveja, pão e conservas. Ensinar os filhos e netos a encontrar e colher frutas silvestres. Ritos da menstruação e do ato sexual.

## Visão da Rainha da Terra

- Uma abundância inexaurível de vida.

# Capítulo 3

# A MÃE TECELÃ

A Mãe Tecelã é o princípio organizador feminino que ata os nós do amor, tece a trama da vida cotidiana e pressente o momento em que os últimos fios devem ser cortados. Por meio de seu ofício, transforma o simples em complexo e volta a reduzir a complexidade a uma unidade. Ela é não apenas a teia tecida, mas aquela que escolhe e fia os filamentos, determinando a forma que a teia terá. Trabalha com habilidade e cuidado, vislumbrando o futuro à medida que ele toma forma diante de seus olhos.

Das Nove Mulheres, a Mãe Tecelã é a mais ligada ao artesanato. É um emblema poderoso e fascinante da fiação e tecelagem, habilidades antiquíssimas que vêm sendo praticadas há dezenas de milhares de anos.[1] A tecelagem faz parte da história humana desde os tempos mais remotos.

A arte da tecelagem envolve a produção de fios que possam ser entremeados, a habilidade de combiná-los e o conhecimento dos padrões que podem ser formados. Os fios iniciais são tecidos de modo a constituir uma nova textura e uma nova forma, as quais evidenciam qualidades que não se manifestam de modo patente na matéria-prima. Surge daí uma substância, acompanhada da força ou da delicadeza do tecido e da textura. Áspera, lisa, nodosa, simples, translúcida, opaca – as possibilidades são inúmeras. Combinam-se cores que criam padrões ou imagens no tecido. A Mãe Tecelã precisa ter conhecimento a fim de montar seu tear, paciência para suportar o trabalho repetitivo e visão para antever como ficará o produto final. Tem de compreender o começo e o fim do processo; caso contrário, o meio será apenas uma confusão sem sentido.

## O TEAR

O símbolo que eu mesma relaciono com a Mãe Tecelã é um pequeno tear de mesa usado que comprei há alguns anos. Ele veio com uma peça de tecido semiterminada. Qual era sua história? Por que a tecelã abandonara seu trabalho pela metade? Nunca saberei. Tive de cortar e desemaranhar os fios e começar a tecer meu próprio tecido no tear, pois não é fácil dar continuidade ao trabalho de uma pessoa sem um padrão para servir de guia. Não foi fácil desemaranhar aqueles fios, mas assim pude continuar usando o tear e escrevi um novo capítulo em sua história.

Infelizmente, minha participação na corrente da tecelagem artesanal não durou muito, pois nem minha visão nem minha destreza eram boas o suficiente para o complicado entrelaçamento dos fios. Descobri, no entanto, verdadeira satisfação no pouco que consegui fazer, e produzi, no fim, uns poucos cachecóis de inverno. O pequeno tear permanece comigo; ou vou dá-lo à minha neta ou, talvez, lançá-lo de volta na corrente, oferecendo-o a uma associação de caridade e deixando que o destino escolha sua própria proprietária. O destino, como veremos, desempenha um papel de destaque no arquétipo da Mãe Tecelã.

Quando eu ensinava redação de biografias num asilo local, conheci uma tecelã especializada que estava morrendo de câncer. Ela não tinha parentes próximos; dedicara a vida a tecer e a ensinar suas habilidades de tecelã. Fora pioneira das pesquisas sobre a história da tecelagem e atraíra muitas estudantes universitárias como seguidoras. Quando a conheci, ela me revelou que sua maior angústia diante da morte era o fato de ainda não ter conseguido completar suas pesquisas e transmitir todo o seu conhecimento. Senti o sofrimento dela, mas a princípio não soube como reagir.

Então, veio-me uma ideia. Disse-lhe que, na verdade, ela estava deixando a suas alunas o maior dom possível: uma trilha de pesquisa a que elas próprias poderiam dar continuidade. Continuariam tecendo os fios que ela fiara e, assim, teriam inspiração para fazer suas próprias descobertas. A história continuaria por meio do legado que ela estava deixando. Ela compreendeu o que eu disse, e tive a impressão de que encontrou certa paz de espírito. Mesmo quando desistimos de tecer nossa própria história, seja esta qual for, ainda há uma tapeçaria maior que continua sendo tecida, e nossa contribuição pode ajudar outras pessoas a participar desse trabalho de maneira significativa. A Mãe Tecelã recupera os fios, mas eles permanecem disponíveis para que outros os peguem e os teçam de maneira diferente.

## OS FIOS

Aqui, os fios da tecelã representam tanto os filamentos físicos que constituem a teia e a trama do tecido quanto as ligações entre pessoas e acontecimentos. Esses vínculos podem funcionar num nível profundo e têm um poder particular, capaz de nos afetar num nível profundo. Essas conexões nem sempre são examinadas de modo franco, mas, quando as investigamos, conseguimos ver melhor como elas funcionam. Assim, fica mais fácil usá-las de modo construtivo em nossa vida em vez de seguir cegamente a sua influência.

O fio humano mais básico é o cordão umbilical que liga a mãe ao filho. Trata-se de uma corda forte, resistente, retorcida, que liga o bebê ao útero e por meio do qual ele recebe toda a nutrição de que precisa até nascer. As duas vidas são unidas por esse cordão, que é essencial para a vida do bebê. Depois do nascimento, o cordão é cortado e o bebê dá o primeiro passo rumo à independência física. No entanto, o cordão que dá a vida também pode tirá-la. Minha filha, por exemplo, teve de ser salva pela parteira, pois o cordão havia se enrolado em torno do seu pescoço. Se eu tivesse dado à luz sozinha, o resultado poderia ter sido muito diferente.

A questão de quem corta o cordão umbilical, e quando o faz, é muito importante nos ritos de nascimento. Se o pai estiver presente, por exemplo, ele pode ser convidado a cortar o cordão. Alguns dizem que não deve ser ele a separar o filho da mãe, mas outros consideram que isso ajuda a formar o vínculo dele com o filho e representa seu primeiro passo simbólico e objetivo para ajudá-lo a alcançar a independência. As opiniões também variam quanto a se o cordão deve ser cortado o mais rápido possível ou se se deve permitir que continue pulsando por algum tempo. Também essa questão não se baseia apenas em considerações médicas, mas tem um componente mais emocional: deve a mãe abrir mão dessa ligação emocional de modo mais suave, esperando até que o bebê termine de chegar ao mundo?

O vínculo materno talvez seja o vínculo humano mais forte, e o cordão umbilical o representa na esfera física. Mas há outros meios pelos quais esse vínculo se manifesta. A antiga expressão "agarrado à barra da saia da mãe" descreve aqueles que continuam dependentes de suas mães na vida adulta, prolongando a experiência do cordão umbilical. É certo que os vínculos emocionais e mentais que ligam o filho à sua mãe persistem por muito tempo após o nascimento e o corte do cordão umbilical físico. Pode acontecer de o leite da mãe começar a jorrar quando o filho chora, por exemplo, ainda que ela não o ouça. Ao longo de toda a primeira infância, as crianças tendem a se identificar fortemente com a figura materna em sua vida. Em quase tudo o que fazem, têm ela como referência; ela, por sua vez, tende a compartilhar e encorajar esse sentimento de empatia. Essa relação simbiótica, cujo sinal exterior é o cordão umbilical, continua a ser alimentada pelo vínculo materno até o momento em que a mãe e o filho se separam do ponto de vista psicológico.

É provável que, num nível mais profundo, algum tipo de vínculo entre a mãe e o filho continue existindo ao longo de toda a vida deles. C. G. Jung, psiquiatra e psicoterapeuta suíço do século XX, relatou que, certa noite, sonhou que estava numa floresta onde havia enormes rochedos. De repente, ouviu-se um assobio bem alto e a cena toda se abalou quando um lobo gigantesco passou correndo – um animal que Jung sabia ser o Caçador Selvagem, que viera para arrebatar uma alma humana. No dia seguinte, ele ficou sabendo que sua mãe havia morrido.[2]

Quando examinamos os atos de fiar e tecer num sentido simbólico, isso logo nos põe diante da questão do destino. Aliás, essa relação é explícita no antigo mito grego das Três Moiras: Cloto, Láquesis e Átropos. Cloto fia o fio da vida; Láquesis o mede; e Átropos o corta. As ações delas constituem cada nova vida, com as influências boas e ruins que lhe estão destinadas e a envergadura predeterminada de sua existência. Ao que parece, a crença nas Três Moiras tinha raízes muito profundas na Grécia e sobreviveu em certas partes do país até época bem recente, como evidencia o fato de as tradições ligadas ao nascimento ainda incluírem ritos de propiciação dessas deusas.

## *A fiação*

O primeiro "filamento" a ser fiado na vida humana é a dupla hélice do DNA, que estabelece um plano para a criança já na concepção. Depois, como já vimos, o cordão umbilical que liga a mãe ao filho se torna um elo que deve permanecer até o bebê ser capaz de existir fora do corpo da mãe. No entanto, essas manifestações físicas dos fios da Mãe Tecelã não são os únicos filamentos que nos amarram durante a vida. As ligações entre as pessoas também existem nos níveis emocional, sexual e psíquico. Esses laços emocionais não são meras metáforas do cordão umbilical físico; podem ser manifestações de uma conexão que se forma a partir de uma energia real que as pessoas trocam entre si.

Vejamos, por exemplo, a corte entre duas pessoas. Suponhamos, para todos os efeitos, que haja um interesse real no relacionamento por parte de um homem e um interesse potencial por parte de uma mulher. A mulher em geral oferece alguma resistência, a qual é enfrentada por um aumento do ímpeto do homem no sentido de superá-la. (Isso se vê também no reino animal – veja como o pombo estufa o peito e investe repetidamente na direção da pomba, enquanto esta se afasta.) O resultado ainda não está definido. A mulher ainda pode decidir ir embora e o homem pode perder o interesse e recuar caso seu nível de energia não seja correspondido.

Se a corte continua, porém, chega um ponto em que a mulher, de repente, sente que sua resistência se desfaz, como uma porta pesada que cede perante uma força que a empurra. Mesmo que pense que o poder de recusar ainda esteja em suas mãos, ela poderá descobrir que já cedeu – embora não tivesse a intenção consciente de fazê-lo. O caminho está aberto e a conexão foi feita. Muito embora o relacionamento ainda esteja na infância, o rio já está correndo e a Mãe Tecelã começa a fiar seu fio. A energia sexual masculina encontra vazão e, quando tudo corre bem, após um certo tempo a mulher é capaz de cristalizar essa energia num vínculo resistente. É como fechar um circuito elétrico ou transformar um líquido num sólido. Também é, num sentido amplo, semelhante ao modo pelo qual o corpo feminino recebe o esperma masculino, nutre-o e gesta-o, levando-o da mais fundamental simplicidade até constituir toda a complexidade de um corpo humano.

*Medir o fio*

Quando o trabalho de Cloto está completo e o fio está pronto, a tarefa de Láquesis, a segunda Moira, consiste em medir-lhe o comprimento. Para a Mãe Tecelã, a medição do fio tem relação com a continuidade na vida das mulheres; é um jeito de perceber o fio que corre ao longo de toda a complexidade, de todos os vínculos passados e futuros. As mulheres gostam de conhecer a sequência dos acontecimentos. A cronologia do passado é importante, e nos sentimos com a mente mais tranquila quando nossas memórias estão ordenadas – mesmo que se trate apenas de lembrar se o técnico veio fazer aquele conserto na quinta ou na sexta-feiras. Em casa, muitas vezes assumimos o papel de "memória coletiva" da família, tanto num sentido mais prosaico – fazendo listas de tarefas e obrigações – quanto na qualidade de cronistas, responsáveis por criar um registro extenso da vida familiar por meio de fotos, lembranças e diários.

As mulheres também parecem mais atentas àquilo que pode acontecer no futuro. A maioria dos homens que conheço não se preocupa de ignorar os planos e datas reservados para as semanas seguintes. Quando alguém o convida para um evento, um conhecido meu sempre responde: "Vou encaminhar você para a secretária social" – ou seja, sua esposa. Quando ouve uma ocasional acusação de ser muito rigorosa na organização das coisas, ela, por sua vez, responde (não sem algum sarcasmo) que, se não organizasse o calendário, nada jamais aconteceria. O mais provável é que tenha razão. As mulheres querem manter o controle sobre os fios que correm para o futuro; querem, mesmo, garantir que *haja* um futuro. Os homens, em sua alegre ignorância, tendem a supor que o futuro é um livro em branco, ao passo que suas esposas cuidam, em silêncio, de planejá-lo e organizá-lo. Quando o homem percebe que o curso dos eventos já está determinado, em geral já é tarde demais para que ele possa modificá-lo de qualquer maneira.

Esse aspecto da psique feminina pode ter alguma relação com o vínculo básico entre mãe e filho. A criança nova precisa de continuidade em sua vida e é a mãe quem tem de ajudar a criar essa continuidade. A criança é incapaz de entender o mundo quando este não tem um padrão, quando não tem acontecimentos que se repitam. O fio da continuidade é outro dom que uma mulher pode dar a um homem – às vezes, um dom de que ele muito necessita. Se Ariadne não tivesse lhe dado um novelo de linha para ajudá-lo a encontrar o caminho de volta, Teseu ainda estaria vagando pelo labirinto, mesmo depois de matar o Minotauro.

*Cortar o fio*

Átropos, com suas tesouras, era a mais temida das Três Moiras, pois seu gesto põe fim a tudo. Precisamos saber a hora certa de cortar os fios no tear depois de terminar o tecido. Para isso, é preciso desapego. No caso da maternidade, isso se refere à arte de liberar nossos filhos quando chegar a hora. É claro que isso não acarreta uma separação completa, exceto em casos extremos; mas acarreta, sim, abrirmos mão do direito de controlar nossos filhos. Todos nós já conhecemos adultos que continuam agarrados à barra da saia da mãe, muitas vezes de maneira sutil e insidiosa. Uma mulher que conheci, um pilar da sociedade local, fazia uma entrada triunfal em todas as ocasiões sociais acompanhada de seus quatro filhos adultos, que pareciam um pouco acanhados seguindo seu rastro. Ao que parece, nenhum deles jamais conseguiu sair de casa – e esta, ao meu ver, não é a marca de uma vida bem-sucedida.

Não é fácil; pelo contrário, às vezes é muito difícil abrir mão de um filho, um companheiro ou uma amiga. Quer os entreguemos à vida adulta, aos braços de outra mulher ou até mesmo à morte, o processo pode ser bastante doloroso e pode produzir em nós uma aguda sensação de perda. No geral, entretanto, tentamos fazer isso com amor, elegância e habilidade. O corte dos fios é uma das coisas mais difíceis que a mulher precisa fazer. Quando termina um relacionamento romântico, os homens às vezes sofrem tanto quanto as mulheres, mas em geral parecem mais capazes de esquecer o passado e começar de novo. A tentativa de nos convencermos de que poderemos reviver o laço se mantivermos o relacionamento e tentarmos mudar parece ser uma tendência caracteristicamente feminina. Tendemos a nos agarrar aos mínimos fios de esperança, na crença de que, se juntarmos uma quantidade suficiente desses fios, poderemos trançá-los para formar uma corda forte. Isso, porém, em regra não termina bem, mesmo que pareça funcionar durante algum tempo. Uma amiga muito sábia comentou comigo certa vez: "Você pode usar todo o seu poder de encanto para amarrar um homem, mas, se o homem lá no fundo sabe que o relacionamento não é correto, este não vai durar".

## Os fios como vínculos

Já vimos que as conexões criadas pelos fios da tecelã podem transcender o mundo físico e atuar como vínculos energéticos entre as pessoas. Alguns desses vínculos ajudam a constituir a tessitura natural da nossa vida, como os vínculos que se formam entre mãe e filho, marido e mulher, professor e aluno. No entanto, dentro ou fora desses contextos, há vínculos que parecem ganhar vida própria e assumir uma importância que passa a tomar conta da nossa vida – às vezes num grau insuportável. Um dos meios pelos quais esse tipo de relacionamento pode ser reconhecido é o ato de a conexão vir acompanhada de uma forte carga emocional, gerando sentimentos e reações desproporcionais à situação real. O "fio" se torna um cabo metálico que conduz uma corrente elétrica. Por mais significativos que esses vínculos sejam em nossa vida, poucas vezes os colocamos em discussão, pois não se encaixam com facilidade nas teorias científicas e psicológicas atuais. Às vezes são chamados de "vínculos psíquicos", pois muitas vezes parecem atuar a distância – uma pessoa capta o que a outra está vivendo e sentindo, como descreve um personagem *Jane Eyre* de Charlotte Brontë:

> *Às vezes, tenho um sentimento estranho a seu respeito – sobretudo quando está perto de mim, como agora: é como se houvesse um cordão em algum lugar sob minhas costelas, do lado esquerdo, amarrado bem apertado a um cordão semelhante situado na mesma região desse seu corpinho. E, se o tempestuoso Canal e mais trezentos e tantos quilômetros de terra se interpuserem entre nós, tenho medo de que esse cordão de comunhão venha a partir-se; e sinto que, nesse caso, começarei a sangrar dentro de mim.*

Essas conexões também podem se manifestar em decorrência da proximidade física, como no caso de gêmeos idênticos que, embora separados, ainda são capazes de se comunicar de maneira instintiva ou telepática. Podem ainda se cristalizar como um acúmulo de forças vitais, uma espécie de carga elétrica que se forma entre duas pessoas. Como relatou acima o Sr. Rochester de Charlotte Brontë, esse vínculo pode ser uma versão emocional do cordão umbilical – que ou dá a vida ou a ameaça.

Essa sensação de um cordão pulsante de energia, que estabelece um vínculo invisível entre duas pessoas, tem muito a ver com o arquétipo da Mãe Tecelã e com as mulheres em geral. Podemos dar origem a esses vínculos e podemos também recebê-los. Pelo fato de se formarem em geral num nível subconsciente, pode ser muito difícil identificá-los quando se formam e saber com certeza quem foi que os iniciou. E pelo fato de as mulheres terem uma capacidade particular de empatia e de se identificarem com seus filhos, esses vínculos podem ser muito íntimos e positivos. Mas também podem ser uma armadilha. Assim, por mais que comparemos os vínculos a fios ou cordões, uma vez formados eles também podem ser algo que nos aprisione, como uma teia de aranha.

A tradição esotérica diz que esses vínculos podem se enraizar em três pontos diferentes do corpo: a pelve, o coração e a cabeça. Os vínculos pélvicos em geral são alimentados pela energia sexual. Embora isso não surpreenda, também não significa, necessariamente, que as duas pessoas estejam envolvidas numa relação sexual física. A energia sexual também pode servir de combustível para parcerias criativas – de natureza artística, por exemplo. Do mesmo modo, nem toda atração sexual forma um vínculo energético. O vínculo se forma pelo dar e receber contínuos, a transmissão e a recepção de um certo tipo de energia.

Os vínculos do coração, como se poderia prever, são ligações emocionais que vão se acumulando por meio do afeto, do amor e da preocupação um com o outro. Os vínculos da cabeça tendem a ser mais baseados nas ideias e no intelecto e, em geral, têm natureza mais leve e transitória. Além disso, é possível que você tenha mais de um tipo de conexão com uma determinada pessoa, o que pode tornar a situação muito complicada quando quer efetuar mudanças no relacionamento.

Um dos perigos é que esses vínculos podem se acumular sem tomarmos consciência deles e depois podem ser manipulados por uma pessoa sedenta de poder, energia ou compaixão. Há muitos casos em que uma pessoa permanece sob o poder de outra e, estranhamente, não consegue se libertar – mesmo que o relacionamento não lhe traga nenhum benefício claro. Há também o caso do parceiro que parece ser mais fraco, mas comanda o relacionamento. Pode acontecer, ainda, de você ter um conhecido em cuja presença não se sente confortável, pois ele a suga e a deixa cansada e desanimada. Essas situações em geral se desenvolvem num nível instintivo, por trás do pano, onde é difícil ver com clareza o que está acontecendo. A própria pessoa que manipula o vínculo pode não saber como está fazendo isso.

Um dos sintomas que indicam a existência de um vínculo doentio é a sensação de que o contato com a outra pessoa drena sua energia; você dá energia, mas não a recebe em quantidade suficiente. Uma atmosfera eufórica e febril gerada pelo contato também pode ser indício de um vínculo fundamentalmente desequilibrado. Outro sinal de alerta surge quando a pessoa manipulada procura justificar o relacionamento alegando ligações que vêm de outra vida ou diz que o mesmo foi decretado pelo destino. Não estou negando que isso pode acontecer, mas apenas afirmando que essa desculpa pode ser apresentada apenas como um sinal de esperança de que aquela ligação tenha algum sentido real.

Quando um vínculo começa a dominar toda a sua vida ou quando faz com que se sinta demasiado perturbada ou esgotada, pode ter chegado a hora de "cortar o cordão". Pegue a faca de Átropos – uma boa faca de cozinha de tamanho grande é o suficiente – e evoque, na mente, o cordão que a liga à outra pessoa. Procure intensificar a imaginação para que ela reúna o máximo possível de energia. Depois, lembrando-se de tudo de bom que esse relacionamento lhe trouxe (quase sempre haverá ali algo de valioso; caso contrário, o vínculo não teria se formado), use a faca para cortar o cordão invisível. Em outras palavras, embora o cordão seja visualizado, o ato de cortar é real. Se estava se sentindo desanimada e deprimida antes de fazer isso, o mais provável é que, uma vez cortado o cordão, sua energia e seu otimismo sejam restaurados. O gosto pela vida, que antes parecia ter desaparecido, estará correndo de novo pelas suas veias. Talvez seja preciso repetir o ritual caso os vínculos se formem de novo – certa vez, tive de fazê-lo três vezes para me livrar de uma ligação doentia –, mas com o tempo ele terá um efeito permanente. Basta que tenha fé nisso. Então, poderá viver feliz e satisfeita sem aquela pessoa na sua vida.

*A linhagem das mães*

Depois que minha mãe morreu, tive vontade de conhecer sua árvore genealógica. Eu tinha muitas questões, mas já não podia lhe perguntar nada. A linha materna é, muitas vezes, aquele lado da família cuja história acaba sendo esquecida, pois a identidade familiar nas sociedades patrilineares tende a dar mais valor à linhagem masculina. Ademais, a continuidade do nome do pai ao longo das gerações facilita em muito a pesquisa. Apesar de tudo isso, eu quis conhecer a história da família da minha mãe.

Como escrevi no livro *Growing Your Family Tree*, a linha matrilinear é, na verdade, a mais forte:

> *É uma ideia estonteante: nós, mulheres, podemos medir a jornada familiar daqui para trás por meio dos corpos dos quais saímos, como uma série de bonecas russas uma dentro da outra – da mãe à avó, desta à bisavó e assim por diante, até as mulheres desconhecidas e sem nome do passado remoto.*[3]

Quando nasceu minha primeira neta, consegui montar uma série de seis fotografias mostrando onde ela se encaixava em seis gerações de mulheres. Consegui também acrescentar dois nomes anteriores à era da fotografia: cheguei até Maria, sua quinta avó, nascida em 1790. A opção que eu fizera, pela pesquisa da linhagem matrilinear, recebeu sua plena validação quando consegui ligar minhas netas a essa linhagem e tive a oportunidade de compartilhá-la com elas à medida que foram crescendo e se interessando pelo assunto.

No contexto da tecedura, essa linhagem é uma corda que se estende ao longo do tempo, e cada geração de mães e filhas é representada por um nó na corda. Num *workshop* de fim de semana, realizado por um grupo do Círculo das Nove Mulheres num acampamento e dedicado à temática das gerações, montei um exercício para dar a todas nós um gosto dessa experiência. O terreno do lugar onde estávamos tinha uma certa inclinação. Pegamos uma corda de cerca de vinte metros e a amarramos bem forte num tronco de árvore no alto da vertente, deixando solta a ponta de baixo. A corda, que representava a linhagem matrilinear, tinha seis nós. O primeiro nó, na parte de baixo, representava a avó materna; o segundo representava a bisavó e assim por diante, até chegar à sexta avó, perto da árvore. Uma por uma, cada uma das mulheres foi vendada e pegou a extremidade solta da corda. A partir dali, ia subindo pela vertente agarrando-se à corda, com uma ajudante de cada lado. À medida que ia subindo pela corda, a mulher pausava em cada nó e cumprimentava a avó daquela geração. No final do exercício, ela havia voltado cerca de duzentos anos no tempo e "encontrara" ancestrais maternas, a maioria das quais ela não conhecia em absoluto. Quando compartilhamos nossas impressões, entretanto, a maioria de nós sentiu que havia entrado numa comunicação real com essas avós desconhecidas.[4]

A linhagem das mães teceu essa corda de geração em geração. Talvez nunca venhamos a conhecê-las todas; mas, honrando nossa linhagem materna, podemos encontrar meios de nos conectar com elas e, assim, tocar as origens profundas da nossa identidade. Essa experiência pode ser comovente e profunda.

## O PADRÃO

Já vimos que um fio simples pode ser tecido de modo a formar cordas, correntes e cordões, para constituir laços e ligações. Consideremos agora como o processo de tecelagem pode produzir padrões intricados e tessituras complexas tanto num sentido prático quanto num sentido simbólico. A fiação e a tecelagem são atos tão fundamentais para a vida feminina que nós, como mulheres, constatamos que já trazemos dentro de nós as habilidades necessárias quando começamos a tecer. Faz parte da nossa natureza nos dedicar a várias atividades ao mesmo tempo, planejar e administrar os diversos elementos da nossa vida, desenhando e tecendo o tecido de maneira a sustentar uma família, um relacionamento ou uma rede de amigas. A Mãe Tecelã já está operando em nossa vida. Nosso desafio consiste em aprender a segui-la e compreender como puxar e deslocar os fios para não desperdiçarmos energia nem ficarmos presas numa teia que nós mesmas tecemos. Talvez essa tarefa seja um trabalho para a vida inteira, mas é altamente satisfatória.

As tecelãs costumam fazer pequenas amostras de tecido em seus teares, e nós também podemos pôr à prova nossas habilidades de tecelãs no domínio da interação social. Dê, por exemplo, uma pequena festa. Escolha com cuidado os convidados e deixe que a interação deles teça um novo tecido. Será ele uma bandeira, um apanhador de sonhos ou uma peça de tecido que pode ser usada para diversos fins? Lançando mão de algumas manobras judiciosas, você pode encorajar as pessoas a se conhecer – e é aí que começa a diversão.

Primeiro a trama é montada no tear: os convidados procuram aquilo que têm em comum – pessoas ou lugares que ambos conhecem, ou filmes a que assistiram. Depois, à medida que conversam e trocam opiniões, a lançadeira vai passando de um lado ao outro do tear; trama e teia vão se combinando para revelar um padrão. Ou os convidados vão se unir em seus pontos de vista ou, talvez, se oporão uns aos outros. Uma textura vai surgindo à medida que eles compartilham esperanças, problemas e entusiasmos; trocam conhecimentos, oferecem conselhos e relatam seus planos. Alguns talvez combinem de se encontrar de novo. Ao final da noite, um padrão extraordinariamente complexo estará impresso num tecido cheio de substância – e tudo isso terá sido iniciado por uma única pessoa. Na próxima vez em que for a uma festa ou reunião organizada por uma mulher, fique atenta ao papel de Mãe Tecelã que ela está desempenhando. Talvez isso lhe dê uma intuição nova e surpreendente sobre todo esse processo. Depois, experimente você mesma fazer isso.

No entanto, a arte de receber pessoas e fazer *networking* não é uma habilidade exclusiva das mulheres. Os homens também a praticam. Quando entram num novo grupo de pessoas, no entanto, o objetivo deles – segundo alguns homens me disseram – é descobrir qual a sua estrutura de poder. Para isso, podem lançar desafios e entrar em competição entre si para saber quem é o chefe e quem é o subordinado. Às vezes, o estado de espírito prevalente é mais provocativo que harmônico, sobretudo quando envolve uma competição entre homens. As mulheres, por outro lado, preferem manter a lançadeira em movimento, entrelaçando os fios e assistindo à formação dos padrões de resposta. Mas também são capazes de arquitetar um confronto entre dois rivais que talvez sequer tenham consciência do papel que ela desempenhou; enquanto isso, a uma distância segura, ela apenas observa. Carmen, heroína da ópera de Bizet, é um exemplo extremo disso. É apaixonada no amor, mas também é calculista, provocando e prendendo os homens em armadilhas e trazendo à tona o lado mais perigoso e violento da natureza deles. Até o momento em que o destino por fim a alcança, ela é sempre senhora da situação e mantém a frieza e o autocontrole enquanto tece sua teia.

Como Carmen, as tecelãs precisam de um certo desapego. Os pintores podem pôr toda a sua vida e paixão em cada pincelada, mas as tecelãs precisam manter a cabeça fria e ter uma noção de qual é o seu objetivo a fim de dar ordem e substância aos fios que manipulam. A tecelagem é uma atividade repetitiva, até mecânica, em sua forma de execução. Com efeito, houve ocasiões em que o clique-claque do tear ou das agulhas de tricô acabou sendo associado a um tipo mais sinistro de execução – quando as mulheres *tricoteuses* da Revolução Francesa, por exemplo, dedicavam-se com calma à sua atividade ao lado da guilhotina, enquanto cabeças rolavam diante delas.

Numa veia mais leve, uma canção do século XVII fala de um admirador que reclama de sua amada continuar fazendo macramê enquanto ele vai perdendo o fôlego em sua declaração de amor. Todas as estrofes terminam com o refrão: "Sem sorrir nem cerrar o cenho, Phyllis / Sentava-se e tecia, sentava-se e tecia / E tecia sem parar".[5] Posso imaginar a frustração do fiel apaixonado tentando convencê-la de seu ardor. Imagino também as senhoritas da época de Jane Austen, que usavam o crochê e o bordado como técnicas para manter a calma e a serenidade diante de homens que se gabavam e competiam entre si.

A trama e o planejamento que acompanham a arte da tecelagem são feitos de antemão. É preciso montar a trama no tear e preparar as lançadeiras antes de começar a tecer o tecido. Todo esse esquema é realizado antes da atividade principal. Os grupos de moças adolescentes são especialistas nesse tipo de coisa. Quando caminham pela rua e encontram "por acaso" um grupo de meninos, já estão com tudo planejado. Podem sorrir à toa e dar a impressão de "não ter nada na cabeça", mas sabem exatamente o que estão fazendo. Já decidiram qual o menino que cada uma quer para si e já resolveram de antemão todos os conflitos de interesses. Sabem aonde querem ir e o que estão dispostas a fazer. Todos os encontros anteriores terão sido montados e desmontados dezenas de vezes; o caráter de cada menino terá sido analisado em detalhes e os desenvolvimentos futuros terão sido considerados. Os meninos, por sua vez, preocupam-se em parecem superiores uns aos outros e empregam apenas as mais rudimentares táticas de manobra. Em comparação com eles, as meninas são tão organizadas quanto uma equipe de ladrões de joias profissionais.

O perigo óbvio é a tecelã ser esperta demais para o seu próprio bem. Outro mito grego nos conta o que aconteceu com Aracne, uma jovem da Lídia, famosa por sua habilidade em fiação e tecelagem. Ela teve a ousadia de desafiar a própria deusa Atena, padroeira da tecelagem, para um concurso de habilidade. Infelizmente, os que ousam desafiar os deuses muitas vezes têm de pagar um alto preço por sua audácia. Aracne apresentou a Atena uma tapeçaria esplêndida, em que retratara as vidas e os amores dos deuses. Tinha sido tecida com uma técnica tão perfeita que a deusa não encontrou nela nenhum defeito quando a inspecionou. Furiosa diante de tal perfeição, Atena transformou Aracne numa aranha e condenou-a a tecer para sempre seus fios a partir do próprio corpo.

A moral da história é que aqueles que gostam de fiar e tecer as complexidades dos relacionamentos humanos acabarão, um dia, presos na própria teia. Ou, talvez, que não devemos tentar rivalizar com a Mãe Tecelã em sua forma arquetípica. Uma mera donzela jamais poderá desafiar uma deusa e vencê-la. Não podemos aspirar a esse tipo de poder; só podemos reconhecê-lo e procurar utilizá-lo de maneira limitada e individual.

As teias que tecemos são muitas e diversas — tapeçarias, tapetes, roupas de tricô, berços para gato, tranças, fitas do mastro de maio. Macramê, tricô, crochê, frivolité, tecer palhinha e cerâmica com rolos de argila são apenas algumas de muitas técnicas que derivam do mesmo ofício básico. No entanto, a Mãe Tecelã não se identifica com seus produtos. Ela sabe que eles ganham vida em suas mãos e que, quando prosseguem em sua própria existência, aquela que as criou muitas vezes acaba sendo esquecida. Hoje em dia, ninguém mais sabe quem teceu as belas tapeçarias encontradas em museus. Ninguém sabe ao certo quem inventou os padrões de tricô de Fair Island ou os passos da dança das fitas ao redor do mastro de maio. A promessa da Mãe Tecelã é que, quando você tira o tecido pronto do tear ao ver o padrão pronto, pode sempre começar de novo. Há sempre novas linhas a serem fiadas, novas cores a serem combinadas e novas formas a serem criadas.

## Imagens da Mãe Tecelã

- *Imagem cotidiana:* Ela caminha por uma rua da cidade digitando mensagens em seu telefone mas, ainda assim, atenta a seus arredores. Ela tem os cabelos tão curtos, num penteado *bob cut*, e suas roupas são simples e práticas. Ela pede informações a um desconhecido – de maneira amistosa, mas objetiva. Quando descobre para onde tem de ir, avança com presteza. Sua cabeça, como a de um pássaro, faz pequenos movimentos à direita e à esquerda para ela ver tudo o que passa pelo seu caminho.

- *Imagem mítica:* O útil fio de Ariadne; a tecelagem artística de Aracne; a fiação e os cortes das Três Moiras. A artesã hábil, sempre pronta a ensinar às outras a sua técnica; a manipuladora que maneja os fios da sua vida; a criadora ciumenta, dona da teia, que dá nome a seus padrões. Os ruídos do girar do fuso, o clique-claque rítmico do tear, o raspar metálico das tesouras.

- *Imagem pessoal:* Qual é seu artesanato? Quais habilidades adquiriu e é capaz e aplicar com destreza e inteligência? Ao utilizá-las, seu toque é seguro. Conheça-as e orgulhe-se delas; descubra novos usos para elas. Quais são os fios que formam o desenho da sua vida? Procure enxergar os laços e impulsos mais profundos e, depois, perceba as texturas que eles tecem – as luzes e sombras do trabalho e do lazer, do amor e da ambição, do desejo. Contemple com tranquilidade a teia de sua vida e teste-a; veja se ela responde ao seu toque.

## A Evolução da Mãe Tecelã

- *Juventude:* Na infância, ela é uma menina com um número infinito de projetos semiterminados espalhados pelo quarto. Quer experimentar todos os artesanatos – escultura, costura, *design* gráfico, pintura – e por aí afora. Na adolescência, faz tramas – para que serve ser bonita e inteligente se essas qualidades não podem ser usadas para nos divertirmos? Gosta de criar situações para ver como as pessoas interagem.

- *Maturidade:* A mulher organizada, que usa o maior número possível de fios em sua tapeçaria. Tem de decidir quando introduzir os fios novos e largar os velhos, sempre mantendo a continuidade do projeto. Sente a tentação de se pôr à prova, lidando com elementos conflituosos e estressantes e assumindo coisas demais para fazer. Agora, porém, ela já tem discernimento suficiente para suportar esse tipo de situação. A perícia adquirida lhe dá confiança para fazer escolhas que moldem o seu futuro.

- *Velhice:* O engajamento ativo pode dar lugar à capacidade de contemplação e reflexão. Um excelente exemplo disso é Miss Marple, a detetive de ficção de Agatha Christie, que tricota uma série infinita de roupinhas rosa e azul para bebê enquanto pensa no último caso de assassinato e chega à solução muito antes de qualquer outra pessoa. As mãos se ocupam para que a mente possa refletir e ver o padrão que se esconde por trás da massa de fios emaranhados.

## Manifestações da Mãe Tecelã

- *Dons:* Destreza física e mental; percepções afiadas. A capacidade de fazer várias coisas ao mesmo tempo. Humor diante do caráter absurdo dos acontecimentos. Capacidade de detectar o significativo no meio do trivial. Habilidade em matéria de relacionamentos humanos.

- *Provações:* Perda de habilidade em razão de doença ou acidente. Perda do controle sobre os acontecimentos. Embotamento dos sentidos com a idade. Ficar presa na teia que teceu, teia essa que, quando foi iniciada, parecia uma ideia tão boa. Ser acusada de ser enxerida, mandona, querer controlar tudo.

- *Rituais e cultos:* Habilidades transmitidas de mãe para filha. Artesanatos que, em determinados locais e épocas, são designados para as mulheres – parteira, costureira, jardineira, cozinheira. Fofocar e trocar informações com outras mulheres. Tecer teias de todo tipo, para adivinhar o futuro, ensinar ou até fazer intriga.

## Visão da Mãe Tecelã

○ Ordem no universo; a capacidade de pegar matérias-primas e tecê-las num padrão de sua escolha.

# Capítulo 4

## A SENHORA DA DANÇA

Num sonho, você dança com passos flexíveis e rítmicos. Reage com veemência a uma música deliciosa, que se ouve ao longe. A sonoridade parece incluir as notas vibrantes e alegres de um violino, bem como os acordes mais doces e comoventes de uma harpa. Dança, balança e gira para um lado e para o outro só pelo gosto de se movimentar. Depois, à medida que a música acelera, o ritmo energético começa a lançá-la no ar a cada passo seu; você vai pulando cada vez mais alto. Está dançando com elegância elevada no ar – rindo, girando em arcos e espirais, como sempre quis. Agora, já está voando – e enquanto isso continua dançando, levada pelo ar como as partículas de poeira que dançam num raio de luz ou como as estrelas que executam seus movimentos no céu. Porém, quando já está absorta na dança, em êxtase, a própria música começa a atuar como um obstáculo, soando pesada a seus ouvidos. O que antes era leve e elegante é agora áspero e dissonante; seu corpo se torna pesado e desajeitado. Você volta ao chão e se sente tão pesada que não consegue se mexer em absoluto. Tenta estender um braço, mas não tem força suficiente. Imóvel como uma pedra, está presa à terra.

Por acaso já sonhou com algo parecido? Tenho certeza de que algumas de nós já sofreram a angústia de não serem capazes de dar um único passo num sonho – uma memória distante, talvez, daquele estágio da primeira infância em que aprendemos a engatinhar e, depois, a andar – quando o corpo ficava muito atrás do forte impulso de nos movimentarmos. O impulso de correr, saltar e até voar está enraizado no fundo do nosso ser e pode nos assombrar durante toda a vida, em sonhos e no próprio ato de dançar. Não sei se esse impulso é mais forte nas mulheres que nos homens; o certo é que, na tradição, é mais atribuído às mulheres e, em particular, ao lado mágico e transgressor da feminilidade, à sua alegria extravagante. Na verdade, esse é o veredicto que a sociedade restritiva pronunciou sobre o dançar descontrolado das mulheres. O ato de dançar pode ser identificado ao de se exibir, de romper com as regras tanto da religião quanto da moral, de atrair a vergonha sobre a própria família.

Voltemos agora a algumas tradições populares ligadas aos círculos de pedra das Nove Donzelas na Grã-Bretanha e na Europa continental. Diz-se que as pedras representam jovens que dançaram de forma descontrolada, ou que dançaram no dia de descanso religioso (*Sabbath*) e, como castigo, foram transformadas em pedra. Diz-se que as pedras das Alegres Donzelas da Cornualha, das Nove Donzelas de Dartmoor e das Nove Senhoras de Derbyshire eram todas dançarinas que transgrediram as regras e foram congeladas em forma pétrea. Quando contemplamos as pedras nesses círculos, temos a estranha sensação de que dentro de cada pedra há uma dançarina que espera a hora de ser libertada de sua longa paralisação. A pedra encarna uma dança suspensa num momento de imobilidade e que, um dia, irromperá de novo em movimento para celebrar os giros do céu e da terra. Com efeito, algumas tradições admitem – não sem certa relutância – a possibilidade de que essas dançarinas possam voltar a se movimentar em certos momentos designados – ao meio-dia, quando o galo canta ou até quando tocam os sinos das igrejas. Se passarmos pelas pedras na hora da alvorada, ouvirmos o som de sinos ou tirarmos uma soneca à sua sombra sob o sol do meio-dia, poderemos talvez ver a dança ser retomada quando, por breves instantes, as senhoras são libertadas de seu encantamento e recuperam o poder de dançar.

A Senhora da Dança é o espírito dessa dança – uma dança que pode ser controlada ou domada, mas não suprimida por completo. É a que ama conhecer o mundo através do movimento, de contagiar as outras pessoas com a alegria de dançar e de capturar em gestos e estados de espírito as cores mutáveis da vida e da luz. É provocadora, graciosa, exuberante e livre; só representa uma ameaça para os defensores de uma ordem rígida e fixa, e estes podem lançá-la no cativeiro. Você será capaz de libertá-la?

Há alguns anos, quando dava aulas num navio de cruzeiro no Mar Negro, assisti a uma *performance* extraordinária – e completamente inesperada – de uma dançarina. Havíamos atracado numa cidade que fora um importante porto da União Soviética e, como às vezes acontecia, uma pequena orquestra se formara no cais para tocar quando partíssemos. Imagino que os músicos eram pagos pela operadora do cruzeiro, e estavam gostando de poder trabalhar na época de vacas magras que se seguiu ao colapso do antigo regime.

Assim que começaram a tocar, uma mulher trajando capa de chuva vermelha sobre um elegante conjunto cinza entrou de repente no meio dos músicos e começou a dançar. Dançou diante da orquestra de modo exuberante e enérgico, mas também com um talento e uma elegância fora do comum. Enquanto a pequena orquestra tocava, ela dançava sem parar, com sua capa vermelha e um chapéu de abas largas, também vermelho. Uma multidão se juntou ao redor para vê-la; todos foram arrebatados pelo espírito e pela pura e simples vitalidade de sua dança. No fim, um oficial do navio desembarcou para lhe dar de presente uma garrafa de champanhe, e zarpamos pouco depois.

Será que aquela mulher exuberante era a Senhora da Dança de sua cidade? Será que fazia aquilo com frequência? Seria uma dançarina profissional desempregada? Ou seria apenas uma pessoa que não conseguiu se conter? Fiquei grata pelo fato de terem permitido que ela nos apresentasse seu inebriante espetáculo e que nenhum burocrata tenha chegado para levá-la embora. A cidade era pobre, mas ela surgiu como um emblema de vida e cor, uma dançarina cuja calorosa memória jamais desaparecerá da minha mente.

## DANÇANDO EM NOSSA VIDA

O arquétipo da Senhora da Dança toma a forma de expressão física na vida de quase toda mulher. Quem jamais dançou? Da dança folclórica ao flamenco, da discoteca à salsa, da dança do ventre à dança de salão, da conga ao balé clássico – todas nós já tentamos dançar em algum momento e lugar. E quem já não dançou espontaneamente numa certa ocasião? As menininhas pequenas adoram ser postas para dançar, e o impulso de dançar não conhece limites de idade. Há pouco tempo, fiquei pensando em qual seria o melhor jeito de dançar com minhas netinhas, pois não sou a melhor dançarina do mundo e nunca consigo me lembrar dos passos de uma dança. Eu queria que a Senhora da Dança ganhasse vida para nós, e queria também garantir que não estivesse ainda petrificada demais para isso. Assim, peguei algumas echarpes longas e leves em meu *closet* e pus para tocar algumas músicas gregas suaves e melódicas que uma amiga gravara no violão. Nós três dançamos ao som dessa música, usando as echarpes como fitas de ginástica rítmica, girando-as e puxando-as com elegância pelo ar. Foi uma experiência incrível e provou para mim que é possível evocar essa Senhora mesmo quando a dança parece estar longe do ritmo normal da nossa vida. A chave é não negligenciar esse grande dom da vida e, assim, não nos deixarmos petrificar.

A Senhora da Dança, no entanto, não representa apenas o movimento físico propriamente dito. Como todos os nove arquétipos, tem tanto uma realidade física quanto um sentido simbólico. Quando nos propomos o objetivo de expressar e unir esses dois aspectos, podemos ter a esperança de concretizar o pleno potencial de seus poderes. Compreendendo o símbolo da dança em seu sentido mais amplo, podemos comparar o progredir da vida de cada mulher com o desdobramento de uma dança – uma sequência de passos que talvez possam ser aprendidos em parte, mas que também precisam ser descobertos à medida que avançamos. Só nós podemos criar os passos com que dançamos ao som da nossa música; precisamos aprender a ser nossas próprias coreógrafas. Com diz um provérbio: "Os dançarinos são considerados loucos por quem não consegue ouvir a música".[1] Assim, no fim das contas, a dança de cada mulher é única e exclusiva, muito embora ela participe de muitas danças coletivas ao longo de seu caminho.

A dança também pode ser equiparada à mudança, pois se baseia numa sequência sempre mutável de movimentos expressos de maneira graciosa. Podemos explorar a atividade da dança para adquirir conhecimento acerca de como lidar com a mudança em nossa vida. As danças que envolvem passos fixos, por exemplo, são semelhantes aos modos de interação que a sociedade nos proporciona por meio de ritos e costumes, enquanto os passos que inventamos são aqueles que energizam e harmonizam as mudanças em nosso próprio estado de ser ou em nossas circunstâncias individuais. Para isso, precisamos de equilíbrio, atenção e coordenação; precisamos estar atentas a cada passo e não entregarmos a outras pessoas a responsabilidade de nos comandar. Acima de tudo, precisamos criar uma dança cheia de beleza e vitalidade, precisamos encontrar prazer no ato de dançar. Precisamos estar dispostas a reagir à música com alegria, por mais que essa nossa atitude pareça "loucura" aos olhos dos outros. Agir por impulso, reagir com surpresa e deixar-nos levar pelo entusiasmo são novos pulsos de energia em meio à dança. A graça dos movimentos permite que essas mudanças de ritmo e direção sejam integradas num único curso de ação, que se torna o padrão que manifestamos em nossa vida a partir dos passos que damos na dança.

Na vida cotidiana, tudo isso pode ser visto como o prazer que sentimos com a dança da vida. Para nós, mulheres, é muito fácil deixarmos nossa sede de ordem dominar nossa vida. Organizar, limpar, fazer listas e manter a rotina são coisas que ocupam lugar essencial na vida da maioria de nós; somos criaturas feitas para realizar várias coisas ao mesmo tempo, desincumbir-nos de diversas responsabilidades e, por necessidade, aproveitar ao máximo o nosso tempo. Temos medo da bagunça e do caos, que nos dão a sensação de que não conseguiremos ir em frente — mas essa bagunça e esse caos às vezes acontecem de qualquer jeito, sobretudo quando temos crianças pequenas e um fluxo infinito de responsabilidades. Porém, se deixarmos que o espírito da dança se manifeste, tudo isso pode ganhar vida. A dança possui uma ordem própria; nenhuma dança é um caos completo, pois é uma sequência de movimentos moldada pelo fluxo particular de energia e pelas possibilidades do nosso corpo. Tem uma forma, uma figura, uma melodia. Assim, não há ninguém que não saiba dançar e cuja dança não possa ser bela.

Há muito tempo que o trabalho e a dança são associados na vida das mulheres. Na Indonésia, quando estão cansadas em meio ao trabalho nos campos de arroz, as mulheres fazem uma pausa para dançar e, muitas vezes, cantar. Até meados do século XX, as mulheres das Ilhas Hébridas, na Escócia, faziam *tweed* por meio de um processo que se chamava "pisoagem" (*waulking the cloth*) e consistia em bater de modo rítmico no tecido com as mãos ou os pés — uma espécie de dança acompanhada por um canto que facilitava e aliviava o fardo do trabalho. Danças também eram usadas como meios de transmissão do conhecimento de geração em geração em atividades como a tecelagem, a colheita e o preparo do pão. Essas danças nem sempre eram executadas durante a execução da tarefa em si, mas eram meios de registro e celebração das habilidades envolvidas. Não eram exclusivas das mulheres, mas é certo que várias habilidades femininas foram consagradas em danças especiais.[2]

## SENHORAS DA DANÇA

A ideia de que as mulheres representam o espírito da dança remonta às lendas mais antigas. Na mitologia clássica, por exemplo, encontramos as Três Graças, damas de companhia de Afrodite (Vênus) e associadas à dança. Eram mais conhecidas pelos seguintes nomes: Aglaia (A Brilhante), Eufrosine (A Alegre) e Tália (A Abundante). A dança delas evocava o despertar da primavera na terra, que inspirava a formação de brotos nas árvores, a abertura dos botões de flores e o amadurecer dos frutos. Eram também chamadas de deusas da gratidão, o que tem relação com o modo pelo qual a dança pode ser uma expressão de gratidão pelo próprio dom da vida.

As mesmas Três Graças constam na famosa pintura *A Primavera*, de Sandro Botticelli, em que três belas jovens vestidas com roupas diáfanas são representadas dançando em roda com elegância, de mãos dadas. As mãos se encontram em diferentes alturas – uma acima da cabeça, outra na altura dos ombros, outra na dos quadris. Botticelli, que conhecia bem os ensinamentos neoplatônicos da Renascença, pode ter tido a intenção de, com esse grupo de três mulheres, representar a harmonia entre as três forças da criação. No nosso contexto, podemos dar a essas energias os nomes de força de iniciativa, força de resistência e força de unificação ou equilíbrio.[3] Diz-se que essas três forças se encontram no âmago de todas as formas criativas – animadas ou inanimadas, visíveis ou invisíveis – e dão contínuo impulso ao próprio movimento da vida.

A dançarina faz um movimento com o pé, levantando-o no ar; isto corresponde à primeira energia – a *força de iniciativa*. Ela dá continuidade ao arco do movimento até que seu pé torna a descer, encontrando a *resistência* do chão abaixo dele – o segundo tipo de força ou energia. Por fim, seu corpo se ajusta para *equilibrar* essa resistência, produzindo – se ela for uma boa dançarina – um belo efeito. Assim, as três energias na dança podem ser percebidas como o impulso do movimento, a constatação das limitações (que podem ser a superfície do solo, a extensão máxima do movimento do corpo, a gravidade e assim por diante) e a harmonização da resposta, que conduz a um novo movimento ou postura. As três trabalham juntas de modo quase simultâneo e sua constante interação produz o fluxo da dança.

Fleur Darkin, diretora artística do Teatro Escocês de Dança, é uma coreógrafa inovadora que viaja pelo mundo conduzindo *workshops* e montando aclamadas produções de dança.[4] É claro que ela trabalha com homens e mulheres, mas, para mim, ela é o tipo ideal de uma Senhora da Dança de nossos tempos. Há pouco tempo, perguntei-lhe como ela via o espírito da dança, e suas palavras podem, aqui, servir de inspiração para as mulheres que buscam o espírito da dança em suas vidas.

> *A dança é uma poderosa expressão do significado de termos um corpo e da sensação de habitarmos o espaço físico. Sentimos a vida através do corpo, e a dança é uma arte que incorpora o viver. Não há como adiar a vida nem romantizá-la: só podemos estar vivas aqui e agora.*
>
> *A dança pode chegar a extremos físicos: um refinamento que se recusa a reconhecer a gravidade e um reconhecimento instintivo das necessidades animais: sexualidade, fome, medo. As dançarinas de hoje em dia se rendem à gravidade para manejar e direcionar seu peso com virtuosismo. Quando se vê uma dançarina de* break *girando sobre a própria cabeça, ela já trabalhou o suficiente para fazer aquilo sem esforço – a força centrífuga é o motor do movimento. A dança é uma poderosa professora para navegarmos entre os extremos do paraíso e do inferno e encontrarmos nosso equilíbrio. Todas nós alternamos entre as necessidades vis e a pureza espiritual, e a prática da dança traça para nós um caminho.*
>
> *Sempre me senti atraída pela dança porque ela é uma expressão da verdade. Dançar é ser. Não é uma declaração, nem um pensamento; é algo que acontece, como uma respiração. Tudo se torna transparente através da dança – as coisas que as pessoas escondem ou mostram – tudo está ali. E a verdade mais profunda da dança é que, quando você está nela de fato, as regras comuns da vida são transcendidas. Pode dançar até sair da sua pele. E este, consciente ou não, é o objetivo: deixa de ser uma forma separada, um eu.*

*A dança, ligada à respiração e à própria vida, elimina as separações entre os eus – unificamo-nos com os outros e com o mundo quando nos rendemos à dança. Quando dançamos, as identidades necessárias – gênero / idade / classe social – se revelam todas como ficções. Não há dançarinas, mas apenas a dança.*

*Às vezes, no estúdio, quando estamos todos dançando, sinto que estou dentro de uma catedral viva ou de uma pintura móvel. A realidade é aniquilada. O momento sagrado chega de repente – embora em geral tenha algo a ver com a devoção (o trabalho duro) e a rendição (aceitação). Estudar dança é um ato dotado de poder transformador, pois o autoconhecimento é um elemento necessário de sua caixa de ferramentas. Esse estudo dura a vida inteira. Foi dançando que aprendi a cair, e aprendi que, reconhecendo minha vulnerabilidade, a ajuda e a assistência se manifestam de múltiplas maneiras para proteger e transformar. O paradoxo da dança é que ela é um ato vulnerável que nos torna fortes – não negando a vulnerabilidade, mas dançando apesar de tudo.*

*Dance quando estiver amedrontada. É preciso coragem para dançar, e essa coragem é recompensada: a dança cria ainda mais coragem. Dance para vencer a preocupação ou o medo. Dance para lançar um feitiço.*

*Dance para se ligar ao milagre de estar viva. Dance para recuperar a gratidão pela vida, para honrar suas ancestrais, para inspirar seus filhos. Dance para conhecer a bem-aventurança maravilhosa que se revela na dança: não estamos nem nunca estivemos separadas. Só o não dançar nos deixa sozinhas. A dança sabe disso e nos sussurra: somos as montanhas, a cidade, os mares, e somos uns os outros. A Terra gira, e nós também precisamos girar.*

## ENERGIA, RITMO E FORMA

Cada dança é uma combinação única de energia, ritmo e forma. Quer coreografada, quer improvisada, toda dança contém esses três elementos. Eles se juntam para nos conectar ao poderoso espírito da Senhora da Dança.

Vamos examinar cada um desses elementos em separado.

*Energia*

A energia da dança pode ter diferentes qualidades, mas a energia que a Senhora da Dança mais costuma pôr em movimento é cintilante e lúdica – do tipo que nos encoraja a saltar e pular por simples diversão enquanto caminhamos. É uma alegre afirmação da vida, mesmo que a dança reflita todo um espectro de emoções. A Senhora anseia por dançar; adora dançar; e, aconteça o que acontecer, ela dançará. É esse o espírito a que podemos ter acesso por meio desse arquétipo.

Toda dança é acompanhada por uma liberação de energia, quer o movimento que a manifesta seja triste ou alegre, rápido ou lento. A dança, porém, não é apenas um meio de dar energia, mas também de recebê-la. Como a carta da Temperança no tarô, que mostra uma mulher com um vaso de água em cada mão, despejando a água de um dos vasos no outro, as energias da dança fluem num ciclo perpétuo de dar e receber. A Senhora da Dança traz o dom da energia, desde que estejamos dispostos a empenhar num tributo à sua dança a energia que já temos. E quase sempre é possível participar se entrarmos na dança de boa vontade. A dança ajuda a despertar a energia latente, mesmo quando o corpo se sente cansado. Tenho certeza de que muitas de nós começamos a nos sentir exaustas demais para levantarmos os pés ao som da música; no entanto, assim que nos damos uma oportunidade, sentimo-nos revigoradas e começamos a saltar como cordeirinhos na primavera. A dança tem a capacidade extraordinária de ligar os movimentos físicos à vitalidade essencial do nosso ser.

A energia da dança também pode transformar as pessoas de maneira notável. Com muita frequência, a mulher pesada e lenta se revela leve e fluente em seus movimentos; a mulher demasiado séria e rígida deixa de lado a gravidade e se diverte a valer. Senhoras idosas se transformam no salão de dança e mães esgotadas pelo cuidado dos filhos recuperam a juventude em danças exuberantes. A dança é uma espécie de poção que tem propriedades mágicas e imprevisíveis. E muito embora ninguém possa dançar para sempre, os dançarinos muitas vezes constatam que, quando sua energia física se esgota com o tempo, resta-lhes mais energia mental e emocional, que podem usar para renovar outras áreas da vida.

*Ritmo*

O ritmo é o fator ordenador básico da dança; cria uma estrutura de repetição por meio da qual a pulsação da dança se faz sentir. Quando o ritmo se fixa, torna-se mais fácil dançar. No geral, podemos confiar que nosso corpo se movimentará no ritmo da música. Afinal de contas, o próprio corpo é uma criatura rítmica; tem um batimento cardíaco e muitas outras pulsações sutis – como a respiração, por exemplo, que é uma das mais poderosas. O ritmo também ajuda a impor à dança um caráter e um padrão. O compasso ternário e o compasso quaternário têm efeitos diferentes sobre nós, e todas nós sabemos quanto os ritmos rápidos e lentos são capazes de afetar nossos movimentos e nosso estado de espírito. Em geral, o ritmo rápido nos agita e nos empolga, ao passo que o ritmo lento nos acalma ou cria um clima romântico.

Às vezes, o ritmo pode ter um efeito hipnótico. Repetido no decorrer de um longo período, pode nos pôr em transe, como o bater de tambores que os xamãs usam para invocar visões. Na verdade, esses ritmos repetidos detêm o desenvolvimento da dança e prendem os participantes num estado do ser e do corpo em que acabam por perder a consciência normal. Em algumas situações, o objetivo é exatamente esse – na meditação, por exemplo, na qual a repetição rítmica de um som pode fazer com que a consciência "normal" se desligue e permitir que uma consciência superior se faça sentir. Em casos como esse, o ritmo amarra e controla e energia. O padrão assim criado gera certos efeitos capazes de nos influenciar nos campos emocional, mental e sexual. Pense de novo nas Nove Donzelas transformadas em pedra. Talvez elas tenham sido castigadas não apenas por sua energia indecorosa, mas também em razão do ritmo excitante de sua dança. Não há dúvida de que a lenda se baseia na desaprovação social dirigida às donzelas que dançavam de modo mais ou menos descontrolado ao som de um ritmo empolgante – sobretudo no dia mais sagrado da semana.

O medo dos efeitos licenciosos do ritmo vem sendo expresso desde a Grécia antiga. Em época mais recente, um autor da década de 1930 atribui os males do mundo ao ritmo sincopado do *jazz*, o qual, segundo ele, causa reações orgiásticas e a perda do autocontrole.[5] O resultado final, a seu ver, é o colapso total dos valores morais. Por mais absurdos que sejam alguns desses juízos, temos de reconhecer que o ritmo é poderoso e pode ser visto como algo perigoso, tanto para os indivíduos quanto para a sociedade em geral. Assim, as formas rítmicas de dança tendem a ser reguladas pela sociedade – não só para manter a ordem social, mas também para atender a propósitos desejáveis. As culturas do passado e do presente criaram danças para lugares e momentos específicos – danças a serem executadas no templo, na corte e em comemorações sazonais. Os rituais de corte amorosa, trabalho, luto e vitória podem contar com danças especiais para essas ocasiões. E é a forma da dança que define seu propósito.

*Forma*

A forma da dança ajuda a unir sua energia – sua intenção, estado de espírito e finalidade – com seu ritmo. As danças dotadas de formas fixas também podem ser registradas ou memorizadas com mais facilidade, para que possam ser repetidas por outros dançarinos em outras épocas e lugares. É fato que a dança une as pessoas e pode servir para ligá-las umas às outras em ocasiões sociais de todo tipo. Na Renascença, a pavana era uma forma de dança de grande dignidade, executada ao som de um compasso ternário em andamento lento e usada para procissões e cerimônias de Estado. A galharda, por outro lado, era uma dança ágil e inventiva, com um ritmo contagiante, mas difícil. Esperava-se, dos cortesãos que a dançavam, que demonstrassem agilidade e inventividade, dando saltos espetaculares para deixar os espectadores de boquiabertos.

Com efeito, muitas danças ajudam os homens e as mulheres a se conhecer. Nas Ilhas Britânicas, a *ceilidh*, ou dança do celeiro, é há muito tempo uma ocasião propícia para se ter uma ideia das qualidades das pessoas do sexo oposto. Ao participar de uma, notei como as sensações de ser girada por uma sucessão de parceiros do sexo masculino eram diferentes. Alguns me giravam com vigor, ao passo que outros eram moles e ineficazes. Numa comunidade tradicional, onde a interação entre os sexos era regida por regras sociais rígidas, essas danças davam às moças uma noção muito direta da presença física de cada homem, sem nenhum traço de falta de decoro.

Nos locais onde a Senhora da Dança estabelece sua corte, a dança sempre foi um viveiro de intrigas e romances. Os romances dos séculos XVIII e XIX são repletos de cenas passadas em salões de baile, em que desenvolvimentos críticos da trama dependem de convites para dançar, e o bom ou mau comportamento na pista de dança garante ou exclui as possibilidades de um personagem fazer uma aliança.

A dança também pode ser usada para comunicar verdades profundas ou atrair experiências espirituais. Uma dança sagrada indiana a que assisti num festival de artes tinha o objetivo de invocar a presença de uma determinada deusa. A dançarina, que dançava sozinha, entrava num estado muito especial de contemplação a fim de representar os movimentos dessa deusa. O espetáculo me levou às lágrimas.

Nem sempre é clara a fronteira que separa as danças "fixas", em que todos os passos são prescritos, das danças espontâneas. Algumas formas de dança são uma mistura das duas coisas, assim como a música também permite certa medida de improvisação. As danças improvisadas têm uma beleza própria; sua forma se constitui à medida que a dança avança, produzindo um único voo de fantasia da Senhora da Dança que se dissolve como um sonho quando a dança termina. E, com efeito, essa é uma qualidade essencial da Senhora da Dança enquanto encarnação daquela parte da natureza feminina que adora dançar. Trata-se de uma qualidade tremeluzente, mutável – uma qualidade que corremos o risco de perder quando a analisamos demais. Mais uma vez, as palavras de Fleur Darkin expressam de maneira muito bela esse aspecto da dança:

> [...] *a verdade mais profunda da dança é que, quando você está nela de fato, as regras comuns da vida são transcendidas. Pode dançar até sair da sua pele [...] A dança, ligada à respiração e à própria vida, elimina as separações entre os eus – unificamo-nos com os outros e com o mundo quando nos rendemos à dança.*

# A MENSAGEM DA DANÇA

Já falamos da pintura *A Primavera*, de Botticelli.[6] Gostaria de voltar aqui a essa pintura, pois ela nos faculta uma maneira muito especial de ver e compreender a Senhora da Dança numa variedade de formas e gestos e apresentando-a como uma triplicidade. Embora as senhoras de Botticelli possam ser relacionadas de modo mais imediato com a deusa Vênus, acho que também têm uma relação muito próxima com o nosso arquétipo.[7] Das três damas isoladas (não as três dançando em roda), a que traja apenas um véu transparente e é agarrada por um perseguidor alado é Vênus em seu aspecto mais inferior, que personifica o desejo sexual. A figura do meio, a própria Primavera, traja um vestido com estampas florais e espalha flores ao seu redor. Representa a abundância e o amor humano. A mais afastada, que traja uma roupa elegante, mas circunspecta, parece quase uma Madona e representa a forma mais elevada de união amorosa. Também vemos a interação entre essas três na dança das três mulheres em roda, no outro lado da pintura. Suas mensagens são independentes, mas elas também estão unidas na dança.

Verificou-se na Renascença o forte impulso de unir a arte a filosofias espirituais, como o neoplatonismo. Em *A Primavera*, podemos ver como os neoplatônicos viam a transformação do amor, desde o desejo sexual mais básico até a compaixão universal. Os impulsos sexuais podem ser transmutados numa forma mais elevada de amor entre homem e mulher. A partir daí, eles podem passar a um estado ainda mais exaltado, em que o espírito feminino bem-amado nos leva a um conhecimento do amor divino, que já não tem por objeto um único indivíduo. É assim que vemos Vênus representada aí: ela evolui da donzela seminua que cai nas garras de um admirador para a glória abundante da dadivosa primavera, e daí para a forma equilibrada e graciosa do amor plenamente realizado.

Assim como Vênus começa sua evolução como uma representação do amor físico, assim também a Senhora da Dança faz uso de uma energia sexual que está na raiz da dança e pode despertar o desejo sexual em outras pessoas. Muitos atos de sedução foram realizados por meio da dança. Com efeito, a própria formação de um relacionamento sexual pode ser vista como uma espécie de dança. Os parceiros entram no mesmo ritmo, o que caracteriza o processo de aproximação, e depois trabalham para descobrir como compatibilizar seus movimentos na dança. A própria sexualidade é uma das forças motrizes da dança; sem o seu poder básico, os movimentos da dança se tornariam pálidos e desinteressantes. Quando se perde o controle sobre ele, entretanto, esse poder pode tornar a dança "orgiástica", como descreveu, com azedume, o comentador que citamos acima. Usada com responsabilidade, por outro lado, a sexualidade traz em si um magnetismo que pode canalizar e elevar a energia e aproximar as pessoas. Pode também ser transformada no próximo nível de comunicação, em que as emoções humanas são despertadas.

A Vênus de Botticelli, em seu segundo retrato, transforma-se numa representação mais madura e emocional do amor entre homem e mulher. Nesse segundo nível, a Senhora da Dança vai além da sexualidade instintiva e passa a dar sinais de sua abundância; dá flores na época correta, na estação esperada; suas emoções estão em harmonia com os ciclos de crescimento. Talvez possamos dizer que, no primeiro retrato – o nível físico do amor –, a mulher recebe a energia masculina. No nível seguinte, contudo, é ela quem assume o papel mais ativo, pois se dá emocionalmente. É capaz de confortar e revitalizar o parceiro com seu amor, de acordo com seus próprios ritmos de repouso e renovação, que criam eles próprios uma dança.

No estágio final, Vênus está equilibrada. Seus pés, antes descalços, agora calçam sandálias; sua mão direita aponta o caminho. Seu rosto se volta para o espectador, convidando-o com sutileza a avançar ainda mais. Esses gestos estabelecem uma comunicação imediata, transmitindo a mensagem do momento e, muitas vezes, transmitindo também uma emoção transcendente que pode ir além do estado de espírito pessoal. Para que uma dançarina use os gestos dessa maneira, precisa tornar seus movimentos muito eficientes.

Durante boa parte do tempo, nossa comunicação corporal é desconjuntada e emite diversos sinais diferentes. Meu rosto pode estar sorridente, mas meus ombros podem estar caídos, denotando cansaço, e meus pés podem estar se movimentando, denotando impaciência. Na dança, todos esses movimentos e gestos precisam estar concordes. O corpo e o coração se tornam uma só coisa, de modo que o próprio movimento *seja* a alegria, a tristeza ou qualquer outra emoção. Para isso, é preciso muito mais que a simples técnica. A dançarina precisa estar disposta a se expor por completo diante de seu público. Então, poderá comunicar muito mais do que o seu próprio estado de ser; pode se tornar um canal para o conhecimento e o amor divinos.

Como vemos, essa pintura tem ricas camadas de significado. Como a Vênus de Botticelli, a Senhora da Dança nos convida a celebrar a vida de modo ativo. A dança é algo que merece e deve ter espaço em nossa vida – as Alegres Donzelas estão sempre dispostas a dar mais um giro, caso possam ser libertadas de seu cativeiro. O atrativo da dança pode se reafirmar em qualquer idade e podemos de novo nos tornar dançarinos, reencontrando, com um desejo e um calor renovados, aquilo que perdemos.

## Imagens da Senhora da Dança

- *Imagem cotidiana:* Tarde da noite, ela está a caminho de uma casa noturna, vestindo uma roupa curta, apertada e cheia de brilho. Seu penteado e maquiagem parecem deslocados na rua, mas, quando ela chega a seu destino, mostram-se perfeitamente adequados. Está acompanhada de outras moças. Podem até encontrar homens no clube, mas elas querem mais entrar no ritmo da dança do que formar relacionamentos. Seus pés avançam ágeis pela calçada; as estrelas brilham não apenas no céu, mas também em seus olhos.

- *Imagem mítica:* A donzela dançarina que nunca fica parada, a menos que seja pega e posta em cativeiro. Dançarinas dos círculos de pedra, dançarinas dos mitos e da história – as Três Graças, Salomé, Isadora Duncan. Todas as heroínas da dança do passado e do presente, nos salões de baile, em espetáculos musicais, no balé, na dança indiana, na dança egípcia, nas danças sagradas nos templos – das que mostram os seios às que se velam de seda, dos vestidos rodados às saias das camponesas. Uma galáxia de mulheres dançarinas de todas as nações e épocas.

- *Imagem pessoal:* A síndrome da coceira nos pés – é hora de saltar um pouco. Está pronta para uma mudança? O que quer mudar? Mudar de companheiro? De casa? De carreira? O próprio processo de mudança lhe dá prazer; você apenas dança, cheia de alegria. Tome cuidado, pois as pessoas mais sóbrias não gostam daquelas que dançam pelas mudanças. Chamam-nas de levianas e frívolas; veem isso como transgressões dos mandamentos. Você é capaz de contornar essas opiniões dançando?

## Evolução da Senhora da Dança

- *Juventude:* As meninas precisam dançar. Caso contrário, o que farão com tanta energia? Não poderão lutar entre si nem pavonear-se, como fazem os meninos. É difícil encontrar uma dança à qual seus corações correspondam, pois as danças que os adultos lhes ensinam parecem distantes, artificiais. As meninas mais velhas revezam-se entre dançar e sentar-se, letárgicas; suas energias flutuam. Isso as deixa perplexas, e pode ser que elas ainda não tenham aprendido a controlar os próprios ritmos.

- *Maturidade:* Uma mulher cujo interesse pela dança da vida é sempre renovado; ela não se esqueceu de como brincar, como rir da vida e suas trivialidades. É capaz de ser magnificamente irreverente. Entra, agora, na dança que ela mesma escolhe; seu passo é leve e seu controle também, pois a dança ainda é capaz de borbulhar de forma irreprimível desde dentro dela.

- *Velhice:* O poder da dança nem sempre declina na velhice. Em alguns estilos, como o flamenco, são as mulheres mais velhas que têm mais presença e autoridade. No geral, as mulheres idosas que gostam de dançar são muito divertidas; brincam, riem e entretêm suas colegas mais jovens e mais sóbrias. Com frequência, as dançarinas mais velhas podem nos ensinar alguma coisa. A leveza de seu passo é mais significativa quando elas têm 80 anos do que quando têm 18.

## Manifestações da Senhora da Dança

- *Dons:* Mudanças e surpresas bem-vindas. A chegada da primavera. Um novo *hobby*, uma nova amiga, um novo relacionamento. Elegância de movimento. Um parceiro de dança que estimula um movimento audaz ou belo que você não sabia que tinha dentro de si. O prazer de assistir a uma excelente coreografia de balé ou de participar de uma dança folclórica estimulante.

- *Provações:* Perda de entusiasmo pela vida. Ver-se paralisada pela desaprovação de outras pessoas. Restrições mesquinhas. Energia que não encontra um canal adequado para sua expressão e permanece reprimida, talvez pelo confinamento físico. Grandes alterações do nível de energia, que dificultam o planejamento antecipado e diminuem a capacidade de ficar à altura dos acontecimentos. Perda de flexibilidade e agilidade físicas.

- *Rituais e cultos:* Tradições de dança feminina. A etiqueta e as práticas da pista de dança, desde bailes formais até casas noturnas, desde a dança de rua até as danças folclóricas. Danças esotéricas e religiosas de diversas épocas e lugares.

## Visão da Senhora da Dança

- O fluxo natural da mudança e como podemos celebrá-lo.

# Capítulo 5

## A RAINHA DA NOITE

A Rainha da Noite é um dos arquétipos femininos mais envolventes. Ela personifica forças que residem fora da luz clara e racional do dia e não se deixa limitar pelas convenções. Essa rainha rege a vida que surge na paisagem noturna e controla as marés da escuridão para despertar, atrair e amar. Pode assumir diferentes formas: feia, com asas de morcego e um grito que corta o ar; ou bela e fugaz, como uma mariposa rara que bate suas asas no ar noturno. Os animais noturnos, aéreos e terrestres, a conhecem, respeitam e atendem ao seu chamado. Sua força é primitiva e mágica, mas também incrivelmente hábil.

Toda mulher leva em sua alma algo da Rainha da Noite. Como acontece com todas as Nove Mulheres, entretanto, os poderes dessa rainha podem atuar como forças cegas ou ser usados de modo consciente para dirigir as correntes da vida. A mulher que deseja desenvolver suas habilidades de Rainha da Noite precisa se abrir para aquilo que, dentro dela, é sem rédeas e selvagem. Ao mesmo tempo, contudo, precisa assumir a responsabilidade por aquilo que desencadeia.

Não cabe à Rainha da Noite ser charmosa e elegante, nem atender às expectativas alheias. Ela decide estontear ou repelir a seu bel-prazer, não se interessa pelas convenções e pode chocar os que entram em sua órbita. Para as mulheres dispostas a olhar para o que está além das fronteiras das convenções sociais, entretanto, ela representa uma força que elas anseiam por adquirir – um direito que elas possuem desde o nascimento, mas a que ainda não têm acesso. O poder dela opera com naturalidade no ambiente noturno, quando os deveres do dia ficam para trás. A vida não teria brilho sem o apelo que nos convoca a juntarmo-nos à Rainha da Noite em meio à escuridão.

## VISÃO NOTURNA

O princípio feminino costuma ser associado à noite e ao inconsciente num sentido simbólico, ao passo que o princípio masculino pode ser representado pelo dia e pelo pensamento "consciente". Essa correspondência tem sua utilidade, mas também pode transformar-se numa generalização indevida que passa longe do alvo. A verdade é que as forças da noite *são* um tipo de consciência ou de "saber" que funciona de um modo próprio, muitas vezes elementar. Esses poderes permanecem ocultos nas transações cotidianas, mas podem conter tanto conhecimento e sabedoria quanto a nossa consciência "diurna".

Quando essa "visão noturna" desperta, ela toca as raízes de fortes impulsos emocionais. Caso se permita que esses impulsos venham à tona sem controle, podem com efeito ser perigosos e impiedosos. Se forem ignorados, por outro lado, a vida pode se tornar artificial e frágil. Precisamos de ordem, interesse e consideração mútua para lubrificar as engrenagens da vida cotidiana e introduzir a bondade e a gentileza em nossas relações uns com os outros. Mas essas coisas não devem se tornar instrumentos de supressão completa das forças ocultas. A noite e o dia são partes complementares do mesmo ciclo.

Há muitos anos, vi um exemplo notável desse contraste enquanto viajava com meu marido pelo Marrocos, no Norte da África. Éramos um casal jovem; havíamos acabado de nos graduar na universidade e estávamos fazendo uma viagem barata, pernoitando em pousadas pouco recomendáveis. Às voltas com uma sociedade repressora, que encarava os estrangeiros de maneira ambivalente, estávamos começando a sentir que nossa viagem era mais uma provação que uma aventura. Chegamos a uma cidadezinha provinciana cuja atmosfera, intensificada pelo calor abrasador do verão, começara a nos parecer pesada e claustrofóbica. As mulheres ali pareciam levar uma vida muito tradicional e permaneciam em casa com as crianças, sob a ordem do marido. De dia, só as víamos quando passavam pela rua envoltas da cabeça aos pés em pesados vestidos negros, deixando apenas os olhos à mostra.

Na noite da lua cheia, contudo, minha percepção dessas mulheres mansas e veladas virou de ponta-cabeça. Fomos despertados de repente por um estranho ruído de gritos e bater de metais. Saímos da cama na mesma hora e corremos até a janela, onde, para nosso espanto, vimos uma procissão de mulheres virando a esquina. Todas estavam sem véu e sem o vestido preto; usavam apenas um vestido longo e tinham os longos cabelos à mostra. Juntas, as mulheres do grupo gemiam a cantavam, batendo colheres e paus em panelas de metal e qualquer outra coisa que pudesse ser usada como tambor. Dançaram descontroladas pela rua, entregando-se à noite e à lua. De manhã, quando tornamos a caminhar entre as mulheres modestas e veladas nos mercados da cidade, a visão da noite anterior parecia um sonho. Mas sabíamos que não era, e sempre gostei de me lembrar de como as mulheres de uma sociedade tão fechada dispunham de um meio de celebração da sua liberdade, aproveitando as marés da escuridão e da noite.

É claro que esses poderes não pertencem apenas às mulheres. Com efeito, temos em nossa natureza aspectos de poderes conscientes e inconscientes. Tanto os homens quanto as mulheres sabem o que é acordar no meio da noite e encontrar emoções ferozes pulsando dentro de si – desejos ou sentimentos de raiva aos quais não se dá rédea solta durante o dia. Quem já não acordou às três da manhã roendo-se de ciúmes, inflamado de raiva ou de desejo ou tomado de um impulso selvagem? Às vezes, quando acordamos no meio da noite, a escuridão ao nosso redor parece uma presença palpável. Tudo está vivo a essa hora, mas de maneira diferente. Na primeira noite que passei numa casa nova na zona rural depois de anos na cidade, despertei de madrugada e senti o ar escuro da noite batendo em mim como uma força viva. O que me surpreendeu não foi a força da brisa, mas a presença do ar como um elemento. Embora eu a tenha sentido como um choque físico, fiquei ansiando para que a experiência se repetisse; ela me deu vida e estimulou todos os meus sentidos. Me lembro também que, na infância, às vezes acordava à noite com o grito de um coelho ou o chamado da raposa para acasalar. O efeito dessas coisas sobre mim era ao mesmo tempo magnético e aterrorizante.

A noite é a hora da sexualidade, quando o desejo vem à tona como a erupção de um vulcão, um mar revolto de escuridão que de algum modo afoga o senso comum de individualidade. Falando disso certa vez com outras mulheres, todas nós reconhecemos a sensação. O curioso, porém, é que ela não estava na superfície da nossa memória, como se a experiência fosse tão diferente – tão "da noite" – que tendíamos a esquecê-la até que alguém nos lembrasse. É importante, contudo, nos lembrarmos dos poderes da noite e permanecermos em contato com nossas raízes. E podemos fazer a conexão com as forças da noite também para os homens da nossa vida, caso sejam mais orientados para a luz do dia.

A Rainha da Noite expõe os nervos vitais dos impulsos emocionais, que podem ter suas raízes nas necessidades prementes de sobrevivermos e nos reproduzirmos. Na base, eles são expressões de uma vontade imperiosa e impiedosa. Muitas mulheres que se consideram bondosas e altruístas ficam horrorizadas ao vislumbrar algo muito diferente por trás dessa aparência exterior – algo voraz, determinado a capturar e prender o que lhe interessa, para quem as pretensões das outras pessoas nada valem. Esse impulso não dá a mínima para as convenções sociais. Quando não existe válvula de escape para essas "forças noturnas", quando elas não recebem uma canalização adequada, podem se manifestar com efeitos desastrosos.

Você talvez conheça, como eu conheço, mulheres que são a própria figura da "boa mãe", que de fato amam seus filhos e cuidam deles, dando-lhes atenção e orientação num grau que a maioria de nós teria dificuldade de igualar. Então, de repente, uma dessas mães ideais perde a cabeça e abandona a ninhada – talvez com outro homem, com outra mulher ou apenas para "se encontrar". O que aconteceu? O marido está em choque; as amigas, perplexas. Ela não deu nenhum sinal de alerta, ou pelo menos ninguém notou nada. Sua partida deixa um rastro devastador de destruição. A causa aparente, no entanto – um novo amor ou estilo de vida – provavelmente tenha sido apenas um gatilho. A razão mais profunda deve ser que o modo pelo qual essa mulher ordenou sua vida começou por fim a sufocá-la, e as forças e verdades que ela vinha suprimindo a obrigaram a fugir antes que morresse sufocada. Trata-se de um tipo de instinto de sobrevivência que se manifesta por fim como uma tempestade repentina, como o resultado inevitável do combate entre forças elementares antagônicas entre si.

Para evitar esse tipo de tempestade, precisamos desenvolver um conhecimento profundo dessas forças elementares, bem como a disposição de encarar a verdade antes de as tensões se acumularem até o ponto de ruptura. Costumes sociais como o que testemunhei no Marrocos podem ser válvulas de segurança que permitem às mulheres aliviar essas tensões e constrangimentos de maneira coletiva. Sem eles, o ônus recairia sobre as mulheres individuais: cada uma delas teria de assumir a responsabilidade por suas ações e encarar a verdade. As forças elementares da Rainha da Noite podem ter muito pouco a ver com os valores "civilizados", mas são essenciais para a sobrevivência e não podem ser negadas sem que essa negação produza consequências.

É importante termos algum contato com os poderes dessa rainha. Quando uma mulher está em contato com esse nível instintivo da vida, pode ter intuições profundas sobre situações atuais, intuições que talvez sejam úteis para ela e para os que estão ao seu redor. Jung observou isso em sua mãe. Sentia que ela tinha duas personalidades – uma, a da mulher convencional; outra, a de uma criatura da noite, com poderes místicos. Quando essa *persona* noturna vinha à tona, ela parecia uma sacerdotisa numa caverna, uma impiedosa vidente da verdade. Ele observou que, quando ela falava a partir desse elemento de sua natureza, suas palavras tinham uma precisão dolorosa.[1]

A noite, portanto, tem seu próprio tipo de visão – é como se o dia nos cegasse para certas verdades. As revelações chegam à noite, quando a mente abandona seus ruídos e seus pontos de vista favoritos. Não espere, porém, que elas cheguem de maneira dramática. Essas intuições já me vieram na forma de uma voz baixinha e serena, mas verdadeira, que me dizia o que eu precisava saber. Esse conhecimento pode ser muito simples, mas nem por isso será menos pertinente. Como mulheres, precisamos aprender a confiar nele. Quando buscamos a confirmação dos outros e não a recebemos, podemos sentir a tentação de imaginarmos que estamos redondamente enganados. Porém, o tempo muitas vezes acaba provando a veracidade de nossas "visões noturnas", que podem nos dar intuições sobre o caráter de uma pessoa ou sinais acerca de como certas situações se desenvolverão.

## CRIATURAS DA NOITE

A Rainha da Noite tem uma afinidade natural com as criaturas da escuridão – corujas, morcegos, gatos de olhos brilhantes e todas as demais criaturas que saem à noite. As criaturas noturnas são dotadas de poderes especiais; podem ser capazes de ver no escuro, orientar-se por radar ou detectar os pontos cardeais por instinto. Reconhecem o perigo na mesma hora. Tendem a movimentar-se de forma rápida e silenciosa e podem manifestar uma agilidade extraordinária. Muitas criaturas noturnas são caçadoras mortíferas, assim como a Rainha da Noite pode usar seus poderes de maneira predatória.

Por extensão, a Rainha da Noite é a Dominadora dos Animais, um arquétipo conhecido em várias culturas desde tempos muito antigos. Essa figura é representada com leões, touros, aves ou serpentes. Pode ter asas ou montar num animal, ou, ainda, ser levada numa carruagem puxada por animais selvagens. Em geral é representada num papel de domínio, mas quase nunca luta ou mata suas criaturas. Uma representação que atravessou os séculos e chegou a nós é a carta da Força no tarô tradicional, que mostra uma mulher abrindo as mandíbulas de um leão.[2]

Esses emblemas deixam claro que as mulheres de fato sentem empatia pelo reino animal, são capazes de domar animais selvagens e sabem como fazer uso da força e dos atributos deles. A conexão mais básica dos homens com os animais, por outro lado, é a do domínio pela prova de força, que muitas vezes acaba envolvendo a morte do animal. Embora não possamos traçar uma linha divisória rígida entre homens e mulheres nesse quesito, de maneira geral o caminho masculino é o da conquista, ao passo que o feminino é o da domesticação. Com efeito, conjectura-se que os primeiros animais domésticos foram filhotes que os caçadores do sexo masculino trouxeram para casa a fim de que suas esposas os criassem.

A domesticação, no entanto, não é uma atividade suave, pois envolve a compreensão da natureza de cada animal e o ato de encorajá-lo a adotar novas formas de comportamento. Pode ser arriscada ou mesmo perigosa, pois até as criaturas consideradas domésticas podem voltar ao estado selvagem. Quando eu tinha uns 12 anos, um cavalo puxou as rédeas da minha mão quando eu estava tirando seus arreios, virou-se para mim e arrancou, com uma mordida, um belo pedaço do meu polegar esquerdo. Eu achava que conhecia os cavalos, mas aquele era mais rebelde que o normal. Há também o exemplo mais comum da gatinha de estimação que se transforma numa tigresa na hora de tomar vermífugo – arranha, morde e até arranca sangue antes de conseguirmos fazê-la engolir o comprimido. Com frequência, tenho de lembrar minhas netas de que nossos dois gatinhos, embora afetuosos, ainda são caçadores que podem dar o bote em seus amigos humanos quando são estimulados de modo exagerado. A Rainha da Noite precisa compreender esses instintos para poder controlá-los; precisa conhecer a selvageria que está dentro dela mesma, e também perceber dentro de si a vigilância da coruja e a astúcia da raposa, para poder submeter todas essas criaturas com gentileza a seu domínio.

Isso dá a entender que a Rainha da Noite talvez seja um ser paradoxal – gentil e selvagem ao mesmo tempo. Essa aparente contradição, no entanto, é na verdade uma polaridade dinâmica que define a qualidade única de sua energia. Ela engloba o selvagem e o doméstico. Na ópera *A Flauta Mágica*, de Mozart, uma ambivalência semelhante rodeia a personagem da Rainha da Noite, uma figura sinistra, mas ao mesmo tempo magnífica, que exige que pássaros sejam capturados e levados para ela todos os dias. Será ela uma mãe má que tenta impedir a filha Pamina de descobrir seu verdadeiro pai e entrar no Templo da Sabedoria? Será uma rainha injustamente exilada? Ou será a força obscura e instintiva que Pamina terá de reconhecer dentro de si na medida em que deixa de obedecer à mãe sem questioná-la e se separa dela para poder crescer e começar sua própria jornada de vida? Talvez ela seja tudo isso e ainda mais.

O relacionamento entre mãe e filha é complexo. A filha conhece o lado negro e noturno da mãe, em razão do vínculo especial que se forja entre elas. A natureza da mãe também pode se refletir na filha, de modo que elas se compreendam uma à outra de maneira bastante particular. Isso pode fazer com que a filha se recuse a aceitar a autoimagem que a mãe promove – pressentindo, por exemplo, o orgulho que se esconde por trás de uma aparente humildade. E, por mais que uma mãe castigue a filha por mau comportamento, pode também ter um secreto sentimento de triunfo ao ver quanto a menina é voluntariosa e incontrolável. Pode, inclusive, encorajar na filha todas as características que ela própria não ousa expressar de modo franco. Então, quando a filha entra na adolescência, surge outro desafio: sua sexualidade floresce e ameaça eclipsar a da mãe.

Algumas brigas entre mães e filhas adolescentes podem nascer, em parte, deste último fator. Quando minha filha chegou a esse estágio, lembro-me que tive uma série de sonhos perturbadores que falavam com clareza sobre o florescimento sexual dela. Tive de aceitá-los e moderar minhas reações. Embora minha própria sexualidade continuasse ativa, eu não podia impedir que a dela se tornasse um poder vital e começasse a suplantar a minha.

É fácil encontrar outros exemplos do trabalho da Rainha da Noite em sua forma de Dominadora dos Animais. É o caso de uma falcoeira (treinadora de falcões) que realizou uma apresentação fascinante num espetáculo ao ar livre. Ela trouxe consigo vários falcões e fez com que cada um se exibisse de acordo com sua maturidade e capacidade. Deixava que eles voassem livres e, quando eles chegavam no ponto mais alto de seu voo, ela dava um grito especial para chamá-los de volta. À medida que eles foram ficando mais confiantes, ela os encorajou a tentar manobras mais rápidas e ousadas, incitando-os a mergulhar em busca de uma recompensa ou de um "engodo", um boneco que simula uma presa e que era balançado no ar preso a um cordão. Estava claro que as aves estavam gostando da brincadeira, mostrando-se à altura do desafio e aproveitando a oportunidade para demonstrar suas habilidades.

Foi incrível. A falcoeira mantinha sua autoridade e sua postura, prestando atenção à ave durante cada segundo de seu voo. Ao mesmo tempo, comentava o que as aves estavam fazendo. Muito embora a falcoaria não seja de maneira alguma um esporte exclusivo das mulheres, senti, naquela ocasião, que havia visto um espécime perfeito da Dominadora dos Animais em ação. O modo como ela comandava as aves com compaixão era o protótipo do poder feminino sobre os animais, mas não funcionava nem pela supremacia nem pela força. As aves ainda eram criaturas selvagens; haviam caído sob o domínio da mulher sem que seus poderes naturais fossem sacrificados.[3]

O que esses animais selvagens simbolizam? Afirmo que representam as fortes paixões e impulsos que nascem das próprias raízes da emoção. Podem ser ferozes e descontrolados; manifestam-se como raiva, desejo, medo, proteção e uma forma selvagem de amor. Talvez não consigamos defini-los com precisão, pois nascem de fontes ocultas e profundas e só os vemos com clareza quando surgem à luz do dia. São, no entanto, vitais para nós, pois proporcionam a energia emocional básica de que precisamos para dar vida a nossos relacionamentos e atividades.

Aprender a reconhecer essas forças é uma parte do nosso envolvimento pessoal com a Rainha da Noite. Na qualidade de mulheres, às vezes relutamos em demonstrar raiva, ciúmes ou um desejo de poder. Decidimos que o melhor é reprimir essas emoções mais ferozes, pois, se as manifestarmos, elas podem ter um efeito destrutivo, perturbando o equilíbrio que lutamos tanto para conquistar. Por outro lado, se as negarmos por completo, perderemos uma boa fonte de energia e um potencial catalisador da mudança. Sua supressão também pode causar problemas no futuro, como no caso da "boa" mãe que abandona os filhos.

As mulheres que se aferram às aparências superficiais podem, às vezes, ser traídas pelas incongruências da natureza. Certa vez, viajei ao exterior com uma amiga que era a própria encarnação da velhinha encantadora, que não quer nada para si. Não obstante, ela foi detida pelos guardas da fronteira ainda antes de passarmos pelo controle de passaportes. Eram profissionais treinados para detectar discrepâncias de comportamento e conduta e para ficar de sobreaviso quando as aparências exteriores talvez escondessem algo muito diferente. No caso da minha amiga, eles tinham razão em certo sentido: sob o seu exterior manso vivia uma mulher de vontade forte e inteligência aguda, que havia praticado a arte de ocultar esse lado de sua personalidade e usava a imagem de boa velhinha para sua própria vantagem. Felizmente, uma rápida verificação foi o suficiente para eles nos deixarem passar.

Parece que, às vezes, a própria Rainha da Noite exige a nossa atenção. Um caso desses aconteceu quando eu estava ensinando os arquétipos do Círculo das Nove Mulheres a uma mulher mais jovem e havia chegado a hora de explorarmos a Rainha da Noite. Aquela mulher também era doce na superfície, mas por baixo disso borbulhava um caldo de ressentimento e raiva, sentimentos que muitas vezes eram direcionados contra qualquer coisa que a contrariasse. Eu sabia que ela precisava unir os dois lados do seu ser a fim de trabalhar de forma produtiva. Antes de chegarmos a esse ponto, no entanto, eu a ouvi soltar um grito bem alto e agudo enquanto ela descia do banheiro. Corri para ver o que estava acontecendo e vi um morcego negro agachado na escada. Ambas ficamos abaladas. Não sabemos como ele entrou ali, mas parecia que havíamos de fato conseguido invocar a Rainha da Noite. Vi isso como um sinal de que ela havia enviado um de seus animais para estimular aquela mulher a assumir seu lado noturno e tomar posse de seus poderes. Isso, porém, não aconteceu; depois desse fato, ela abandonou os estudos de repente.

Se nós, como mulheres, formos capazes de aceitar nosso poder de sermos ferozes, astuciosas e predatórias, poderemos começar a usar essas energias com discernimento e até com a graça e a habilidade de uma caçadora. Poderemos manifestar e aproveitar esses impulsos em atividades conscientes — treinando animais, por exemplo, ou ajudando crianças problemáticas, ou trabalhando no setor de emergências de saúde, ou praticando esportes que tenham um lado perigoso. O aspecto perigoso da temeridade, do hábito de correr riscos em demasia e da fúria descontrolada terá mais dificuldade para tomar a dianteira se essas energias forem canalizadas de forma construtiva. Não devemos buscar eliminar por completo o perigo, mas temos de aprender a administrá-lo bem. Ao passo que um homem pode lutar de modo franco e aberto contra todas as dificuldades que se interpõem no seu caminho, as mulheres podem usar de mais elegância e precisão, escolhendo com cautela os momentos, sondando a atmosfera e não empregando mais força do que o necessário.

Tradicionalmente, as mulheres desempenhavam um papel nos ritos de iniciação masculinos. Às vezes acontecia de um jovem cavaleiro receber sua espada de uma mulher mais velha, que o instruía quanto aos detalhes mais delicados de seu uso. Em muitas lendas, o homem tem de provar a si mesmo perante uma mulher. Ela talvez lhe imponha tarefas quase impossíveis ou, num passe de mágica, se transforme numa velha horrorosa para que ele lhe prove seu amor. O folclore russo nos dá um belo exemplo disso na figura de Baba Yaga, uma bruxa velha, desdentada e cruel que mora numa cabana na floresta. Ela é temida por todos e usa provocações e piadas para pôr à prova a resolução dos heróis — quando se interpõe no caminho deles, por exemplo, e pergunta: "Você está aqui para fazer algo ou está fugindo de algo?". Com efeito, alguns estudiosos pensam que Baba Yaga é a nova versão de uma deusa que desempenhava um papel crucial na cerimônia de iniciar os meninos e transformá-los em homens.[4]

## PODERES DA NOITE

Além de representar impulsos emocionais primitivos, as criaturas da noite que acompanham a Rainha da Noite indicam uma capacidade mais ampla de percepção e, talvez, a capacidade de ampliarmos a extensão de nossos sentidos. Quando entramos em sintonia com os animais e seu comportamento, ativamos áreas de percepção mais sutis. Se você tem contato próximo com um gato ou um cavalo, por exemplo, pode entrar em forte sintonia com a linguagem corporal do animal e ser capaz de captar os mínimos sinais que lhe dizem o que ele está sentindo e percebendo. Os animais também nos estimulam a usar as capacidades mais remotas dos nossos próprios sentidos e a estarmos alertas a vibrações, pequenos ruídos ou mudanças mínimas na temperatura do ar – todos sinais de coisas que estão logo além do horizonte ou a ponto de acontecer.

Isso nos conduz à esfera correlata das chamadas impressões psíquicas – a percepção da proximidade de uma pessoa sem sinais visuais ou auditivos, identificar de modo intuitivo os pontos cardeais ou "ver" a distância. Talvez essas faculdades tenham sido reprimidas com o avanço da civilização e da ciência nos tempos modernos, mas elas ainda se manifestam nas sociedades tribais ou xamânicas, onde são tratadas ou como coisas naturais ou como dons especiais a serem desenvolvidos. Porém, podemos começar a recuperar esses poderes por meio da escuridão e da noite. Quando a normalidade e os pensamentos se aquietam, a Rainha da Noite permite o surgimento de outros caminhos de percepção. Se tivermos coragem de fazê-lo, essa pode ser a melhor hora para recuperarmos aquilo que é nosso por direito.

Muitas vezes descobri, por meio de sonhos, coisas que não poderia ter sabido por minhas percepções normais. Podem ser coisas muito simples – como "ver" que uma amiga entrará em contato comigo em breve ou "saber" o que chegará pelo correio de amanhã. É como se, quando o clamor normal e as impressões multicoloridas do dia já não estão bombardeando meus sentidos, outras impressões são capazes de abrir caminho. Certa vez, participando de uma vigília, passei algumas horas sentada numa sala completamente escura. No final da vigília, caí numa espécie de semissono em que me vi caminhando ao lado dos veados que percorriam aquela parte do país desde tempos imemoriais – e senti-me unida a eles. Com a escuridão, a divisão normal entre os seres humanos e os animais havia perdido sua força.

Talvez as mulheres tenham mais facilidade para apagar as fronteiras entre o "eu" e o "outro", em razão de sua capacidade natural de ter filhos. É o conceito de "onde eu termino e o resto do mundo começa" que pode bloquear essas percepções ou impedi-las de ser reconhecidas. Uma mulher grávida, ou uma mulher com um bebê novo, já nem sempre tem tanta certeza de onde estão as fronteiras de sua identidade. A verdade, inclusive, é que a frequência com que a mãe é chamada para cuidar das necessidades de seu bebê à noite pode ajudá-la a sintonizar-se de novo com a noite, redescobrindo-a como um lugar em que os poderes do medo, da imaginação e do amor feroz podem ser vividos.

## VOO NOTURNO

A Rainha da Noite representa um outro modo de ser. Entre em seus domínios e busque o conhecimento dela; deixe que a qualidade da escuridão a toque e que a natureza das criaturas dela despertem alguma reação. O conhecimento dela nasce da noite; acompanhe-a enquanto ela voa pela escuridão ou galopa em seu cavalo à noite, e descubra habilidades diferentes daquelas que você tem durante o dia.

Viajar pela noite denota uma disposição de entrar no desconhecido. Os contornos claramente revelados pela luz do dia obscurecem-se na escuridão. Quando os caminhos e perspectivas conhecidos já não estão disponíveis para lhe dar segurança, o que acontece? Entra-se no mundo escuro daquilo que é potencial, aquilo que pode ser. Talvez se trate de um potencial de êxtase, medo, amor, raiva, dor ou comunhão. Não há como saber de antemão. Quem entra corre um risco.

O modo pelo qual cada mulher aprende a "voar no escuro" é único e exclusivo. Ninguém pode ensinar outra pessoa todos os detalhes de como isso deve ser feito; cada mulher deve descobrir sua própria fonte de poder e o potencial de seus impulsos emocionais e sexuais. Deve mergulhar no potencial e não permanecer na certeza. A noite, aqui, é mais que uma metáfora. Na sociedade moderna, a escuridão é algo pouco presente, pois a eletricidade ilumina nossos espaços sempre que o queremos e onde quer que estejamos. Por esse mesmo motivo, entretanto, hoje em dia podemos sentir o poder da noite de modo muito mais intenso, pois já não estamos tão acostumados com ela. A escuridão altera nossas percepções, as formas parecem diferentes e as distâncias não correspondem às suas equivalentes diurnas. Até sair do quarto sem acender a luz pode ser um desafio.

As palavras não são de todo capazes de comunicar essa experiência. Experimente apagar as luzes de uma sala e dar uma volta por ela (cuidando, é claro, para não se machucar). Abra as janelas e olhe para a noite. Você verá que não existe um escuro vazio; pelo contrário, o ar é carregado com uma vida própria e mutável. Na qualidade de mulheres, nosso relacionamento com a escuridão vai mudando à medida que nossa vida progride e o "clima" dominante de nosso estado interno vai se modificando. Quando eu era bem nova, a escuridão me parecia estranha e assustadora, e eu sempre queria ter uma luzinha acesa em meu quarto. Na adolescência, contudo, eu adorava correr no escuro e sentir-me como se estivesse voando no vento. Isso me dava uma grande sensação de liberdade. Como jovem, mãe e avó, a escuridão significou para mim outras tantas coisas – o surgimento do desejo sexual, o grito doloroso de uma criança acordando de um pesadelo, o medo do desconhecido e, às vezes, um bem-vindo esquecimento das preocupações do cotidiano. E ainda não exauri o potencial da noite; talvez isso jamais aconteça

Há muito tempo que a noite é amiga das mulheres e, muitas vezes, sua libertadora, como vimos no caso das mulheres marroquinas que cantavam e dançavam rua abaixo à luz da lua cheia. É como diz uma antiga canção elizabetana:

> *Ó damas que estais dormindo, ouvi todas:*
>
> *A Rainha das Fadas, Prosérpina,*
>
> *Vos manda acordar, e pobres das que choram.*
>
> *Podeis fazer na escuridão o que o dia vos proíbe;*
>
> *Não temais os cães que latem; a noite tudo esconde.*[5]

No decorrer dos séculos, as mulheres sempre se encontraram à noite para fazer magia. Essa magia se refugia onde menos se espera e às vezes, como diz o antigo provérbio: "Se esconde diante dos olhos de todos". Fiquei atônita quando uma mulher que trabalhava para mim como faxineira, e que parecia ter uma vida comum e convencional, me contou que pertencia a uma ordem feminina dedicada à magia, chamada Glades, que se baseava na antiga tradição de as mulheres se encontrarem à noite na clareira de uma floresta.

No entanto, essa exposição à noite deve ser feita com cuidado. Pode ser muito perigoso para uma mulher andar sozinha à noite numa cidade moderna, e por mais que tenhamos vontade de fazer isso, nossa segurança não estará garantida. Não obstante, algumas almas corajosas aceitam esse desafio. Há algum tempo, assisti a um documentário de televisão sobre uma senhora que escreve livros policiais e que durante anos havia passeado pelas ruas de Londres à noite, percorrendo quilômetros e quilômetros e observando tudo ao seu redor. Ela conversava com as pessoas que encontrava – pessoas que haviam saído para aproveitar a noite, trabalhadores noturnos e sem-teto. Comentou que suas excursões pelo mundo noturno lhe deram ideias muito especiais que ela então transformava em material para seus livros. Ao que parece, nada de perigoso jamais lhe aconteceu. Talvez a clareza de sua intenção e o planejamento cuidadoso de suas rotas a tenham ajudado. A única ameaça que ela sofreu veio de outra Rainha da Noite, uma mulher imensa que só tinha coragem de sair de casa na alta madrugada e que ficou furiosa ao ver outra mulher observando seu passeio secreto em meio à escuridão.

## A MULHER NA LUA

Talvez pareça estranho que eu ainda não tenha falado da relação entre a lua e a Rainha da Noite. O motivo é que esse arquétipo tem muito a nos ensinar sobre a escuridão em si. A lua é apenas um dos emblemas de seu reinado, ao lado das estrelas, das nuvens e do vento. É claro, por outro lado, que as qualidades metamórficas da Rainha da Noite podem ser associadas à lua, que passa de nova a cheia e depois torna a minguar. Do mesmo modo, uma mulher pode estar de bom humor num dia e de mau humor no seguinte, numa inconstância que muitas vezes deixa perplexo o seu parceiro do sexo masculino. Esses estados de humor podem resultar dos ciclos que afetam a mulher – lunares, menstruais ou sazonais – ou podem constituir um ciclo emocional pessoal. A maioria das mulheres acaba conhecendo as influências dominantes que fazem parte de sua vida, mas nem sempre têm facilidade para descobrir por que estão sentindo isto ou aquilo.

Sempre vale a pena fazer um esforço para compreender esses ciclos, no entanto, pois isso significa que nem sempre precisamos ser vítimas deles. Podemos aprender a trabalhar com as diferentes fases e usar suas diversas qualidades para nossas próprias necessidades e em nossos relacionamentos com as outras pessoas. Pode ser que a lua seja, aí, uma influência literal, e talvez apenas represente os outros ciclos a que a mulher está sujeita. A lua cheia, com seu rosto brilhante, irradia energia e otimismo, ao passo que, em sua fase mais escura, atrai de volta para si a força vital. Do mesmo modo, as mulheres podem dar energia a seus maridos ou amantes e, depois de certo tempo, decidir que chegou a hora de mudar a maré das respostas emocionais, de modo que ela possa se tornar receptiva e deixar a energia fluir de volta para seu próprio ser. Às vezes, podem entrar num estado estático, no qual não querem liberar energia nem absorvê-la. É a hora de fechar os portais e deixar as coisas como estão.

O estado de "lua negra" pode se manifestar quando uma mulher não reage às suas palavras, embora as esteja ouvindo. Você talvez se sinta desconfortável, como se suas palavras caíssem numa espécie de vazio. Talvez ela esteja apenas reabastecendo-se, mas talvez esteja usando isso como um meio para absorver as energias das outras pessoas, que vão lhe dando cada vez mais na tentativa de preencher o vazio. Descrito dessa maneira, o processo parece primitivo e até predatório, e é possível que o seja. Certas mulheres têm uma qualidade sempre "devoradora". Porém, esse estado também pode ser usado para fins positivos, regulando as idas e vindas dos relacionamentos e abrindo caminhos de comunicação.

A arte de mudar de forma, na qual a Rainha da Noite é mestra, é um elemento essencial do repertório feminino. Fazemos isso de modo natural, mudando de roupa e de aparência de acordo com os diferentes contextos. Podemos também fazê-lo de modo mais deliberado, para chamar a atenção ou repeli-la, a fim de inspirar respeito ou excitação sexual ou, talvez, para tranquilizar ou perturbar outra pessoa. Essa arte às vezes se amplia até a adoção de sutis mudanças de comportamento que podem nos ajudar a escapar de armadilhas, entre as quais as expectativas das outras pessoas. As avaliações das pessoas em geral se baseiam naquilo que elas pensam saber a nosso respeito. Quando mudamos algumas de nossas respostas habituais, o mais provável é que aqueles que usaram essas respostas e se basearam nelas deixem de nos "conhecer" da mesma maneira, de modo que suas exigências deixam de ter efeito. A Rainha da Noite preza sua liberdade e sua individualidade, e ela dispõe de meios mágicos para conservar essas coisas.

Cada uma de nós tem de empreender sua própria jornada rumo ao mundo da noite. Entramos nesse mundo com diferentes motivações – descobrir o conhecimento, o amor ou o poder. Quando entramos nesse mundo em decorrência de uma intenção consciente, reduz-se o risco de nos perdermos ou nos deixarmos assoberbar. Mesmo assim, lá dentro, precisamos estar prontas para encarar o inesperado.

## Imagens da Rainha da Noite

- *Imagem cotidiana:* Vestida de couro preto, ela sai de uma passagem subterrânea escura. Gosta de chocar; talvez use uma roupa rasgada, ameaçadora ou reveladora. Sua aparência muda de um dia para o outro, pois ela não é avessa ao glamour teatral e pode aparecer amanhã de salto alto e usando um vestido de cetim. Hoje, ela está com o cabelo espetado e maquiagem pálida – os olhos e a boca estão lívidos. Leva pela correia um cão magro, de olhar penetrante, que o deixaria nervosa se não estivesse preso. Você não sabe para onde ela vai, e o melhor é não perguntar.

- *Imagem mítica:* Vista de perto, ela é esplêndida, mas terrível. Quem a invoca deve saber que corre perigo; é possível que ela desça de repente numa carruagem voadora puxada por animais que correm pela escuridão. Sua astúcia se associa à crueldade, mas ela tem pelos animais uma compaixão ilimitada e os compreende como ninguém. Há poucos segredos seus que ela não possa descobrir. Entre as mulheres da escuridão incluem-se Lady Macbeth, a Rainha da Noite de Mozart e até a Cathy de O Morro dos Ventos Uivantes, de Emily Brontë, cujos ferozes amores e ódios não cabem nas regras do dia.

- *Imagem pessoal:* Onde você busca o perigo? Quando gosta de correr riscos? Há algo no seu ser que ama o selvagem, o primitivo; você irá atrás disso, mesmo que perca o que mais preza. Por quanto tempo honrará as convenções até ser obrigada a contrariá-las? O que a escuridão significa e quais poderes podem ser invocados quando a luz do dia desaparece?

## Evolução da Rainha da Noite

- *Juventude:* Na juventude, a Rainha da Noite é rebelde por natureza. Pode também ser uma pessoa amedrontada, pelo menos enquanto ainda é criança, quando o poder lhe aparece na forma de uma bruxa ou pesadelo. Ainda não reconheceu que a escuridão, fascinante mas terrível, faz parte de sua própria psique. Na rebeldia adolescente, sente-se tentada a cruzar as fronteiras – da lei, da autoridade dos pais e das expectativas das amigas. Pisa em terreno proibido.

- *Maturidade:* A mulher aprendeu a usar seu poder e faz uso deste em seu emprego, em seu relacionamento amoroso e com sua família. Invoca forças subterrâneas que a ajudam a ganhar poder e controle. Sabe que, se usar esse poder, terá um preço a pagar – não poderá ser amada por todos e talvez tenha de permanecer de fora da normalidade aceitável. É boa para resolver disputas, pois não tolera nem o sentimentalismo nem a prevaricação. Volta e meia, sente vontade de fazer algo empolgante e fora do comum; as pessoas nunca sabem exatamente o que esperar dela.

- *Velhice:* Pode gostar da ideia de representar o papel clássico da velhinha excêntrica que mora numa casa cheia de gatos. Não dá a mínima para as aparências nem acata as regras sociais. Come, dorme e faz exercícios quando quer; seu cronograma pode girar mais em torno da noite do que do dia. Ela aprecia essa última liberdade que lhe resta, a de ser como é; seus interesses parecem estranhos, mas, quando ela morrer, você talvez descubra que a coleção de que ela tanto gostava – livros de ocultismo ou animais e miniatura – é única e valiosa.

## Manifestações da Rainha da Noite

- *Dons:* Uma afinidade natural com os pássaros e os animais terrestres. Amor por lugares selvagens. A capacidade de reconhecer o fingimento e apreciar a solidão. Ritmos corpóreos adaptáveis, que podem ser tanto diurnos quanto noturnos. Pouca necessidade de sono. Dons paranormais, como a clarividência e a telepatia. Oportunidades de aventura. Liberdade em relação à rotina normal.

- *Provações:* Qualquer tipo de cativeiro; ter de trabalhar ou viver num ambiente artificial, ou fazer parte de uma cultura em que as regras e convenções sociais que se aplicam às mulheres são sufocantes. Falta de compreensão por parte dos outros. Acidentes; perigo vindo de fontes naturais, como animais, tempestades ou o mar.

- *Rituais e cultos:* Sociedades secretas femininas dedicadas à magia. A tradição da mulher sábia como vidente e curadora. As mulheres como treinadoras de animais – trabalhando com cavalos, cães de guarda, aves de rapina. Rituais sociais e privados que celebram a noite, a lua e a mudança das marés.

## Visão da Rainha da Noite

- O poder do instinto, feroz e primitivo, e o conhecimento que ele traz.

# Capítulo 6

## A MÃE JUSTA

O coração da Mãe Justa está cheio de coragem – coragem para examinar o que aparece à sua frente, reconhecer a natureza disso e seguir com firmeza os juízos que ela faz. Esses juízos podem exigir que ela entre em ação, e essa ação pode envolver guerra. Para cumprir sua função, a Mãe Justa precisa, portanto, ser objetiva e possuir habilidades de combate. Seu trabalho é rodeado de perigos, vindos tanto de fora quanto de dentro; ela pode atrair antagonistas ou pessoas que lhe ridicularizam e também pode se expor à força de suas emoções mais fortes, que nascem de seus valores essenciais acerca do que é certo e do que é errado. Sua consciência da justiça e da injustiça pode tocar seu coração.

A mitologia traz muitos exemplos da Mãe Justa, tanto em seu aspecto de luta quanto no de clareza de visão. Na tradição celta há várias deusas da guerra, muitas vezes de aparência terrível, que possuíam poderes sobrenaturais pelos quais influenciavam o resultado das batalhas. A deusa romana Minerva, aliada da Atena grega, era associada tanto à guerra quanto à sabedoria e à clareza de pensamento. Uma figura feminina portando uma espada e uma balança ainda preside aos tribunais britânicos como emblema da justiça. Hoje em dia, ela costuma ser representada com uma venda nos olhos, que deve, em tese, simbolizar sua imparcialidade. Até o século XVI, entretanto, era retratada sempre com os olhos abertos, dando destaque a seu olhar penetrante e capaz de enxergar ao longe.[1]

Pronunciar julgamentos é algo que envolve grande responsabilidade. Antes de tudo, a Mãe Justa precisa enxergar com clareza. Então, ela julga; e é esse julgamento que determina suas ações posteriores. Quando toma suas decisões, ela precisa cumpri-las, quer estejam certas, quer erradas, e deve aceitar as consequências. Quanto mais limpo o corte da espada, mais positivo o resultado, quer se trate de uma vitória ou de uma derrota.

## O MOMENTO EM QUE...

A vida não é um mar de rosas para ninguém e todos nós corremos o risco de sofrer acidentes – alguns de menor monta, outros mais graves. Às vezes esses acidentes simplesmente acontecem, e dizemos a nós mesmos que não havia nada que pudéssemos ter feito para preveni-los. Em muitos casos, porém, os acidentes resultam de uma cadeia particular de causas e efeitos. Assim, temos a oportunidade de compreender, pelo menos em parte, por que eles ocorreram. Não se trata, em absoluto, de determinar quem é o culpado e censurá-lo. Com efeito, segundo a lei ou os olhos do mundo, a culpa pode estar numa direção muito diferente.

Suponhamos, por exemplo, que você esteja dirigindo e devaneando. Outro carro sai de uma rua transversal à sua frente e você bate em sua traseira. Há um momento de clareza em que é capaz de aceitar o acidente, com sua causa e os efeitos que o acompanham. Nesse instante, sabe exatamente o que aconteceu e pode decidir entre reconhecer a razão ou não reconhecê-la. Neste caso particular, percebe que, se estivesse prestando a devida atenção, teria sido capaz de evitar o acidente, apesar de que, pela lei, a culpa foi do outro motorista. A aceitação desse conhecimento pode ser muito dolorosa. O remorso a consome: "Se eu estivesse olhando para a frente…"; "se eu estivesse concentrada…". Mas, se for capaz de aceitar que o que foi feito está feito e não pode ser desfeito, você conseguirá lidar com as consequências de modo mais tranquilo, e as próprias consequências tenderão a ser menos complicadas. Poderá aceitar que pelo menos teve participação no acidente, muito embora não tenha culpa legal nem moral. Esse é o dom oferecido pela Mãe Justa. No entanto, precisamos ter coragem para aceitá-lo.

A princípio, pode parecer que o acidente descrito acima não envolveu nenhuma tomada de decisão, mas apenas uma sequência de acontecimentos. Sua decisão de devanear, no entanto, fez parte dessa sequência. Talvez tenha começado a pensar na viagem de férias que estava planejando e tenha começado a imaginar a paisagem ou a se perguntar se conheceria pessoas novas. Seja qual for a causa, o fato é que se deixou afastar do momento presente. Isso não é crime. Naquele instante de escolha em que cedeu às incitações de sua imaginação, no entanto, estabeleceu condições pelas quais se tornou possível o surgimento de uma lacuna entre sua atenção consciente e sua coordenação física – uma desconexão entre perceber o que acontecia na estrada e sua reação a tais acontecimentos. Nesse caso, a lacuna se tornou grande demais e você não conseguiu evitar o acidente, mesmo que a diferença crítica tenha sido de apenas um segundo. Você já não pode mudar o resultado. Pode, no entanto, reconhecer que tomou uma decisão que conduziu ao acidente. Se conseguir tomar consciência desse momento, terá encontrado a Mãe Justa.

É claro que o outro motorista deveria ter parado. E é claro que todos pensam e devaneiam enquanto estão dirigindo. Você não "teve a intenção" de que o acidente acontecesse, mas, se estivesse prestando bastante atenção à rua, ele poderia ter sido evitado. E se um acidente acontece porque uma pessoa está dirigindo de modo mais agressivo que o usual?

Suponhamos que uma mulher discuta com o marido antes de entrar no carro e depois se envolva num acidente. Ela sabe que o acidente aconteceu porque ela se deixou dominar pela raiva. Pode saber disso no exato instante do acidente, desde que decida reconhecer o fato. Mais tarde, poderá reexaminar suas ações à luz da consciência e constatar que, num nível mais profundo, elas nasceram de uma decisão que ela tomou: "Estou com raiva; alguém terá de pagar por isso". Num sentido, a mulher não quis danificar nem o próprio carro nem o carro de mais ninguém. Em outro, depois de estabelecer essa intenção, seguiram-se determinadas consequências.

A Mãe Justa também nos impede de assumir a culpa de modo injusto ou de aceitar responsabilidades que não são nossas. Também temos de ser fortes a esse respeito. Quando um amigo íntimo sofreu uma lesão grave e permanente num acidente de carro, o choque da notícia me pôs num estado em que eu nunca estivera antes. Senti, num nível muito primitivo, que seria possível mudar aquele único momento no tempo e desfazer toda a cadeia dos acontecimentos. Senti uma dor enorme à medida que fui aceitando que eu nada podia fazer para mudar aquele resultado. No decorrer das semanas seguintes, ficamos à espera de notícias sobre nosso amigo, que passou algum tempo entre a vida e a morte. Comecei a sentir que *eu*, de algum modo, fosse responsável pelo acidente. Era evidente que aquilo era absurdo; ele morava em outro país, e o acidente fora devido apenas à camada de gelo que se formara sobre o pavimento e que fizera o veículo derrapar e capotar.

Mas será mesmo? De maneira muito tortuosa, eu poderia construir uma longa cadeia de eventos na qual eu estaria implicada. Em resumo, tudo girava em torno do fato de que eu havia proporcionado a esse homem – um artista russo – uma oportunidade de expor seu trabalho, e isso lhe dera dinheiro suficiente para comprar, pela primeira vez, um carro. Consegui distorcer essa relação e comecei a sentir que o acidente era minha culpa. Vi-me dentro de uma nuvem negra de culpa e depressão, e assim permaneci até por fim admitir para mim mesma que não tinha culpa nenhuma. Foi só quando deixei a Mãe Justa fazer seu trabalho e limpar minha visão que por fim passei a encarar todo o incidente sob um ponto de vista mais realista. Às vezes, a aceitação de que não temos culpa pode ser tão dolorosa quanto assumirmos o peso da responsabilidade, ou ainda mais. A Mãe Justa é a força que nos ajuda a reequilibrar esses sentimentos.

## MATERNIDADE E JULGAMENTO

Talvez pareça que não há relação alguma entre a maternidade e fazer julgamentos. A maternidade parece ter mais a ver com nutrir e educar. Na verdade, contudo, os julgamentos são um dos aspectos mais essenciais e mais difíceis da maternidade. A mãe precisa julgar o filho que fez parte do seu ser físico e com quem ela tem um relacionamento de empatia. Quando tem de negar-lhe certos prazeres ou castigá-lo pelo mau comportamento, é provável que sinta em seu próprio coração a decepção e a infelicidade do filho. Para desempenhar seu papel de maneira eficaz, ela precisa ser sensível a esses sentimentos. Pelo bem do filho, no entanto, é melhor para ela que não se identifique demais com suas emoções. Ela precisa sustentar com firmeza a posição que assumiu.

É difícil chegar a um equilíbrio quando se pesam as exigências conflitantes da tolerância e da disciplina. Ao passo que uma geração favorece o rigor, a seguinte recorre à permissividade. Uma abordagem por demais disciplinada, contudo, pode ter o efeito de embotar a própria sensibilidade da mãe ao filho, muito embora ela continue exercendo a autoridade com mais facilidade por meio de um regime rigoroso. Da década de 1920 à de 1950, as práticas que visavam a reforçar essa abordagem estiveram em voga nas culturas ocidentais. Entre elas, podem-se citar os procedimentos impessoais de nascimento, as restrições ao contato entre mãe e filho e roteiros severos de alimentação impostos aos bebês. Esses costumes rígidos na educação de crianças não estavam circunscritos ao Ocidente. Ecos deles se encontram em outras culturas do mundo. Em algumas tribos de índios norte-americanos, por exemplo, os bebês eram, tanto quanto possível, impedidos de chorar, mesmo que para isso fosse necessário tapar-lhes a boca com a mão ou pendurar a rede onde dormem numa árvore ao longe. Isso era feito para proteger a tribo, pois os ruídos poderiam atrair inimigos até o acampamento.[2] Na Rússia, os bebês às vezes são mergulhados em água gelada, pois acredita-se que isso os deixará mais resistentes.

Por outro lado, rotinas demasiado permissivas podem beneficiar mais a mãe que a criança. Quando as crianças têm tudo o que querem e quase nunca são disciplinadas, as mães se aliviam da responsabilidade de sofrer por elas. Atendendo a todos os desejos das crianças, a mãe se poupa da angústia de suportar os chiliques e as lágrimas. Não é fácil, contudo, escapar por completo à responsabilidade de pôr limites ao comportamento das crianças. As mulheres podem absorver ideias convencionais acerca das maneiras "certas" e "erradas" de criar os filhos, mas também têm de tomar infinitas decisões de momento a momento. Têm de julgar se devem dar ou negar, tolerar ou reprimir. As crianças testam a firmeza de nossas decisões a cada passo e usam todas as armas emocionais de que dispõem para pôr nossas resoluções à prova. É rara a mãe que nunca se volta para o filho e diz: "Tudo bem, então! Pode ir!". Mas a coerência é importante. Se a mãe não impõe e sustenta restrições, a criança testará seus limites continuamente, causando abalos emocionais em ambos os lados. A Mãe Justa nos alerta para a necessidade de assumir um grau de autoridade e responsabilidade em nossa tomada de decisões.

Quando nos tornamos avós, inicia-se em nossa vida uma nova fase de representação da Mãe Justa. A avó sábia está ciente de que muitos de seus julgamentos devem ser feitos em silêncio. A escolha das palavras erradas ou do momento equivocado para fazer uma declaração sobre como as crianças devem ser educadas pode produzir, na melhor das hipóteses, uma atmosfera gelada entre a avó e sua filha ou nora – e, na pior, um afastamento. Não obstante, as avós sabem muito bem como os comportamentos se encadeiam; os hábitos se criam com mais rapidez do que pensamos. Quando deixamos que o coração mande na cabeça, podemos causar o caos emocional tanto para os pais quanto, depois, para os filhos. Talvez um bom relacionamento entre a avó e sua filha, que já é mãe, deva ser construído em torno do respeito mútuo: a ideia de que cada uma delas acatará as regras da outra, mesmo que não sejam idênticas. Esse equilíbrio sutil é difícil de manter, sobretudo por vivermos num mundo em constante mutação e onde os métodos de criação dos filhos muda a cada geração.

Os costumes e os conselhos prevalecentes podem nos ajudar a construir uma estrutura para a educação dos filhos, mas sempre teremos decisões a tomar. A lista é infinita: a dieta na gravidez, a alimentação do bebê, as escolas, a segurança das crianças, suas amizades, o acesso aos computadores, o namoro. Se, no fim do processo de criação, tivermos produzido um adulto saudável e equilibrado, tudo o que poderemos dizer é que teremos tomado decisões que colaboraram para que isso acontecesse. Eu costumava me consolar com a antiga série cômica *Roseanne*, da televisão, na qual a mãe descuidada tinha o hábito de dizer: "Como assim, não sou boa mãe? Eles estão vivos, não estão?".[3]

Para sermos justas, devemos cultivar a imparcialidade, mesmo com aqueles com quem temos um vínculo próximo e a quem mais amamos. Talvez seja por isso que a Justiça é um arquétipo feminino; simboliza a ternura do afeto que não é suprimido pelo julgamento, mas que tem de ser acompanhado pelo altruísmo da objetividade. Juntos, esses atributos podem nos dar o distanciamento de que precisamos para descobrir o que é melhor em cada circunstância. Às vezes isso envolve um grande sacrifício pessoal. É o caso, por exemplo, quando uma mãe decide que seu bebê terá uma vida melhor se for criado por outra pessoa. Nas décadas de 1950 e 1960, as mães solteiras e sem apoio muitas vezes sofriam pressão para darem seus bebês para adoção. Embora talvez acreditassem, na hora, que isso era melhor, muitas delas depois sentiam um sofrimento agudo por causa da perda. Às vezes, seu maior medo era o de as crianças as julgarem mal por terem tomado essa decisão. Enquanto mães, por mais consciente que seja uma decisão nossa, é possível que, aos olhos do mundo, o veredicto seja contra nós.

Há também os julgamentos que nem percebemos que estamos fazendo. Minha filha, que já é mãe, reclama que nunca deixou o cabelo cobrir a testa na adolescência porque eu lhe havia dito que a testa dela era linda e ela não deveria escondê-la. Para mim, aquele comentário tinha sido feito de passagem e eu mal me lembrava dele; para ela, tinha sido um decreto. O outro lado da moeda é que os juízos que as outras pessoas fazem sobre nós muitas vezes nos dão um choque de realidade. Quando estou me sentindo convencida, a melhor cura é ler meus antigos boletins escolares: "Cherry precisa aprender que não é a última bolacha do pacote". Não é possível que estivessem falando de mim!

## CRENÇA E EMOÇÃO

Nosso senso de justiça tem fortes vínculos com emoções pessoais fortes que acompanham nossas convicções mais profundas. A mulher convicta tende a ter mais poder emocional que o homem. É capaz de convencer os outros com sua sinceridade, mas também pode ser atacada, pois sua posição emocional a deixa exposta. É claro que as crenças e os valores dos homens são tão fortes quanto os das mulheres, mas, no geral, os homens são menos apegados à forma dessas crenças e valores e mais dispostos a modificá-los. Os homens brincam com as ideias; as mulheres se transformam nas ideias que elas têm.

As mulheres podem relutar em revelar suas crenças mais profundas porque esse ato de revelação as deixa expostas ao ridículo ou a conflitos. O consenso é a norma de funcionamento dos grupos de mulheres, ao passo que os homens, quando reunidos, naturalmente competem e medem forças uns com os outros. Quando mulheres que não se conhecem muito bem estão num mesmo grupo, elas podem manter em segredo as crenças que mais apreciam até que construam entre si certo nível de confiança. No entanto, quando não apresentamos nossas ideias para serem debatidas, por medo de elas não contarem com a aprovação geral, isso pode gerar falta de coragem. Em grupos mistos, tendemos a reclamar de que as opiniões dos homens predominam, mas não procuramos meios realistas de propor nossas próprias opiniões.

Outro motivo pelo qual as mulheres retêm suas opiniões e crenças é que, muitas vezes, elas são uma mistura de razão e emoção – e é natural que seja assim. Mas – e isto também é natural – acaba prevalecendo o medo de que a razão fria as refutará, aplicando apenas a lógica crua e ignorando o elemento emocional. As discussões de crenças profundas que não levem em conta seu conteúdo compassivo, imaginativo e intuitivo podem produzir dor e acabar levando a mulher a se resguardar. No entanto, podemos e devemos procurar maneiras de discutir opiniões, maneiras que levem em conta esses fatores. E temos de aprender a enfrentar os ataques verbais quando eles ocorrem. A estrutura emocional que envolve uma rede de crenças é importante, pois é a fonte de um cuidado apaixonado pela vida. É o combustível que pode alimentar o ímpeto de nossas buscas e missões. Se pudermos ser libertados da tirania da autoproteção, seremos capazes de comunicar nossa mensagem, pelo menos em algumas ocasiões. Em outras, podemos nos preparar para bater em retirada com elegância e para não levar a derrota para o lado pessoal.

# A LONGA MARCHA RUMO À LIBERDADE

Podemos ver as mudanças na condição das mulheres pelo mundo afora como uma "longa marcha rumo à liberdade". As marés viram, os tempos mudam e, estranhamente, parece que em cada época temos de tornar a encarar o desafio da libertação. Há sempre um peso de tradição que procuramos tornar mais leve; há sempre convenções e expectativas que queremos alargar. No passado, por exemplo, as mulheres conseguiram se livrar da ideia de que não deveriam estudar e nem sequer aprender a ler. Num mundo sob o domínio da Igreja e dos homens, por exemplo, algumas freiras e monjas medievais destacaram-se como eruditas e místicas, poetas e escritoras de alta reputação, como Hildegarda de Bingen, Juliana de Norwich e Teresa de Ávila. As marés subiam e desciam, no entanto. Na Inglaterra dos Tudor, a atmosfera era favorável a que as mulheres estudassem. Já na era elizabetana e no século que a ela se seguiu, as mulheres mais uma vez tiveram de lutar para se fazer ouvir. A poetisa Anne Kingsmill Finch, do século XVII, escreveu com certo sarcasmo em *The Introduction*:

> *Se eu intencionasse que estas linhas fossem lidas pelo público,*
>
> *Quantas censuras encontrariam nelas defeito...*
>
> *Infelizmente, a mulher que ousa tomar da pena*
>
> *É tida como usurpadora dos direitos*
>
> *Dos homens, Presunçosa criatura –*
>
> *Um defeito que nenhuma virtude pode redimir.*

Hoje em dia, a educação das mulheres tornou a ser aceita no Ocidente, embora testemunhemos muitas lutas para introduzir a educação de meninas em sociedades onde o controle é mais rígido, sobretudo naquelas em que prevalece um conservadorismo religioso extremista.

Sob vários aspectos, as mulheres têm alto grau de liberdade na sociedade ocidental moderna. Hoje em dia, entretanto, há certas áreas em que não nos envolvemos, muito embora as mulheres tenham desempenhado esses papéis no passado. Nosso papel na tradição "guerreira" é muito limitado, por exemplo, ao passo que na Idade Média era comum que as mulheres se encarregassem de defender a casa e a propriedade da família quando os maridos estavam ausentes. Certas mulheres chegaram a lutar nas Cruzadas, e tanto a literatura quanto a tradição popular estão repletas de histórias de mulheres que se vestiram de soldados e marinheiros e demonstraram tanta coragem quanto os homens. Minha própria trisavó, Maria Owens, saiu da zona rural do País de Gales para se juntar a seu marido sapateiro quando ele serviu como soldado de infantaria no exército de Wellington. Deu à luz uma filha num acampamento do exército na Sicília, em 1812. Como "seguidora do acampamento", é provável que ela trabalhasse como empregada para os soldados.[4] Escrevi no livro que conta a história da minha família: "Acompanhar as tropas era um ato de bravura e uma aventura para as mulheres naquela época, mas não era algo incomum. Embora as dificuldades e perigos fossem terríveis, muitas mulheres preferiam fazer isso a passar anos afastadas de seus maridos, muitas vezes sem ter como ganhar o próprio sustento".

Alguns são de opinião de que a guerra é uma invenção masculina e que as mulheres, por si sós, são criaturas puramente pacíficas e cooperativas. Não tenho certeza disso. As sociedades matriarcais são famosas pela agressividade, e é certo que as mulheres lutam quando existe a necessidade. Por outro lado, essa necessidade muitas vezes tem relação com a proteção, e não com a incitação da guerra em busca da vitória ou de se ganharem novos territórios. A maioria das mães chega às vias de fato para defender os filhos e, no passado, elas muitas vezes se organizavam para proteger o castelo ou o povoado quando os homens haviam saído para a guerra ou para caçar. Eram treinadas para usar armas e coordenar suas defesas.

A tradição das mulheres guerreiras sempre existiu e permanece viva em nossa época.[5] Em muitas sociedades contemporâneas, as mulheres podem prestar serviço militar e desempenhar papel ativo e oficial na defesa do país. Entretanto, há outras áreas da vida em que ainda precisamos aceitar o desafio de ser guerreiras e melhorar nossas habilidades. A mulher que assume uma posição pública, sobretudo na política, pode ter de assumir uma atitude guerreira, pelo menos em seu interior. Tem de fazer uso de sua capacidade de se defender, uma vez que tenderá, mais que um homem, a ser ridicularizada e desafiada. Qualquer mancha em sua dignidade será ridicularizada; qualquer particularidade pessoal será exagerada e transformada numa caricatura. Suas roupas serão examinadas e, com frequência, criticadas. Ela talvez tenha mais dificuldade que um homem para lutar pelas causas que escolheu e terá de trabalhar para garantir a justiça sem perder a feminilidade e sem se tornar um pseudo-homem. Não há solução fácil para um caso desses, e fica fácil ver que a Mãe Justa ainda tem muito pelo que lutar em favor das mulheres que trabalham pelo bem público.

Toda vez que uma mulher sabe o que quer e está disposta a lutar por isso, ela alarga um pouco as fronteiras de seu mundo. Às vezes essas fronteiras são pessoais, mas às vezes ela contribui para mudar a visão prevalecente sobre o que as mulheres podem e devem fazer. Desde que escrevi a primeira versão deste livro, na década de 1980, a atmosfera social mudou bastante e tornou-se muito mais comum encontrar mulheres em todas as profissões, dedicando-se à carreira profissional fora de casa de forma independente. Embora ainda se fale muito sobre a ausência de igualdade total – o famoso "telhado de vidro", por exemplo –, as oportunidades a que as mulheres têm acesso hoje são muito mais igualitárias do que no passado. Em vez de tentar definir onde estamos agora em relação a onde estávamos na década de 1980, prefiro ver esse processo como um quadro mutável em que as mulheres vêm desempenhando papéis mais importantes na maioria das sociedades, mas no qual, por outro lado, a mudança e o desenvolvimento ainda são necessários. Se este livro estiver sendo lido daqui a trinta ou cinquenta anos, espero que o quadro tenha mudado ainda mais. A Mãe Justa está, de fato, conseguindo uma posição melhor para as mulheres no mundo.

## AS ARMAS DAS MULHERES

Três das qualidades que as mulheres usam em seu papel de guerreiras são a persistência, a precisão e a astúcia. Essas armas não são exclusivas do sexo feminino, mas são habilidades básicas no repertório das mulheres que lutam para vencer uma batalha ou alcançar um objetivo. Acrescento que a batalha em si talvez seja menos importante para a mulher do que para o homem. O foco da mulher tende a ser mais o resultado final que o processo de combate. Em muitos casos, se ela usar bem suas "armas", poderá evitar a batalha por completo, desviando-se dos ataques e rodeando o conflito.

Porém, há muito tempo que as mulheres são associadas ao poder das armas e ao ato de iniciar os homens nas habilidades de combate. Nos costumes germânicos e escandinavos primitivos, o filho sempre recebia a espada de sua mãe, e há lendas em que uma mulher tem participação essencial na obtenção de armas dotadas de poderes especiais – o Rei Artur recebendo Excalibur da Dama do Lago, por exemplo. Nas lendas, com efeito, a magia e o combate estão intimamente ligados. Peredur, o herói galês, é iniciado no palácio de uma feiticeira, onde aprende em meras três semanas todas as artes cavalheirescas e mais as habilidades de manejo de armas. No que se refere ao nosso estudo, entretanto, não podemos nos ater ao papel feminino de guardar as armas dos homens e instruí-los nas artes da guerra. Precisamos ver como elas manejam suas próprias armas em batalha.

Os homens e as mulheres lutam de maneiras muito diferentes. Uma vez que a força física feminina é, em geral, menor que a dos homens, as mulheres têm outros modos de lutar, mais condizentes com sua estrutura física e seu temperamento. Embora muitos exércitos agora tenham combatentes de ambos os sexos, a maioria reconhece que existe uma diferença de capacidade física entre homens e mulheres. Um estudo, por exemplo, mostra que a força das mulheres na parte superior do corpo é, em média, 40% menor que a dos homens, e que sua força na parte inferior do corpo é, em média, 33% menor, em razão de diferenças na fisiologia e nas fibras musculares. Isso vem se somar às diferenças mais óbvias de tamanho e peso.[6] Ou seja, num contexto militar, é aceito que não se pode esperar que homens e mulheres tenham o mesmo tipo de desempenho.

No contexto dos nove arquétipos, entretanto, em que consideramos também a essência espiritual e a constituição psicológica, precisamos levar outras habilidades em conta. Estamos falando também de combates que não são físicos – vencer uma discussão, fazer valer nossos direitos pessoais e garantir a justiça para nós e para os outros. A intenção e a tática são cruciais, e é aí que entram em jogo a persistência, a precisão e a astúcia. Precisamos explorar essas qualidades e tirar vantagem delas.

Essas qualidades podem atuar juntas como aliadas, pois a persistência combina com a precisão e com uma abordagem inteligente da batalha. Vejo um exemplo disso quando observo meu casal de gatos brincando de "caçar" um ao outro. O macho corre para cá e para lá, tirando a irmã do caminho à força e dando o bote onde lhe dá na telha. A fêmea tende a observar e esperar; não resiste aos movimentos do irmão, mas espera até que ele gaste a maior parte de sua energia. Então, quando vê uma boa oportunidade, ela dá o bote. O macho ataca a qualquer hora; a fêmea é mais astuta e precisa. Embora as três qualidades (ou "armas") das guerreiras interajam entre si, vamos examiná-las uma por uma para ver o que cada uma delas envolve.

Há muitas batalhas que podem ser vencidas pela persistência. Ela pode triunfar em situações de excesso de burocracia, em que a mulher parece se ver diante de uma muralha de recusas. Se ela persistir, no entanto, poderá enfim romper a muralha. Do mesmo modo, na convivência doméstica, a mulher talvez tenha de expor seu ponto de vista diversas vezes para que o parceiro aceite seu modo de pensar. Ela terá maior probabilidade de prevalecer se repetir várias vezes sua sugestão, talvez de diferentes maneiras e em momentos escolhidos com cautela. Caso contrário, o casal logo entrará em conflito. Muitos homens têm a expectativa de que as mulheres aceitarão seu "não" caso este seja dito com suficiente firmeza. E as mulheres muitas vezes voltam à carga nos momentos em que as emoções estão mais à flor da pele, os quais são também os menos produtivos. Em situações como essas, é importante não cedermos à nossa frustração e não nos desgastarmos em discussões. O melhor é esperar e tentar de novo depois.

Existe uma relação entre a persistência e a precisão, pois esta envolve a sabedoria na escolha dos momentos e no uso da energia para não se deixar derrotar pela superioridade de força física. Com efeito, a precisão é uma habilidade indispensável para as mulheres a fim de compensar a inferioridade de força. Quando usamos as palavras como armas, temos a tendência natural de despejar uma torrente de exortações, recriminações ou xingamentos. Os homens, porém, sabem gritar mais alto, e a verdade é que os gritos são muito menos eficazes que umas poucas palavras escolhidas com cautela que tenham mais impacto e sejam ditas com mais convicção. Minha gata é mais eficaz dando um único golpe certeiro com sua pata do que meu gato correndo atrás de qualquer coisa que se mova. Para termos precisão, precisamos saber exatamente o que queremos atingir. Quando formamos uma intenção clara e precisa, somos mais capazes de passar incólumes entre as forças que se opõem a nós. A definição prévia de nossos objetivos estratégicos pode ser muito útil; as táticas detalhadas podem ir sendo definidas no decorrer do processo e de acordo com as circunstâncias.

A astúcia é o que nos permite encontrar a maneira correta de executar nossa estratégia e implementar nossa tática. A capacidade de manter o autocontrole é uma arma essencial para o sexo feminino. Os homens preferem atacar com a força muscular e com bravatas; as mulheres precisam de sagacidade e argúcia. A sabedoria popular é muito clara no que diz respeito a esse assunto. Na tradição das baladas britânicas, há várias canções sobre como mulheres venceram, pela astúcia, homens perigosos. *The Outlandish Knight* relata a história assustadora de uma jovem que engana um assassino. Este, um jovem bonito e aparentemente normal, a convence a fugir com ele no meio da noite, levando como dote o dinheiro da família dela. Ao chegar à margem de um rio, ele obriga a moça a descer do cavalo, diz que já afogou várias jovens bonitas naquele lugar e que ela será a próxima vítima. Exige que ela tire a roupa e lhe dê seus bens. Astuta, ela pede que ele lhe dê as costas, pois, já que vai morrer, ela quer fazê-lo mantendo intacta a sua modéstia. Isso lhe dá a chance de empurrá-lo no rio, dizendo:

*Repousa aí, homem de coração falso,*

*Repousa aí em meu lugar,*

*Pois são seis belas donzelas que afogaste,*

*Mas a sétima te afogou.*

Então, ela consegue fugir e volta para a cama, em segurança, sem que sua família tenha a menor ideia do que aconteceu.

Meu objetivo, aqui, não é de maneira alguma pôr em evidência um conflito entre os sexos. Antes, é mostrar quanto é importante que as mulheres compreendam seus pontos fortes, tal como a Mãe Justa os revela, e os usem para resolver os conflitos com o mínimo de esforço. Ou, como no caso da moça em *The Outlandish Knight*, que tenham a disposição de fazer o que deve ser feito, tomando decisões rápidas com inteligência, mesmo que estas acarretem resultados mais drásticos. Esses conflitos podem surgir em quaisquer situações e nem sempre ocorrem entre homens e mulheres. O objetivo da mulher em qualquer um desses contextos é sempre o de alcançar a harmonia e o apoio mútuo, e não de triunfar sobre o sexo oposto.

## ALÉM DA BATALHA

A Mãe Justa também pode decidir não entrar em combate de maneira alguma. Não se trata de fugir dos conflitos, mas de um estado em que todas as possibilidades de combate são vistas e aceitas, mas depois são transcendidas a fim de que ocorra um nível de interação mais elevado. Quando isso acontece num grupo de mulheres que trabalham juntas, é provável que a Mãe Justa esteja presente na reunião, imbuindo-as de sua visão de sabedoria e justiça. Trata-se de um aspecto do trabalho em grupo que examinaremos em detalhes mais tarde, mas agora é uma boa hora para explicar como isso pode ser realizado num debate.

Hoje em dia, as discussões na política ou nas redes sociais tendem a ter por objetivo atropelar um oponente. Por isso, essas discussões podem ser acaloradas e violentas. Muitas vezes, à medida que as posições vão sendo defendidas e a tensão aumenta, os adversários lançam alfinetadas cruéis um contra o outro. Respostas sensíveis e ponderadas são quase impossíveis nesse tipo de situação, e os participantes muitas vezes veem-se diante da escolha entre bater em retirada ou entrar em combate com armadura completa. Tanto num caso como no outro, no geral as mulheres são menos afeitas a esse tipo de debate do que os homens. São capazes de discutir com ferocidade, mas isso deixa suas emoções à flor da pele e provoca fortes reações defensivas. Já os homens gostam de uma batalha verbal, que é como uma guerra simulada; nem sempre, contudo, levam-na a sério. Têm também a vantagem de possuir a voz mais alta, que usam para esmagar seu oponente, ao passo que a persistência, a precisão e a astúcia que servem de armas para as mulheres não têm muita chance de sucesso num campeonato de quem grita mais alto. Quando estão presentes pessoas de ambos os sexos, esse tipo de situação pode ser bastante ameaçadora para as mulheres, que então tendem a se expressar com mais veemência que os homens e com gritos agudos – uma resposta natural à sua frustração. A saída mais fácil é sempre a de evitar por completo o conflito e recusar-se a responder. No entanto, por mais que evite problemas imediatos, essa estratégia não permite uma real troca de ideias.

Além disso, as mulheres tendem a preferir o consenso, o que significa que nem sempre encaram a necessidade de reconhecer que existem diferenças. Nesse caso, qual é a melhor maneira de evitar tanto a falsa concordância quanto a derrota que se deve apenas ao fato de o outro lado ser mais forte? Se formos capazes de responder a essa pergunta, saberemos como fazer com que nossos grupos femininos interativos se tornem importantes focos de debate e saberemos como contribuir nos debates entre pessoas de ambos os sexos e nas discussões públicas.

Para fazer isso, precisamos ser disciplinadas. Temos de compreender logo de saída que, no mais das vezes, nos veremos diante de diferenças de opinião – e até mesmo de pontos de vista bastante diferentes em matéria de religião, moral e política. O objetivo é chegar a um ponto em que os conhecimentos possam ser avaliados e partilhados de maneira calma e objetiva, sem o apego desesperado a perspectivas partidárias.

Para começar, crie uma atmosfera de tranquilidade. Depois, encoraje a pessoa que está propondo uma ideia a fazê-lo com concisão e compromisso. Os ouvintes devem escutá-la com toda a atenção e devem evitar mudar de assunto. Devem permitir que a ideia ressoe no espaço de sua mente — e também no de seu coração — e devem aceitar as respostas e reações que aí surgirem, sem porém, deixar-se dominar por elas. As reações de raiva ou entusiasmo são naturais quando ouvimos ideias estimulantes, mas, se pegarmos a onda dessas emoções, não conseguiremos avaliar as ideias segundo a plenitude de seu conteúdo.

Esse tipo de debate se baseia no reconhecimento das diferenças, no ato de cada qual assumir a responsabilidade pelo seu ponto de vista e na demonstração de respeito de parte a parte. Quando esses elementos se concretizam num grupo de mulheres, surge ali uma qualidade muito especial — uma atmosfera lúcida, espaçosa e inteligente. A impressão assim criada se imprime com força na memória. Quando alcançamos esse estado em situações em que só há mulheres presentes, podemos aumentar nossa força e confiança e desenvolver habilidades que depois são aplicadas em contextos nos quais os dois sexos estão presentes e na vida cotidiana. Isso pode ser uma verdadeira fonte de força — tanto para as mulheres quanto para a sociedade em geral.

## Imagens da Mãe Justa

- *Imagem cotidiana:* Uma mulher alta, de olhar atento, que se desloca confiante em meio à multidão. Leva uma pasta moderna que pode conter os documentos de um processo judicial ou documentos políticos. Ela dedica parte de seu tempo a advogar de graça para pessoas carentes ou para causas sociais. Neste instante, em seu horário de almoço, ela está a caminho da loja de produtos eletrônicos para devolver um aparelho que não funcionou bem. Seu conhecimento dos direitos, garantias e procedimentos é impecável; não há ninguém que possa culpá-la de erro quanto a essas coisas.

- *Imagem mítica:* As deusas da guerra e da justiça: a Morrigan celta, as Fúrias vingadoras, Minerva. Emblemas da justiça: a mulher sentada, com a espada e a balança; Pórcia em O Mercador de Veneza, de Shakespeare. Mulheres guerreiras: Joana d'Arc, Boudicca, as Amazonas. Uma figura poderosa, feroz na batalha, calma e digna quando em repouso, sempre pronta a exercer a justiça sem se deixar desviar pelas paixões.

- *Imagem pessoal:* Você sabe que tem razão – mas será mesmo? Reflita mais uma vez. Se está convencida, não precisa ter medo da oposição, pois pode vencer como uma lâmina quente cortando o gelo. Nos momentos de tranquilidade, contemple as cadeias de causas e efeitos. Até onde consegue remontar nelas? O que a impede de ver ainda mais longe? Em que esferas de sua vida você tem autoridade? Consegue usá-la de modo confortável?

## Evolução da Mãe Justa

- *Juventude:* Criada ouvindo histórias de coragem, nossa jovem heroína gostaria de desafiar o valentão da escola, reconhecer quando está errada e resgatar a professora de geografia de um perigo mortal. Adora filmes e histórias de meninas que lutam por suas causas e triunfam sobre a injustiça. Na realidade, a menina ver-se-á repetidas vezes em situações nas quais não tem poder para combater a injustiça, e se lembra desses incidentes com uma fúria surda que dura até a idade adulta. Os grupos de meninas e adolescentes se organizam com frequência na forma de pequenos tribunais de justiça nos quais examinam seus próprios comportamentos e os de seus namorados e pais. O veredito mais comum é "culpado".

- *Maturidade:* A mulher assume a disciplina do seu emprego, da criação de seus filhos. Aprende na marra a arte de tomar decisões e às vezes se surpreende quando suas decisões são contrárias às expectativas que ela mesma tinha. Os papéis de gerente, instrutora e líder de equipe podem cruzar seu caminho tanto no mundo profissional quanto em casa; ela descobre em si mesma uma nova autoridade e é capaz de usá-la com confiança.

- *Velhice:* Uma velhinha indomável. Ela é justa, mas você não pode escapar de suas decisões a menos que prove, sem a menor sombra de dúvida, que a razão está do seu lado. Sua mente é lucidíssima; sua política é bem pensada mas, a esta altura, um pouco rígida. Ela conserva o interesse pelo que vem acontecendo no mundo. É irascível, impaciente e nada sentimental, mas seus filhos a amam porque ela os trata como indivíduos autônomos e dignos de respeito.

## Manifestações da Mãe Justa

- *Dons:* Certeza. Força de vontade para implementar seus propósitos. Desapego e objetividade. Um olhar voltado para a verdade da situação. Amigos bem colocados que lhe emprestam sua influência quando necessário. Outras pessoas de mentalidade semelhante que podem trabalhar com ela na mesma causa. Uma boa educação e capacidade de formular seus propósitos, o que empresta habilidade a seus esforços. Tem a lealdade das outras pessoas.

- *Provações:* Ridículo e rejeição. Acusação de não ser feminina, de pôr a política ou o bem das outras pessoas acima da sua própria família. Ter de suportar condições de vida difíceis. Trapaça, traição. Ver e sofrer injustiças que você não tem poder para remediar.

- *Rituais e cultos:* Programas de defesa pessoal para mulheres. Treinamento de mulheres na polícia e nas forças armadas. Atividades de resgate – os Samaritanos, por exemplo. Movimentos femininos históricos, como o que garantiu o voto feminino. Trabalho nas fronteiras do feminino – a primeira mulher a ir à universidade, a ir ao espaço, a entrar numa organização onde até então só havia homens. Tribunais informais nos quais as mulheres se reúnem para discutir o certo e o errado na política, o cuidado das crianças e as ações de outras pessoas.

## Visão da Mãe Justa

○ A lei das causas e consequências e nosso papel ao moldá-la.

# Capítulo 7

## A SENHORA DO LAR

Os esforços das mulheres para criar e manter um lar são comuns a todas as culturas e ambientes e todos os níveis de riqueza e pobreza. É isso que a Senhora do Lar representa. Cuidar da lareira da casa pode referir-se a uma lareira física ou à vida e calor do lar em si. Ou seja, a esfera dessa Senhora, não é apenas o lar físico, pois ela também representa as diversas qualidades necessárias para que este funcione bem: solenidade, alegria, criatividade e solicitude. Ela engendra essas coisas e as tempera de acordo com aquilo que fará o fogo brilhar de modo mais luminoso.

O "lar", para nós, pode ser um edifício com telhado, paredes e cômodos. Mas até ambientes muito mais simples podem servir de lar com uma lareira no centro. O escritor e viajante Laurens van der Post visitou certa vez a casa de uma mulher num deserto africano. A mulher fazia parte de uma tribo de caçadores nômades. A casa não era nada além de uma área de areia com uma fogueira no centro. Não obstante, ela se orgulhava muito de seu lar, varria o "piso" com todo o cuidado e acolhia os convidados no lugar de honra. Uma fogueira ardia no centro e tiras de carne estavam penduradas para secar nas proximidades, exalando um aroma tentador. Seus bens, expostos com orgulho, consistiam quase todos em recipientes de ovos de avestruz e peles de animais organizados com asseio e cuidado.[1]

Esse relato tocante mostra a verdadeira natureza da lareira e do lar e evidencia que o espírito da Senhora do Lar pode estar presente até nos ambientes mais básicos e primitivos. As generosas boas-vindas que a mulher africana ofereceu a seus hóspedes é a marca registrada desse arquétipo, para quem a hospitalidade é um dos principais fatores para estabelecer um lar feliz. Com efeito, seu domínio abarca tudo o que está envolvido na formação de um lar, esteja ele onde estiver e seja o que for – uma van, uma cabana, um espaço temporário ou uma mansão grandiosa. E o fogo da lareira pode ser um fogo propriamente dito ou apenas uma ambiência geral de boas-vindas. O segredo é a atmosfera de generosidade e calor que a Senhora do Lar cria quando estabelece um lar, organiza a casa, cria a lareira, acende o fogo e cuida deste.

Vamos examinar cada uma dessas atividades em separado.

## ESTABELECER O LAR

Às vezes, quando entramos numa casa, ela parece triste e vazia. Por outro lado, às vezes entramos e somos surpreendidos por uma atmosfera de amizade e calor humano. Em geral, boa parte disso depende da mulher ou das mulheres que ali vivem. Pode ter algo a ver com o histórico da casa em si, mas é certo que não depende de esta ser moderna e bem-feita ou antiga e malfeita. A maioria das mulheres se preocupa muito com o ambiente onde vive, e seu senso de segurança está relacionado ao lar. Seus estados de espírito e sua personalidade alimentam o lar e contribuem para constituir sua atmosfera. Há poucas mulheres que não sentem que sua felicidade está ligada, pelo menos em parte, à qualidade de sua vida no lar.

Esse processo, entretanto, é recíproco. Um bom lar ajuda a alegrar a mulher, deixando-a bem preparada para suas atividades fora do lar. Ao mesmo tempo, a satisfação que ela obtém com o trabalho ou as atividades externas realimentam o ambiente doméstico e ajudam a torná-lo agradável para todos os que lá vivem. Isso pode funcionar de modo positivo ou negativo. A mulher que está feliz no emprego e detesta passar o dia presa em casa traz qualidades positivas para o lar, mas as tensões e o estresse da vida profissional também podem deixar sua marca na vida familiar. Muitas mulheres veem-se o tempo todo numa corda-bamba na tentativa de equilibrar a vida no lar e a vida fora deste. Pode tratar-se de um equilíbrio delicado que precisa ser sempre reajustado.

É claro que os lares podem ser estabelecidos das mais diversas maneiras. Seus ocupantes podem ir desde uma única pessoa até uma família extensa. Os homens têm desempenhado um papel cada vez mais importante no lar nos últimos cinquenta anos, pelo menos na sociedade ocidental, e às vezes são os principais responsáveis por cuidar da casa. No geral, contudo, creio ser justo afirmar que esse é um papel predominantemente feminino, e, por estarmos tratando aqui de arquétipos femininos, a maior parte do que tenho a dizer sobre a Senhora do Lar é dirigida às mulheres. Por outro lado, como no caso de todos os outros arquétipos deste livro, os leitores do sexo masculino podem e devem procurar entender o que as atividades governadas pelas Nove Mulheres têm a ver com eles.

Há, além disso, muitas variações no equilíbrio entre as atividades desenvolvidas dentro e fora do lar, como se vê em diferentes épocas e culturas. O "trabalho", no sentido de um ofício ou uma carreira, não é sempre uma atividade que ocorre fora de casa. Com efeito, muitas ocupações e ofícios são integrados no domínio do lar. No decorrer dos séculos, as mulheres criaram lojas e até bares dentro de suas casas, fizeram artesanato dentro de casa para ser vendido ou cuidaram de hortas ou outras atividades comerciais. Hoje em dia, as atividades profissionais e domésticas tornam a se mesclar, pois um número cada vez maior de pessoas vem sendo empregado por empresas e organizações que lhes permitem trabalhar em casa – pelo menos parte do tempo. O lar é, com frequência, o melhor lugar para que as mulheres montem seu escritório ou se dediquem a atividades como *freelancers*, por exemplo. Como escritora, trabalho em casa, mas também aprecio as oportunidades de fazer coisas que me obriguem a sair um pouco. No decorrer dos anos, vendi roupas *vintage*, trabalhei no comércio de artesanatos russos e cantei em apresentações musicais.

Quando a mulher consegue alcançar um equilíbrio saudável entre a vida no lar e a vida no trabalho, todos podem se beneficiar. Às vezes, porém, as pressões e tensões se tornam grandes demais. Tendemos a pensar que se trata de um problema moderno, mas, tanto na Primeira quando na Segunda Guerra Mundial, as mulheres britânicas foram encorajadas a trabalhar durante longas horas em fábricas, nos transportes, na agricultura e em outras áreas da vida, enquanto uma grande proporção da população masculina estava servindo nas forças armadas.[2] Embora muitas dessas mulheres tenham gostado da oportunidade de sair de casa, e talvez tenham começado a realizar seu verdadeiro potencial, era muito difícil cuidar da família depois de trabalhar o dia inteiro, sobretudo numa época em que os alimentos eram racionados e o serviço de casa era pesado, já que não havia eletrodomésticos. Não era fácil compatibilizar as duas coisas, e é possível que, em meio à luta, algumas mulheres tenham perdido sua conexão com o lar e a casa.

O curioso, no entanto, é que não são somente as mulheres que trabalham fora que acabam se distanciando do lar. Nas casas de pessoas ricas, administradas por empregados, é muito difícil que a dona da casa imprima seu toque pessoal ao lar quando todo o trabalho físico é feito por outras pessoas. Seu papel é mais semelhante ao de uma executiva, que exerce a arte da gestão e da delegação. Descobri isso na juventude, quando viajei à Irlanda para conhecer meus futuros sogros. Meu sogro era um diplomata que vivia numa mansão oficial, com uma equipe completa de funcionários – mordomo, cozinheiro, governanta, chofer e jardineiro. Isso fazia parte de sua função; ele não tinha escolha, pois precisava manter a elegância, e sua casa era palco de grandiosas recepções oficiais. Minha futura sogra me confessou que se sentia frustrada por não poder preparar a própria geleia e cozinhar suas próprias refeições. Tudo o que ela quisesse fazer na cozinha tinha de ser negociado de antemão com o cozinheiro. Assim, percebi que a mulher às vezes não se sente em casa em sua própria casa.

Para criar a lareira ou o fogão do lar, não basta acender um fósforo ou ligar o aquecimento central. É preciso fazer arranjos, decidir como a casa vai funcionar, e tudo isso é afetado pelo período e a cultura em que vivemos. Às vezes, temos de fazer o melhor possível para contornar as expectativas sociais. Hoje, felizmente, a maioria das mulheres tem a opção de decidir quanto quer trabalhar e participar na sociedade fora de casa, embora as restrições econômicas dos últimos anos tenham feito com que, em muitas famílias, tanto o marido quanto a mulher tenham de sair para trabalhar em período integral fora de casa. Oportunidades e restrições, deveres sociais e satisfação pessoal, obrigações familiares e iniciativas pessoais – essas polaridades, e outras desse tipo, fazem parte da dinâmica da Senhora do Lar. Podem proporcionar desafios e oportunidades para o desenvolvimento de potenciais criativos. Compreendê-las e saber trabalhar com elas da melhor maneira possível é algo que pode nos ajudar a estabelecer lares que atendam a nossas necessidades e aqueçam a vida dos que estão ao nosso redor.

## ORGANIZAR A CASA

Para desempenhar o papel de Senhora do Lar, é preciso fazer escolhas inteligentes que possam nos deixar livres e felizes em casa e diminuir nossa sensação de pressão ou obrigação. As tarefas domésticas portam, às vezes, uma forte carga emocional, e é possível usar esse poder para criar um espaço acolhedor e saudável que possa nutrir não apenas a nós, mas também as outras pessoas. Temos a capacidade de lhe dar cor de acordo com nossa personalidade e de moldá-lo segundo nossa imaginação. Para isso, no entanto, é preciso ter um entendimento pessoal de cada situação individual, e não reagir cegamente aos ideais e opiniões dos outros. A Senhora do Lar pode nos ajudar a ver o que é importante em casa e nos inspirar a criar um lugar que tenha ao mesmo tempo ordem e calor humano.

As expectativas em relação à vida doméstica mudam a cada geração de acordo com o progresso científico e as circunstâncias sociais. O período posterior à Primeira Guerra Mundial foi bem difícil para as mulheres de classe média e alta no Reino Unido, pois, em sua maioria, elas tiveram de passar a administrar suas próprias casas sem a ajuda de empregados, nem mesmo da empregada que fazia serviços gerais e que estava presente na casa de muitas famílias de gente comum, não rica. Ainda tentavam manter os lares dentro dos padrões vigentes antes da guerra, numa época em que a poeira de carvão e a poluição sujava as casas num piscar de olhos, em que as geladeiras e os aspiradores em pó eram coisas raríssimas, em que o abastecimento de comida era irregular e o fazer compras era uma atividade complicada. Suas próprias mães e avós não podiam orientá-las como acontecia no passado. Por isso, essas "novas mulheres" muitas vezes buscavam conselhos nos manuais de atividade doméstica.

Esses manuais, que deixavam implícito que a palavra impressa era a nova autoridade no lar e a dona de casa era a nova empregada, constituem hoje uma leitura assustadora. Estipulam cronogramas estritos para todas as atividades domésticas, começando muitas vezes com um rigoroso alerta para que a dona de casa não se levante depois das 6h30 da manhã e assuma como primeira tarefa limpar as cinzas do fogão e reacender o fogo – mais um indício de que o fogão ou a lareira são o coração do lar. Segue-se daí mais uma hora, mais ou menos, de pesados trabalhos domésticos e, em seguida, o café da manhã, que deve ser servido com pontualidade. "Atrasada no café; apressada no jantar; brava na hora do chá da tarde", brada um conselheiro. Depois de varrer e tirar o pó, é hora de fazer bolos e sair para fazer compras – um pequeno alívio. Para cada hora do dia havia uma atividade, com pouco tempo para a generosidade e o calor humano.

A ideia de ser uma prisioneira desse tipo de regime, sabendo com exatidão o que deve ser feito a cada dia, de hoje até a eternidade, me deixa paralisada de horror. Um manual chega a comparar a administração da casa à de uma fábrica e insiste em que os mínimos detalhes devem ser planejados de antemão. Porém, quando a administração de uma casa cai numa rotina enfadonha, é como se estivéssemos sentadas ao lado de uma lareira vazia, sem fogo algum. O espírito vital da Senhora do Lar fenece. Por outro lado, ela é capaz de aguentar um pouquinho de sujeira, sobreviver a um jantar tardio e suportar uma cama desarrumada, desde que o amor e a atenção ainda estejam presentes dentro de casa.

Nossa tarefa, hoje, é a de ensinar a próxima geração acerca do verdadeiro papel da Senhora do Lar e mostrar-lhes meios pelos quais um ambiente possa se tornar feliz e acolhedor. As mães influenciam o modo pelo qual a Senhora do Lar entra na vida de suas filhas, embora isso nem sempre funcione tão bem quanto gostaríamos e às vezes tenha o efeito contrário. Quando a mãe instila na filha o sentimento de que esta tem a obrigação de manter a casa arrumada e imaculadamente limpa, a filha pode se tornar uma escrava infeliz dessas expectativas ou, ao contrário, a anárquica senhora de sua própria casa. A mulher pode levar muito tempo para se libertar dos pressupostos automáticos que ela absorveu acerca dos cuidados do lar e para criar uma abordagem que satisfaça a ela e a sua família.

Não obstante, podemos mostrar às nossas filhas algo da importância dos cuidados do lar e do papel que a Senhora do Lar pode desempenhar em nossa vida. Se como mães já não temos a oportunidade de fazer isso, podemos fazê-lo como avós, numa época da nossa vida em que as pressões já não são tão grandes e muitos dos nossos padrões, que antes eram elevados demais, já se desgastaram de modo natural. A avó pode ter mais tempo que a mãe para sentar-se com as netas e ler histórias junto ao fogo, ou para transformar numa brincadeira o ato de pôr a mesa. Talvez ainda se lembre de como sua própria mãe ou avó a ensinou a cozinhar um ovo, fazer bolo e assar castanhas. E talvez goste de transmitir esses conhecimentos, mesmo que não sejam rigorosamente necessários para a educação dos filhos. Ensinar antigas habilidades, como a de acender uma lareira com jornal, também pode ser divertido. Todas essas coisas podem ajudar nossas netas a crescer com uma noção das tradições que embelezam o lar e com uma apreciação da herança da Senhora do Lar. Quem sabe até que ponto do passado remontam no tempo essas habilidades e até quando serão ensinadas no futuro?

O trabalho de casa, contudo, também pode se tornar um foco de emoções negativas. O sentimento de ser uma vítima do aspirador de pó ou de que todas as refeições têm de ser preparadas a partir do zero podem tirar todo o prazer do tempo passado em casa. Às vezes, nossas escolhas não correspondem aos nossos melhores interesses. Quando as lavadoras de louça chegaram ao mercado no Reino Unido, muitas mulheres resistiram à ideia de comprar um aparelho desses, e algumas ainda resistem. Por quê? Talvez porque a rotina de lavar a louça lhes parecesse prazerosa de fato – água quente e, no fim, pratos limpos. Com efeito, algumas tarefas nos ajudam a pôr os pés na terra; nos dão tempo para pensar e nos põem em contato com os ritmos domésticos. Outras talvez tenham recusado porque a pia da cozinha é vista há muito tempo como o centro simbólico do lar, e elas sentiam que, se a abandonassem, estariam perdendo o direito de serem vistas como honestas e trabalhadoras; todos ficam em dívida com quem lava a louça. Para mim, foi muito fácil optar por comprar uma lavadora de louça, e o que percebi foi que, depois que a mesma foi instalada, o estado geral de espírito em nossa casa ficou muito mais leve. Já não passávamos as refeições tentando convencer adolescentes mal-humorados de que era a vez deles de lavar a louça. Que a lareira e o fogão conservem o lugar que lhes cabe, de centros do lar! Não são apenas lugares de trabalho, mas também de relaxamento.

## CRIAR A LAREIRA

Criar uma lareira é uma espécie de miniatura do processo de criar um lar. Para criar uma lareira, é preciso definir um espaço e, em certa medida, separá-lo do espaço de estar, usando um protetor ou uma mureta de madeira ou pedra, a qual equivale às paredes da casa. Tanto a lareira quanto as paredes têm de ser feitas de um material capaz de conter o fogo num só lugar ou proteger o edifício contra as condições climáticas. A lareira precisa ser cuidada e reabastecida de combustível, assim como o próprio lar deve ser objeto de um cuidado e uma atenção contínuos. Tanto num caso como no outro, a negligência pode produzir uma atmosfera de frieza e vazio. Relacionando o estabelecimento e o cuidado da lareira com o estabelecimento e a organização do lar, fica mais fácil vermos como os princípios da Senhora do Lar se aplicam dentro da esfera doméstica como um todo. Considerando o simbolismo das duas coisas, podemos abrir caminho para que nossos rituais domésticos se tornem frutíferos – atos intencionais e significativos cujos efeitos ultrapassam o impacto físico imediato.

O fogão ou lareira é muito importante nas casas das culturas tradicionais. Nas iurtas, as tendas redondas de feltro habitadas pelos povos nômades da Sibéria e da Mongólia, o fogão fica no centro e tudo se organiza ao redor dele. No interior da iurta, é preciso sempre caminhar ao redor do fogão "no sentido do sol" (ou seja, no sentido horário). Caso precise de uma panela que está logo à direita da entrada, terá de fazer toda a volta pela esquerda para pegá-la. Com efeito, todas as atividades e posições dentro da tenda são prescritas em relação ao fogão.

Na Rússia rural, a *pechka*, um fogão alto de tijolos, é visto como o doador da vida para os habitantes da casa. Ele desempenha um papel crucial no projeto antiquíssimo e consagrado das casas tradicionais de madeira dos povoados, cujo interior é disposto de acordo não apenas com princípios práticos, mas também com princípios espirituais. Eis como descrevo uma dessas casas no livro *Russian Magic*:[3]

> *Quando entramos na casa russa, podemos ter de baixar a cabeça ao passar pela porta. Isso é feito de modo deliberado para que todos os que entrem demonstrem respeito pela casa e sobretudo pelo Canto Vermelho, a área sagrada do lar, onde é conservado o ícone da família. O Canto Vermelho,* krasni ugol, *leva esse nome porque a cor vermelha significa "belo" na cultura russa. [...] Na diagonal oposta ao Canto Vermelho situa-se o local onde muitas vezes se instala o fogão, a* pechka, *também chamado de "Mãezinha". [...] Sem a* pechka *não há vida na casa; ela é a fonte de calor e conforto, literalmente capaz de manter viva a família durante os longos invernos russos. Há um provérbio russo cuja tradução literal é "dançar a partir do fogão", mas que significa "começar do início": o fogão é a origem e o perpetuador da vida...*

Por meio de rituais e costumes desse tipo, as pessoas convidam o sagrado a entrar em suas casas.

Com efeito, a conexão entre o fogão ou lareira e os rituais sagrados é antiga. O exemplo mais conhecido dessa relação talvez seja o da ordem das Virgens Vestais, sacerdotisas dedicadas a Vesta, a deusa romana da lareira e do lar (chamada Héstia na mitologia grega). No contexto doméstico há exemplos de rituais mais recentes, como o de "extinguir o fogo" (*smooring the fire*) na Irlanda rural. Ele era praticado antes de todos irem dormir: fazia-se o sinal da cruz sobre as cinzas para manter as brasas acesas até de manhã. Manter as brasas acesas era de importância crucial antigamente, quando não havia fósforos para reacender o fogo; e o vínculo entre o fogo e uma divindade protetora era uma forma natural para o ritual. O costume era associado tanto à Virgem Maria quanto à deusa celta Brígida, que é ela própria associada às Nove Donzelas, como vimos no Capítulo 1.

Há muitos outros vestígios de rituais na vida doméstica cotidiana, e talvez possamos aumentar o número deles, realizando as tarefas domésticas com mais consciência. Pequenos atos de serviço dentro de casa – preparar um bolo, limpar um armário ou mudar os lençóis da cama – podem ser muito eficazes quando feitos com uma intenção e uma atenção conscientes. O resultado final tenderá a ser bom, e nós mesmos nos sentiremos bem e satisfeitas com a tarefa. Além disso, há uma certa beleza associada ao cumprimento dessas tarefas, beleza essa que as outras pessoas podem notar e que pode, assim, contribuir com a atmosfera geral da casa. Quando tento fazer as coisas assim, em geral percebo que gosto do meu trabalho mais do que o normal e que o resultado traz em si uma espécie de brilho que permanece vivo na minha mente.

Os feriados do Natal e (nos Estados Unidos) de Ação de Graças também envolvem importantes rituais relacionados à lareira e ao fogão – a lareira é enfeitada com guirlandas e o fogão é usado para fazer biscoitos, por exemplo. Os pratos tradicionais devem ser preparados de um determinado modo. Me contaram que uma família norte-americana sempre prepara um prato de abóbora de sabor repugnante. Porém, como aquele prato tinha surgido por causa de um erro de uma parente muito amada, já falecida, o ato de cozinhá-lo a cada ano desse mesmo jeito é considerado um rito sagrado.

Muitas vezes, a linha divisória entre os ritos e os costumes é indistinta. O costume é uma forma de rito que perdeu boa parte de suas ressonâncias mágicas ou religiosas, mas que ainda conserva parte do intuito transformador original. Vemos isso nas refeições preparadas para ocasiões especiais, como a ceia de Natal, o almoço de domingo ou um chá de aniversário. Elas têm uma espécie de magia; tudo o que acontece tem maior importância. Isso pode pender para o bem ou para o mal, no entanto. Os rituais, por sua própria natureza, são imprevisíveis. Nos rituais, abrimos a porta para forças invisíveis. Será que a família extendida conviverá em paz e harmonia durante a refeição cerimonial? Ou seus membros confrontarão uns aos outros e ventilarão ressentimentos antigos? O ritual é arriscado, mas também traz em si a possibilidade de uma verdadeira transformação.

Muitos rituais feitos em casa são relacionados à lareira. O ordenamento físico envolvido na criação da lareira e em sua integração às atividades da casa pode produzir, no nível psicológico, uma sensação de "endireitar as coisas". Quer se trate de pôr a mesa de maneira bonita, apagar o fogo mas manter as brasas acesas ou preparar uma refeição especial, essas atividades em si mesmas podem ser bons métodos para dissipar uma atmosfera desagradável ou pesada que tenha se formado numa casa. As limpezas rituais, como a de primavera, podem ter uma importância especial sob esse aspecto e promovem a saúde e a energia dos que moram na casa. Em geral, os atos rituais possuem tanto um sentido físico quanto um sentido psicológico. Por isso, vale a pena identificarmos os rituais em potencial que estão contidos nas nossas tarefas cotidianas. Realizando-os com intenção consciente – pelo menos de vez em quando –, podemos promover nosso bem-estar pessoal e alcançar os resultados físicos desejados.

## ACENDER E CUIDAR DO FOGO

No que se refere a acender o fogo da lareira e mantê-lo aceso, os atos da Senhora do Lar precisam ser hábeis; a boa intenção não é o bastante. O ato de cuidar do fogo, mesmo de maneira simples, pode lembrar a mulher dos mistérios sagrados a que ela serve e pode, com efeito, transformá-la numa sacerdotisa. Embora o moderno aquecimento central e os aquecedores portáteis tenham reduzido a necessidade de fogo na casa, controlar uma fogueira ou um fogo ainda é uma parte importante da vida para muita gente, sobretudo se incluirmos nesse quesito os fogões de cozinha. Eu, por exemplo, não tenho a menor ideia de como usar um fogão antigo a lenha, como os da marca Aga, mas as mulheres que sabem fazê-lo integram, para mim, a casta das sacerdotisas. Meus próprios encontros com fogões a lenha temperamentais quando, ainda novos, nos mudamos para uma casa no campo, foram mais que suficientes para me mostrar quão péssimo era o meu preparo a esse respeito. Me lembro de um dia em específico: meu marido havia saído de casa e eu tentava, repetidas vezes, fazer a lenha pegar fogo – ao mesmo tempo que sofria de uma gripe fortíssima e tentava dar conta de duas crianças pequenas numa casa gelada.

Mais tarde, tive de cuidar de uma *pechka* russa. Aprendi em fontes tradicionais que esse fogão era capaz de grandes coisas – liberar um confortável calor à noite, secar cogumelos para o inverno, aquecer um filhote de animal que estivesse doente, cozinhar mingau durante a noite – mas também aprendi, por experiência própria, que ele oferecia perigo. Fiquei grata por algumas lições que descrevi em *Russian Magic*:

> *É preciso habilidade e paciência para manejar o fogão. Na casa que foi minha, numa pequena aldeia, [...] eu sabia que tinha de ouvir e aprender com muito cuidado quando recebia instruções sobre como acendê-lo; caso contrário, minhas estadias ali, no inverno, seriam geladas. Aprendi a pular da cama numa manhã congelante, colocar pedacinhos de lenha na pequena fornalha de metal e acendê-los com tiras de casca de bétula seca que eu mesma arrancara com cuidado dos troncos. Uma vez aceso o fogo, eu podia abrir o respiro, acrescentar mais dois ou três pedaços de tronco e voltar à cama com uma xícara de chá. O estágio crítico da operação, entretanto, era ficar atenta à espera do momento em que a lenha já estivesse queimada e as pequenas chamas azuis residuais tivessem sido substituídas por um brilho alaranjado. Somente então era seguro fechar os respiros de modo que o calor se conservasse por mais oito horas, mais ou menos, com o revestimento de tijolo fazendo o papel de um grande aquecedor de acumulação. Caso contrário, o mortífero monóxido de carbono poderia vazar para dentro da casa e causar agudas dores de cabeça ou coisa pior.*

Com efeito, a *pechka* russa, os fogões a lenha e as fogueiras dos acampamentos africanos precisam todos ser cuidados com conhecimento e habilidade.

Uma Senhora do Lar que não supervisiona pessoalmente seu fogo pode ter problemas, como descobriu minha sogra numa ocasião em que passamos as férias na casa dela, na Escócia. Na primeira noite, uma divertida refeição foi oferecida para toda a família. Ficamos bastante tempo à mesa, conversando e bebendo – e não pouco – com o mesmo entusiasmo. Na sala de estar ao lado ardia um fogo de lenha na lareira. Minha sogra, lembrando que fazia algum tempo que não o alimentava, fez um largo gesto de mão e pediu a meu filho de 10 anos: "Vá e coloque um pouco de lenha". Ele fez isso com alegria, amontoando a máxima quantidade de troncos que cabiam na grande lareira. Pouco depois, alertados pelo cheiro de queimado, corremos para a sala e encontramos a chaminé em chamas.

Os homens insistiram em resolver a crise e tamparam a boca da lareira com um tapete antigo. Garantiram-nos que ele impediria a entrada de ar e extinguiria as chamas. Nós, mulheres, tínhamos nossas dúvidas. E não demorou muito para que o tapete explodisse, deixando sair um jato de chamas que chegaram até o outro lado da sala. Agora era a nossa vez. Enquanto os homens debatiam os detalhes de seu fracasso, buscamos baldes de água e cobertores velhos e logo apagamos o fogo. Felizmente, os danos foram mínimos.

A energia do fogo, que uma Senhora do Lar descuidada deixou sair do controle, estava no mesmo nível da energia quente e exuberante da reunião familiar. As chamas assemelhavam-se com os gritos e risos que cruzavam a mesa; mas, ao passo que a energia social acaba se equilibrando, não se pode esperar que uma fogueira cuide de si mesma. Talvez não seja inverossímil comparar o processo de cuidar do fogo com o de cuidar dos relacionamentos, dos filhos e da casa. É preciso vigilância e regularidade na atenção. Isso nem sempre é divertido, já que nossas contribuições são repetitivas e os resultados nem sempre correspondem às expectativas. Mas em geral, no fim, o esforço compensa. A maioria dos adolescentes rebeldes volta por fim ao conforto da lareira da família, no sentido simbólico, desde que tenham sido cercados de amor e segurança na infância. E ela pode continuar sendo um ponto de união para eles também na vida adulta.

O cuidado do fogo também pode ser comparado à capacidade feminina de criar e conservar uma atmosfera. As mulheres se tornam habilidosas na arte de produzir respostas emocionais segundo a necessidade.

Um exemplo seriam as diferentes maneiras pelas quais a mãe pode reagir aos filhos pequenos de acordo com as exigências do momento – com tranquilidade, afeto ou firmeza. No entanto, o instinto feminino que governa a criação e a manutenção de uma determinada energia emocional nem sempre é usado de maneira construtiva. Quem entre nós já não prolongou uma atmosfera de hostilidade, deixando o carvão em combustão lenta dentro de si? Ficar de mau humor, guardar ressentimento e remoer injustiças parecem ser estados mentais mais típicos das mulheres. E embora sejamos suscetíveis a mudanças de humor (mais que os homens, ao que parece), também somos mais capazes de manipular o humor. Um psicólogo comentou que o homem num determinado estado de humor parece tomado por um pequeno surto psicótico, ao passo que a mulher é, muitas vezes, capaz de mudar de humor à vontade, como se trocasse de roupa.[4]

Os próprios estados de humor podem ser relacionados com a lareira e o lar, embora a Senhora do Lar não nos pareça ser um espírito particularmente "temperamental". As mulheres são capazes de gerar uma atmosfera por meio de estados de humor; é como se manipulassem a lenha na lareira para promover determinadas energias no ambiente doméstico. Isso também pode se traduzir na decoração da casa, e é interessante notar que, nos últimos anos, os "quadros de humor" (*mood boards*) – colagens de imagens, padrões e cores que criam uma determinada sensação de estado de humor ou de estilo – tenham se popularizado no projeto de interiores. A senhora da casa pode usar cores quentes e móveis antigos para criar um ambiente informal e amistoso; ou pode usar móveis minimalistas e linhas simples e geométricas a fim de criar uma sensação de espaço, luz e liberdade. Nada disso é exclusivo das mulheres, mas sou de opinião de que os homens têm prioridades diferentes e são mais capazes de viver em ambientes neutros ou desagradáveis. Nem sempre sentem a mesma necessidade que as mulheres de imprimir sua personalidade no espaço onde vivem.

## DESFRUTAR O FOGO

O difícil trabalho de preparar, acender e cuidar da lareira pode conduzir à simples alegria de estar junto ao fogo. Depois de limpar a lareira, acender e atiçar o fogo, a senhora da casa pode criar uma atmosfera amistosa e oferecer sua hospitalidade. Como vimos no início deste capítulo, isso pode ocorrer tanto no mais humilde ambiente como em mansões grandiosas. E esse é o fundamento do trabalho da Senhora do Lar.

Há muito tempo que o fogo também é um foco para se contarem histórias. A história da tribo é muitas vezes perpetuada pelas avós do povoado, que contam as antigas narrativas ao redor da fogueira noturna. Em algumas culturas africanas, por exemplo, uma poetisa chamada *griotte* é encarregada de recitar a história da família, e seu conhecimento é muito valorizado. O papel do historiador oral não é tão claro na sociedade ocidental contemporânea, mas muitas de nós ainda nos lembramos com clareza das histórias que nossas mães e avós nos contaram e que nos ligaram às infâncias delas e, talvez, a outras ainda mais afastadas de nós, que viveram "antigamente". A contação de histórias pode, sem dúvida, manter viva a sensação da continuidade da família ou da vida tribal, e há muito que as mulheres têm a reputação de serem capazes de criar uma atmosfera que fascina os ouvintes. Pense, por exemplo, na princesa das *Mil e Uma Noites*, que passou todo esse tempo distraindo o rei e impedindo-o de pôr em prática suas más intenções, contando-lhe uma história diferente a cada noite. A contação de histórias faz parte do repertório mágico da mulher – um expediente que ela pode usar para afetar seus ouvintes, amaciar seus corações e distraí-los de seus problemas.

O fogo também pode servir a uma finalidade mais sutil, como foco para a visão. Enquanto seu calor atende às necessidades físicas, suas chamas proporcionam inspiração para a mente. Nos momentos mais tranquilos, talvez tarde da noite – ou quando você, Rainha do Lar, está sozinha em seus domínios –, talvez goste de contemplar em silêncio as chamas, observando as formas que dançam no coração do fogo. À medida que elas vão formando imagens nos olhos da sua imaginação, vão também ligando-se a seus sonhos interiores e aos pensamentos e sentimentos que se escondem nas sombras. Esse tipo de olhar pode ser uma forma de adivinhação que nos abre a possibilidade de enxergar o passado e o futuro. Eventos de há muito tempo e imagens do que ainda há de vir passam pela mente da mulher que deixa sua atenção fundir-se com as formas mutáveis das chamas.

A mensagem que a Senhora do Lar assim nos fornece é que podemos reservar tempo e espaço para gozar dos frutos do nosso trabalho – pois também isso faz parte do ciclo. É fácil passarmos algumas horas cansativas cuidando do jardim e nos esquecermos, depois, de nos sentarmos por 10 minutos olhando as flores. Precisamos aprender a desligar a televisão e o celular e descansar a mente, sentadas apenas na companhia de uma vela ou de uma fogueira. Toda mulher é capaz de encontrar tempo em sua vida para fazer uma pausa, refletir e desfrutar; basta que se permita fazê-lo. Nós, mulheres que cumprimos várias tarefas ao mesmo tempo, teremos de ser inteligentes para encontrar essas oportunidades, mas isso pode ser feito – sobretudo se estivermos dispostas a diminuir nossas expectativas de realização, as quais são, muitas vezes, rígidas demais.

Além de nos tranquilizar a mente, isso nos estimula a criatividade, pois, quando a mente se imobiliza, as ideias criativas surgem com mais prontidão. Você pode optar por colocar essas ideias em prática mais tarde, durante as partes ativas do dia; por ora, apenas as encoraje a fluir.

Ao trabalhar de modo criativo, surge uma sensação de identidade com o projeto, como se nós e nossa tarefa partilhássemos a mesma energia viva. E é claro que a criatividade não se restringe às belas-artes. Encontra-se também na vida doméstica – no ato de assar um bolo, montar um álbum de fotos, estofar uma poltrona, podar uma árvore ou fazer uma festa para as crianças. Com as pressões e exigências da vida moderna, nem sempre é fácil aproveitar esses momentos e tratá-los como oportunidades que envolvam a imaginação, mas isso pode ser feito. É provável que venhamos a nos sentir melhor ao nos engajarmos em atividades criativas, seja qual for a forma que estas assumam.

## IMAGENS DA SENHORA DO LAR

- *Imagem cotidiana:* Ela sai para fazer compras no sábado, e gosta disso. Receberá pessoas para jantar à noite e, depois de garantir as necessidades básicas, escolherá alguns petiscos especiais para servir. Se tiver tempo, inventará novos esquemas de cores para uma sala que deseja redecorar. Ela encontra vários conhecidos, troca cumprimentos e notícias e convida um ou dois a visitá-la. Mas não se demora muito, pois tem preparações a fazer em casa.

- *Imagem mítica:* A Senhora do Lar pode ser invocada quando você se muda para uma casa nova. Se a atmosfera for acolhedora, ela já está presente ali. Mas procure devolver algo à casa durante sua estadia, para manter aceso o seu fogo. Uma lareira fria, esquecida, torna a casa triste. Se precisar invocar a Rainha do Lar, faça-o ao criar a decoração, dispor os móveis e decidir as funções dos espaços. Lembre-se de que ela responde a seus próprios atributos – riso, leveza e calor.

- *Imagem pessoal:* Você é capaz de entrar em sua casa ou local de trabalho e vê-lo com um novo olhar? Se o estivesse vendo pela primeira vez, quais impressões teria? Que cheiro tem o local? A que espécie de sentimento você o associará quando ele for apenas uma lembrança do passado? Pense em como o organizou: foi uma provação, um gosto ou uma mistura das duas coisas? Há alguma mudança que você gostaria de fazer agora? A Senhora do Lar em seu ser é aquela que escolhe um espaço, o ordena e imprime nele a sua personalidade.

## Evolução da Rainha do Lar

- *Juventude:* As meninas pequenas brincam de "casinha" à moda antiga. As adolescentes guardam com zelo seu espaço e procuram imprimir nele um toque pessoal – deixando-o talvez num caos glorioso, cheio de lantejoulas. O quarto delas é seu refúgio, no qual elas deixam entrar apenas as amigas mais íntimas. A jovem, quando por fim tem seu próprio espaço independente para viver, poderá se sentir, para seu espanto, como se estivesse de novo brincando de casinha. Será que ela de fato é livre para arrumar tudo ou bagunçar tudo do jeito que quiser? Agora não há mais ninguém para vigiá-la. Quem será a primeira pessoa que ela chamará para visitá-la?

- *Maturidade:* Agora que a mulher já estabeleceu seu jeito de viver, talvez já não preste tanta atenção a seu ambiente quando este atende bem a suas necessidades. Ela conhece os tipos de espaço nos quais gosta de trabalhar, dormir e comer, e os procura sem precisar pensar. As regras e os regulamentos de seus domínios já estão em vigor, e ai dos habitantes da casa que os violarem. Por outro lado, ela pode manifestar também um lado mais brando, aproveitando aqueles momentos em que é capaz de bebericar com tranquilidade uma taça de vinho ao lado do fogo, conversando sobre os acontecimentos do dia com uma amiga ou com seu companheiro.

- *Velhice:* A tolerância retorna à sua vida. Agora que seus anos estão contados, uma camada de poeira parece menos importante. Os filhos que a visitam absorvem a sensação mágica dos anos passados numa casa guarnecida com objetos de valor sentimental e outros que contam uma história. Na velhice, a pessoa que conta essas histórias chega ao primeiro plano; o ritmo externo se torna mais lento, mas o relógio interno avança numa velocidade mais estável. Agora há espaço para que uma história se desenrole.

## Manifestações da Senhora do Lar

- *Dons:* Boa companhia. A capacidade de criar um ambiente agradável com recursos mínimos. Bom tino para a atmosfera e o lugar. Amor pela história. Visões do futuro. Dom para contar histórias. Recebe hospitalidade. Preserva e partilha a árvore genealógica da família.

- *Provações:* Pobreza e más condições de habitação. Ser obrigada a morar num lugar que você não escolheu. Ser obrigada a sair de um lugar que ama e que transformou em algo seu. Sentir que a casa não tem coração, não tem centro. Não ter um espaço próprio. As pressões do tempo que não deixam espaço para a tranquilidade e a contemplação.

- *Rituais e cultos:* Mudar para uma casa nova – procedimentos preliminares e formais, embalar tudo, redecorar etc. Cerimônias de acender e cuidar do fogo. Ritos da hospitalidade. Reuniões para contar histórias e lembrar o passado. Adivinhação por meios visionários.

## Visão da Senhora do Lar

- O sagrado dom do fogo; as condições necessárias para acendê-lo e mantê-lo.

# Capítulo 8

# A RAINHA DA BELEZA

A Rainha da Beleza tem muitas faces; a beleza não é permanente. É uma pedra preciosa que foi cortada e facetada de modo que a cada movimento a pedra revela um novo ângulo; suas diferentes faces refletem a luz de mil maneiras.

Considere estas três descrições de uma paisagem:

*É de madrugada. Uma suave luz dourada se espalha pelo céu como uma neblina resplandecente que se eleva das colinas arredondadas. As sombras são chumaços cinzentos, verdes e azuis, um véu delicado que se estende sobre a distância, suavizando os contornos e alisando as texturas do vale. Ondinhas sopradas pelo vento agitam a superfície do lago, onde a água reflete os primeiros lampejos de brilho do sol recém-nascido. A cena é ao mesmo tempo antiga e completamente nova. Anuncia o dia, que chega limpo e lavado, infinito em suas possibilidades. Suas alusões e mistérios atraem o espírito e são tão provocantes quanto suas revelações.*

*À medida que o dia progride, ele muda. No calor do meio-dia, o olho só é capaz de enfocar os detalhes singulares dos objetos, de tão brilhante que é o sol. Campânulas azuis e tojos de um amarelo luminoso, exalando um cheiro quente, de coco. Pedras que queimam ao toque, cobertas de musgo macio. Barcos de lazer deslizam pelo lago, cada um deles um pequeno mundo de cor e movimento. A paisagem é simples, ingênua e encantadora como a pintura de uma criança.*

*Perto do fim da tarde, contudo, as perspectivas tornam a mudar. Sopra um vento; as nuvens se acumulam e o céu se escurece. A chuva cai como uma saraivada de açoites; o lago chia e borbulha como um caldeirão. Os vultos das colinas se tornam mais pesados em meio à tempestade, enquanto as árvores isoladas se curvam ao vento, encharcadas pela chuvarada. A cena revela uma sombria majestade. À medida que as cores se apagam, revela-se a imensidão da escala – a água hostil se estende até a altura proibitiva das montanhas.*

Qual dessas três visões nos revela a verdadeira beleza da paisagem? Por acaso alguma delas é mais real, mais bela, mais significativa do que as outras? Como indivíduos, pode acontecer de vermos mais significado numa vista em particular – talvez por nos evocar uma memória pessoal ou por ter a ver com o espírito do nosso momento. No entanto, todas essas visões nasceram da mesma paisagem e cada uma delas tem a sua beleza e o seu poder próprios. Cada imagem tem algo diferente a veicular e abre toda uma nova gama de possibilidades estéticas. E cada uma delas tem o poder de inspirar e despertar novas emoções dentro de nós.

Do mesmo modo, as mulheres não possuem um único jeito de ser belas; possuem muitos. A Rainha da Beleza não pode ser limitada a uma única aparência, e todas as imagens de beleza femininas já criadas são realizações únicas de uma gama enorme de possibilidades. A moda muda; os ideais de beleza são criados, desenvolvidos, explorados pela sociedade e depois abandonados em favor de outros. As modas ocidentais ao longo do século XX favoreceram diferentes estilos, desde as matronas eduardianas, respeitáveis e peitudas, até as "melindrosas" semimasculinizadas da década de 1920; desde as *hippies* da década de 1960, de estilo cigano, até as executivas de terninho dos anos 1980. Às vezes, é mais fácil julgar a moda depois que ela já passou do que interpretá-la no período atual. Em retrospectiva, vemos como essas modas em mutação refletem os ideais de beleza, imagem e caráter do período – e também os modos pelos quais a beleza comanda sua própria rebelião contra as restrições da moda na geração anterior.

É adequado que a imagem da beleza seja cambiável, pois as próprias mulheres estão sujeitas a mudanças de imagem e de forma e sua aparência não pode ser permanente. É evidente que a forma de uma mulher grávida é diferente da de sua irmã que não está grávida, e que a beleza de uma jovem tem uma qualidade muito diferente da de uma mulher madura. A imagem de uma única mulher pode mudar inclusive ao longo do seu ciclo menstrual, que produz diferenças sutis de compleição, expressão e postura.

Assim, a Rainha da Beleza abarca as marés enchentes e vazantes da vida feminina e representa a possibilidade de expressão de cada nuance dessas mudanças. Isso significa que a beleza não é rígida nem permanente, muito embora cada uma de nós tenha um modo favorito de expressá-la. Em certa medida, a aparência sempre será definida por normas e pela linguagem cultural de nossa sociedade – mesmo quando a moda de vanguarda choca a geração mais velha. No entanto, as mulheres enquanto indivíduos sempre precisam encontrar seu próprio jeito de abordar a beleza – um jeito adequado à sua personalidade e ao seu atual estágio de vida. Cada mulher cria sua própria sequência de imagens dentro desse contexto social mais amplo. Mesmo as mulheres que detestam a moda ou acessórios "artificiais" de beleza criam sua própria imagem. Uma determinada mulher, por exemplo, pode ser reconhecida pelas calças jeans remendadas, as botas desgastadas e pelo velho chapéu de feltro que usa sempre, chova ou faça sol; ela parece incrivelmente atraente vestida desse jeito, quer esteja entrando numa loja cara, quer esteja caminhando num pasto. Talvez não dê importância à moda como tal, mas criou seu próprio estilo – incisivo e eficaz.

Até a feiura pode fazer parte do reino da Rainha da Beleza. Ela abarca não apenas os tipos encantadores de beleza, mas todas as expressões de beleza possíveis para a alma feminina, mesmo quando se manifestam de maneira tosca e bruta. Daqui a pouco voltaremos a falar disso.

## BELEZA INTERIOR E EXTERIOR

A beleza nasce do eu interior ou da forma física exterior? Essa pergunta nem sempre é fácil de responder. As mulheres não gostam do pressuposto – que os homens (sobretudo os poetas) às vezes têm – de que um rosto bonito esconde por trás de si uma alma tão bonita quanto ele. Essa ideia soa como um estranho insulto, não só porque exclui a apreciação de almas belas que se escondem por trás de rostos comuns, mas também porque o tipo de admiração que se concede à mulher bonita aparece então como baseado na ideia de que sua natureza seja igualmente doce, bondosa e altruísta. Essa expectativa pode colocar as mulheres num papel por demais passivo, ignorando outras características menos maleáveis, como sua força, inteligência, habilidade, energia e ira. Pode também despertar nas mulheres uma ansiedade que as leva a tentar agradar os outros e mostrar apenas o lado amável de suas naturezas, por medo de serem menos admiradas por sua beleza. Precisamos garantir que a imagem que criamos de nós mesmas nos dê espaço para respirar e potencial para revelar mais do que um único aspecto de nosso eu tão multifacetado, semelhante a uma pedra lapidada. A coordenação constante da nossa personalidade com a aparência exterior pode se tornar um regime de opressão que nós mesmas nos impomos.

Existe de fato um vínculo entre a beleza exterior e a interior, mas ele não é rígido. É, antes, um equilíbrio mutável, um fluxo entre as duas coisas. Além disso, esses dois tipos de beleza nem sempre têm a mesma força; a forma exterior pode ser mais fascinante que o caráter interior ou vice-versa. Para o observador externo, é possível que a melhor e mais real expressão de beleza surja quando a alma é reconhecida nos traços do rosto e na forma do corpo. E talvez haja momentos na vida de cada mulher em que essa harmonia transparece mais. O amor pode acender a beleza. Apaixonar-se, ter um novo bebê nos braços, e até a compaixão e as lágrimas que vêm numa ocasião de perda podem criar uma aura de beleza em torno de uma mulher, que reflete as emoções profundas de sua alma.

Se a beleza física e a beleza interior não são a mesma coisa, muito embora sejam ligadas, pode haver momentos em que uma ou a outra estão ausentes. Os efeitos de uma forte beleza interior sem uma forma externa correspondente, por exemplo, podem ser poderosos e perturbadores. Essa situação revela uma beleza que nasce da própria raiz da feminilidade, uma verdadeira nudez da mulher interior. Um autor escreveu sobre uma mulher que viu em Delhi, a qual se deslocava num carrinho de mão porque não tinha pernas e seus braços eram incompletos; seu corpo estava carcomido pela lepra. No entanto, ele se sentiu atraído por seu belo espírito feminino, revelado na paz de seus olhos e no brilho de seu sorriso.[1]

Mesmo quando quase toda a beleza exterior nos é tirada, a beleza feminina pode permanecer. Quando eu estava na escola, costumávamos visitar no hospital uma ex-aluna – uma mulher de vinte e poucos anos que, segundo se dizia, era a pessoa que sofria da deficiência física mais grave em toda a Grã-Bretanha naquela época. Em razão de uma doença muscular rara (miastenia grave), todo o seu corpo estava paralisado, com exceção do dedão do pé. Os efeitos disso sobre sua aparência externa tinham sido desastrosos. Sem a tensão muscular, seu rosto era uma massa quase disforme sobre a qual corriam muco e saliva. Seu dedo do pé estava ligado a um cordão por meio do qual ela tocava um sino de acordo com um código de números, transmitindo mensagens para poder comunicar suas necessidades e manter algum tipo de conversa.

Não havia o mais remoto traço de beleza em nenhum ponto de seu ser físico. Numa tentativa de compensar esse fato, as enfermeiras haviam pintado as unhas de seus dedos dos pés e colocado laços em seus cabelos – um gesto de boa intenção que só serviu para criar uma fantasmagórica paródia de feminilidade. Mas, ainda assim, via-se algo por trás daquilo. Ela conseguia rir, e, embora não produzisse nenhum som, ainda era possível vê-la trepidando de alegria. Ela fazia piadas usando o sino e adorava que lhe lessem algo. A essência de sua natureza ainda era capaz de se expressar e se dar a conhecer aos visitantes, e era nessa qualidade do espírito que residia sua última pretensão de beleza. Parece-me que todos nós, que a visitávamos, fomos afetados por sua situação ao ver o que nos resta quando toda a normalidade da vida nos é tirada. Há pouco tempo, fiquei muito contente ao saber que ela não foi esquecida depois de morrer, mas que um livro havia sido escrito sobre sua vida. Ela também conseguia "escrever" poemas e serviu de inspiração para pesquisadores que desenvolviam tecnologias especiais para ajudá-la a se comunicar melhor.[2]

No outro extremo estão as mulheres que se dedicam a aperfeiçoar sua beleza física. Embora essa beleza possa causar uma forte impressão exterior, sua relação com a natureza interior da mulher é limitada e precária. Certa vez, diante de uma mulher produzida, com maquiagem pesada, alguém comentou: "Dá a impressão de que seria possível arrancar fora o rosto dela". A beleza que se intensifica dessa maneira pode ser rígida e artificial. Se você arrancasse seu rosto como se fosse uma máscara de borracha, o que haveria por trás? As imagens criadas pelas modelos fotográficas e de moda e pelas "rainhas da beleza" também são vulneráveis. O corpo bonito, as roupas, a maquiagem e o penteado são capazes de criar uma imagem vívida, nítida, a qual, porém, funciona melhor nas páginas de uma revista de moda do que na vida real. As realidades da vida destroem essas imagens superficiais com facilidade. Será que a modelo é capaz de devorar um hambúrguer com fritas na pausa para o almoço sem perder aquela aparência provocante? O que acontece com o sorriso lustroso de uma estrela de cinema quando ela está gripada? É certo que ela não estará apta a ser vista pelo grande público, e poderá ter de cancelar seus compromissos.

## O DOMÍNIO DA BELEZA FÍSICA

Nem todas as mulheres se consideram bonitas ou querem ser vistas como tais em termos convencionais. Mas todas as mulheres tomam decisões sobre sua aparência e, assim, exercem o poder da Rainha da Beleza, expressando suas qualidades únicas por meio de um veículo físico. Podemos escolher entre ser atraentes ou desalinhadas, entre evidenciar o que a natureza nos deu ou escondê-lo. Podemos nos vestir de acordo com a nossa personalidade ou até criar uma imagem de fantasia dando livre curso à imaginação. Visitei a Rússia muitas vezes depois do fim do período soviético, e era fascinante ver como as mulheres se adaptaram às novas modas que chegaram depois de décadas de escolhas limitadas e deprimentes. As notas do meu diário, de uma visita que fiz em 1995, descrevem a experiência:

> *Os estilos e padrões de vestimenta mudaram a cada vez que estive na Rússia, desde as roupas lúgubres e utilitárias da era soviética até o massacre das roupas ocidentais de cores vivas. […] O estilo é definido por duas forças – a disponibilidade de roupas baratas e o desejo do que chamo de "traje de fantasia". […] Agora vemos aquela que gostaria de ser uma dama espanhola, com saia plissada e corpete; a madame do bordel, cheia de babados; a fria aristocrata italiana, vestida de linho; a cowgirl ocidental de minissaia e jaqueta jeans com*

*detalhes em couro. Veem-se a* vamp *com roupas de cetim justas, a caçadora com estampa de onça, a artista da década de 1950 com vestido acinturado e fitas no cabelo, os tecidos violetas soltos da intuitiva e da paranormal. E de vez em quando, muito de vez em quando, a aparência desmazelada da estudante ou o* look *étnico, que tanto fazem parte da nossa vida cotidiana. A russa quer ser sofisticada na vida cotidiana. [...] Ainda é divertido fazer experiências, ver fotos nas revistas, assistir a filmes e sonhar, representar esses papéis que foram proibidos durante tanto tempo.*

No ano seguinte, os estilos suavizaram-se mais uma vez, tornando-se mais discretos e sofisticados segundo o conceito ocidental. No decorrer daqueles anos, tive o privilégio de ver o rosto corajoso da beleza fazendo escolhas nesse ambiente novo e em rápida mudança.

Quaisquer que sejam as circunstâncias, nós de fato fazemos escolhas, e cada escolha pode acabar se revelando eficaz e apropriada – ou não. O contexto é importante. Se você for a uma festa a fantasia vestida com as roupas diáfanas de uma odalisca, pode ter a expectativa de se divertir; se pegar um ônibus tarde da noite com as mesmas roupas, é quase certo que terá problemas. Hoje em dia, no Reino Unido, assiste-se a um acalorado debate quanto a se a mulher deve ter o "direito" de se vestir exatamente do jeito que quer em público a qualquer hora do dia e da noite ou se seria tolice, ou até algo repreensível, correr o risco de atrair atenção indesejada. A tensão entre nossos direitos pessoais no que diz respeito à vestimenta e os costumes sociais prevalecentes é delicada. Todas as gerações têm lutado pelo direito de nos vestirmos como quisermos. Porém, se o estilo de roupa que escolhemos é muito diferente das expectativas públicas, pode causar problemas e, às vezes, até perigo físico. O que se deseja em certas ocasiões não é se vestir para chamar mais a atenção, mas para chamar menos. Há pouco tempo, as mulheres começaram a fazer campanha contra as exigências das grandes empresas de que usem salto alto e maquiagem no trabalho.

A busca da beleza física deu muita alegria, diversão, frustração e entusiasmo às mulheres no decorrer dos séculos. Há muito tempo que a moda e a maquiagem nos acompanham – há paletas de maquiagem da época do Egito antigo – e, embora existam culturas em que os homens dedicam bastante esforço à sua aparência, esse domínio ainda pertence mais às mulheres. Na verdade, a aparência física é um meio de expressão mais vital para as mulheres que para os homens. Os homens gostam de cuidar da própria aparência e se admirar, mas, em última análise, quando têm à disposição um desafio mais interessante, eles deixam de lado todo interesse pela aparência, pois esta é, para eles, algo essencialmente opcional.

Os homens muitas vezes preferem usar "uniforme", quer se trate do terno de um homem de negócios, quer de uma farda. Na verdade, é possível que o uniforme seja uma criação masculina, adotado como meio de suavizar as arestas da agressiva individualidade masculina e unir a "equipe". As mulheres, por outro lado, não têm dificuldade alguma para captar sua coletividade; é a individualidade que precisam se esforçar para evidenciar. Assim, pode acontecer de elas não gostarem de serem obrigadas a usar uniforme, que lhes parece um meio de despersonalização. No ensino médio, não gostávamos nem um pouco do traje pseudomasculino que tínhamos de usar – blazer, gravata e camisa. Quando se lhe tira a escolha de como se vestir, a mulher pode sentir que sua própria natureza está sendo violada.

A busca da beleza física tem seus processos especiais de iniciação. Numa recente ida ao cabeleireiro, passei o tempo observando as provações a que nós, mulheres, nos submetemos de livre e espontânea vontade. São práticas extraordinárias. Damos ao cabeleireiro o poder de realizar ou arruinar nossos sonhos com um corte de tesoura; com mansidão, permitimos que nos deem uma aparência ridícula. Sentamo-nos com presilhas que prendem grandes chumaços de cabelo ou com nossos cachos rebocados de creme. Recostamos a cabeça no lavatório enquanto nos vestimos com algo semelhante a uma mortalha. No entanto, todas nós estamos dispostas a sofrer essas indignidades, pois sabemos que, no fim, renasceremos como Vênus saída das ondas – radiantes, lindas e renovadas. Vamos embora com um corte elegante, cabelos delicadamente ondulados ou iluminados com sutileza. Ou, pelo menos, é isso que esperamos, pois ir ao cabeleireiro é um ato de fé.

As servas da Rainha da Beleza – ou talvez eu deva dizer servos, pois muitos deles são homens – conhecem seu poder. Os assistentes de cabeleireiro, jovens e tímidos, se tornam corajosos e descarados depois de alguns meses de trabalho. As vendedoras de lojas de roupas ganham um ar de superioridade, pois sabem que podem nos animar ou desanimar com um simples comentário. Quando nossa aparência está sendo modificada – quer no cabeleireiro, no salão de beleza ou no trocador – nós nos encontramos vulneráveis e, quando pedimos ajuda, damos a outras pessoas o poder de nos julgar, nos alterar e nos ver despidas da nossa habitual dignidade. Só o cabeleireiro vê nosso cabelo grisalho quando a tintura desbota; só ele conhece o nosso problema de caspa. A vendedora da loja de roupas vislumbra a barriga que fazemos de tudo para esconder, e a atendente do salão de beleza vê de perto nossos feios cravos e pelos faciais.

E vamos falar sobre os cabelos grisalhos. A que altura deve a mulher parar de tingir o cabelo – se é que deve parar mesmo – e ceder à invasão dos fios cinzentos? Enfrentei essa difícil decisão há alguns anos. Meus primeiros fios brancos nasceram quando eu tinha vinte e tantos anos, e de lá para cá eu vinha travando uma batalha perdida para escondê-los. Já com quase 60 anos, a tentativa de manter minha cor natural começou a parecer antinatural, e então comecei a pensar em desistir da luta. Certa noite, numa livraria, esbarrei num livro chamado *Going Grey*.[3] Era a primeira vez que eu via uma exploração desse tema e fiquei fascinada. A autora falava sobre como é difícil para as mulheres mais velhas aceitarem seus cabelos brancos, citando estudos que mostram que os cabelos brancos podem deixar as mulheres em desvantagem quanto às oportunidades de emprego.[4] No entanto, ela também falou sobre quanto os cabelos brancos podem ser libertadores, e ressaltou que, muitas vezes, eles são atraentes para os homens. Depois de ler esse livro, me perguntei se de fato queria continuar gastando meu dinheiro suado para manter uma imagem obsoleta. Percebi que invejava as amigas que não tinha medo de deixar os cabelos naturalmente brancos. Foi então que me rendi e, depois de uma transformação gradual, pela primeira vez em vinte e cinco anos, vi meu cabelo como de fato era – e gostei. Apreciei seu tom prateado com reflexos loiros aqui e ali, dados pelo legado de cabelos ruivos da minha mãe. De lá para cá, nunca voltei atrás e sou feliz por ser como sou.

Criar e realçar a beleza é uma atividade complicada, pois quando a mulher tenta encobrir todos os seus defeitos, reverter os efeitos da idade e ocultar as características físicas incomuns, ela se torna muito vulnerável e corre o risco de ter estilhaçada a sua ilusão de beleza perfeita. Há meios, entretanto, pelos quais podemos evidenciar o que temos de melhor sem contar uma mentira visual. O poeta Robert Herrick, do século XVII, pensava que um certo descuido na aparência era, na verdade, encantador:

*DELEITE NA DESORDEM*

*Uma doce desordem no traje*

*Sugere sensualidade no vestir;*

*Um xale jogado sobre os ombros*

*De maneira distraída;*

*Um laço errante, que aqui e ali*

*Enfeitiça o peitilho vermelho;*

*Um punho descuidado, de onde partem*

*Confusas fitas;*

*Uma ondulação sedutora, chamando a atenção*

*Nas tempestuosas anáguas;*

*Um laço relapso no sapato, em cuja amarração*

*Vejo uma civilidade selvagem:*

*O feitiço de tudo isso é maior que quando a arte*

*É exata em todas as suas partes.*

## O EIXO DA BELEZA

O domínio da beleza engloba conflitos e tensões que obrigam as mulheres a tomar decisões conscientes acerca de sua imagem. Isso faz parte do dinamismo do arquétipo e de por que a Rainha da Beleza oferece oportunidades de crescimento pessoal. O belo e o horroroso estão em dois extremos de um único eixo cujos polos representam os vários embates e desafios com que nos deparamos na esfera da beleza: interior e exterior, velhice e juventude, sociedade e indivíduo. A Rainha da Beleza tem de incorporar tanto o encanto quanto a feiura. A beleza que nega seu oposto se torna superficial e artificial.

Manter uma constante aparência exterior de beleza pode causar tensão e até envolver a repressão de outras forças. Uma Rainha da Beleza sempre adorável e elegante pode se tornar irritante; com efeito, ser entronizada como uma mulher sumamente "bonita" na cabeça de um admirador pode ser uma experiência sufocante. Temos de conservar a capacidade de nos apresentarmos ao mundo como "não belas". Esta é uma fronteira que mais cedo ou mais tarde terá de ser cruzada num relacionamento amoroso – quando a maquiagem sai, você começa a usar calças de moletom para se sentir confortável, o parceiro ou a parceira nos vê com olheiras e cabelos emaranhados de manhã. Na sociedade ocidental, é quase impossível que uma mulher consiga mostrar ao mundo apenas uma imagem bem penteada e glamorosa. Para nos dedicar às mais diversas ocupações, da jardinagem à cirurgia e da criação de animais à condução de caminhões, temos de ser versáteis e estar dispostas a deixar de lado as imagens convencionais de beleza. Mas – e esta é mais uma contradição aparente – quando abandonamos o esforço de parecer belas, nossa beleza ainda assim é capaz de brilhar e, às vezes, torna-se ainda mais fascinante.

Nossa vida é uma série de ciclos. Por isso, às vezes é difícil conservar de modo permanente uma aparência de beleza convencional. O ciclo menstrual é o exemplo mais óbvio, mas há outros ciclos de humor e energia que também se fazem sentir em nossas vidas. Eles talvez não sejam tão fáceis de definir ou prever, mas tenho certeza de que muitas de nós os conhecemos. Essas marés dentro de nós podem alterar nossa atitude perante a beleza, de tal modo que um determinado estado de humor – ou uma fase do ciclo menstrual, por exemplo – possa despertar uma profunda aversão a "manter as aparências". A elegância que apreciávamos há apenas alguns dias agora nos parece artificial e desconectada da realidade da vida. Esse tipo de mudança pode ser positivo, pois nos dá espaço para respirar e nos faculta a oportunidade de escapar das pressões de manter uma imagem. Também pode ser um sinal da irrupção de sentimentos mais obscuros, como a necessidade de manifestar raiva ou desafio ou de nos retirarmos para um isolamento temporário. Essas fases podem ser valiosas em si mesmas, desde que de fato sejam temporárias. É preciso deixar que a maré suba e diminua. Temos de navegar com sabedoria por essas mudanças, sem nos fixarmos demais numa imagem particular de beleza ou naquilo que nos parece ser o seu oposto.

Aceitar nossa beleza é uma tarefa que temos de cumprir. Quando era adolescente, eu tinha dificuldade para acreditar que fosse bonita no sentido mais aceito da palavra. Tinha pés grandes, era mais alta e mais robusta que o normal e tinha abundantes cabelos escuros e ondulados. Meu problema era que, na época, a imagem popular de beleza era a de uma loirinha *mignon* de cabelos lisos e boca grande. Eu não me encaixava em nenhuma dessas características. Há pouco tempo, no entanto, quando assisti a um filme que o pai de uma amiga tinha feito de nós duas na praia aos 16 anos, me perguntei com o que eu estava preocupada na época. Hoje, quando olho para mim naquela época, me acho muito bonita. Quem dera eu mesma compreendesse isso naquela época. Talvez, como mulheres, nós sempre tenhamos a tendência de sentir que a beleza está, por muito pouco, fora do nosso alcance – algo cuja perda sentimos ou que temos a esperança de ainda encontrar no futuro. Os pais devem encorajar na filha uma confiança tranquila em sua própria beleza; devem cuidar para que nem o ciúme materno nem a insensibilidade paterna danifiquem sua frágil autoimagem.

As mulheres se expõem por meio de sua imagem muito mais do que os homens. Querendo ou não, as mulheres também são mais julgadas por sua imagem do que os homens. As âncoras de televisão do sexo feminino são criticadas de imediato e com força quando os telespectadores identificam nelas alguma deficiência – assim como as mulheres na política. Pelo fato de a identidade da mulher estar ligada à sua imagem, nossa aparência pessoal faz com que nos sintamos vulneráveis. Por isso, é bastante compreensível que vários tabus e proibições tenham sido criados em torno da exposição do corpo, quer relacionados à nudez corporal, quer ao uso de maquiagem e outros meios de realçar a beleza. A sociedade e a religião impõem regras de decoro, definindo o que deve e o que não deve ser exposto ao público. Numa escola que frequentei, a diretora entrou de imprevisto na sala trazendo consigo um visitante. Como a professora não estava na sala, esta se encontrava num imenso tumulto. Na gélida repreensão que ouvimos durante a reunião geral\* no dia seguinte, o crime que ela mais condenou não foi a gritaria, mas o fato de uma menina estar sentada sobre a carteira penteando o cabelo! Isso me fez rir na época e hoje me faz rir ainda mais, pois reflete uma visão ultrapassada sobre o que uma dama pode e não pode fazer em público. No entanto, continuamos nos impondo nossas próprias regras; a maioria de nós prefere a privacidade ao experimentar roupas novas, depilar as pernas, tomar banho ou passar maquiagem. Quando lhe perguntaram o segredo de seu casamento longo e feliz, uma viúva respondeu: "Nunca deixei que ele me visse no banheiro". A beleza requer pelo menos um pouco de privacidade. Uma lenda referente à deusa Vênus diz que a pior ofensa que se pode cometer contra ela é espiá-la nua ou adormecida.

## BELEZA E CARÁTER

Na infância, a beleza é natural. O rosto de uma criança adormecida é belo em sua inocência, despojado de todas as diferentes expressões do dia. Antes de chegarem à adolescência, as meninas possuem uma graça natural em seus movimentos. Muito embora talvez já estejam pensando na sua aparência, em muitas ocasiões tudo isso é esquecido e elas recuperam uma tranquilidade bela e natural quando correm, dançam ou

---

\* É comum, nas escolas britânicas, que todo dia haja uma rápida assembleia em que o diretor e todos os alunos estão presentes. (N. T.)

riem. À medida que elas crescem, entretanto, vão perdendo o acesso a essa naturalidade. As adolescentes perscrutam os mínimos detalhes de sua aparência enquanto fazem experimentos ativos com cortes de cabelo, maquiagem e estilos de roupa sempre que têm dinheiro – ou quando conseguem convencer outra pessoa a arcar com o custo. Tentam encontrar uma fórmula mágica para uma imagem que seja compatível com o mais recente ideal de beleza e também expresse seu caráter real e único. A maioria quer que sua individualidade se evidencie; em suas fantasias, são celebridades em potencial. Não obstante, podem sofrer de uma timidez debilitante nas situações sociais. A vaidade e a insegurança competem entre si na busca pela beleza.

À medida que as mulheres amadurecem, tornam-se menos dependentes da moda e sua aparência exterior ganha uma relação mais forte com seu caráter. É então que a busca da beleza parece se tornar uma busca de expressão da verdadeira feminilidade individual da maneira mais apropriada possível. Nem todas as mulheres aceitam esse desafio. Algumas, como já foi dito, se aferram à aparência que tinham na juventude e correm o risco de ter uma aparência absurda. Outras se conformam com aquilo que sentem que seu parceiro ou a sociedade esperam delas. Outras ainda desistem de tudo e concluem que já passaram da fase em que a beleza tinha alguma importância; concentram-se então, talvez com um certo alívio, em parecer apenas asseadas e apresentáveis. As que tentam conservar a beleza da juventude descobrem que muitas dessas tentativas redundam na mais evidente artificialidade, contrária à passagem do tempo. Uma aparência de "menininha" não esconde os sinais da experiência no rosto de uma mulher de meia-idade – as rugas que revelam seu bom humor ou mau humor, por exemplo. Às vezes, um acontecimento traumático – uma doença, um divórcio, uma morte na família – também pode, em razão do choque, roubar à mulher a aparência que ela tanto preza. Depois de perder um ente querido, a mulher que antes fazia questão de esconder a idade pode decidir, de repente, abandonar a tintura de cabelo e as roupas caras. O resultado, como já observei, pode chocar suas amigas, pois talvez dê a impressão de que ela envelheceu dez anos de um momento para o outro. No entanto, essa mudança drástica em geral é mais condizente com o estado interior da mulher, que passa a se apresentar ao mundo de maneira mais autêntica.

À medida que a vida e a velhice avançam, o foco da beleza aos poucos passa do corpo físico para a natureza íntima. No entanto, um rosto e um corpo maduros ainda são capazes de irradiar algo de atraente, até de belo, muito embora talvez não seja um tipo de beleza que esteja na moda numa cultura centrada na juventude. Os olhos, as expressões faciais, a postura, os gestos e a qualidade do movimento podem, todos, transmitir beleza em qualquer idade. À medida que envelhecemos, a realidade íntima do nosso ser fica cada vez mais estampada em nossa aparência, mas podemos usar esse fato de maneira positiva e trabalhar com ele em vez de lutar contra ele.

## O PODER DA BELEZA

A beleza tem um poder muito especial. Certos textos místicos usam a beleza feminina como símbolo da divina origem e como reflexo do amor sagrado na forma terrena. Dessa perspectiva, talvez a "finalidade" última da beleza seja a de apontar para o mundo espiritual. E pode ser que haja certas mulheres cuja beleza é tão forte, tão próxima do arquétipo da Rainha da Beleza, que produzem um efeito intenso nos outros seres humanos. Diz-se que o rosto de Helena de Troia fez com que mil navios fossem lançados ao mar, e é certo que a beleza de Cleópatra causou o caos no Império Romano. Com efeito, esse tipo de beleza pode ter um poder destrutivo caso as mulheres que a possuam não sejam capazes de manipular ou dirigir os sentimentos que despertam. Ou seja, a beleza é mais que um dom; também pode ser uma grande responsabilidade.

O anseio do público por adorar ídolos de beleza pode criar "deusas" temporárias, vistas pelo povo como representantes da Rainha da Beleza. Celebridades, cantoras e estrelas de cinema tendem a representar esse papel hoje. A Princesa Diana era, para muitos, uma Rainha da Beleza que morreu de forma trágica na flor da idade. Numa época anterior, criou-se um culto ao redor de Elizabeth I, que perpetuava a ilusão de uma rainha virgem, sempre jovem e sempre bela. O nome de Elizabeth, como o da princesa, era ligado ao da deusa Diana, e suas qualidades eram louvadas como antes as tinham sido as da Virgem Maria, cujas glórias a rainha devia substituir na Inglaterra recém-ingressada no protestantismo. A rainha teve de representar esse papel até a velhice. Havia um entendimento tácito de que o declínio da juventude deveria ser ignorado e que poemas, tributos e homenagens deveriam continuar a ser-lhe dirigidos como se ela ainda fosse uma jovem e bela princesa.

O culto de glamour serviu de inspiração para toda a nação britânica e deu origem à produção de uma literatura, uma música e um cerimonial magníficos. Por meio da criação e conservação de sua imagem, Elizabeth tornou-se uma figura mítica – um arquétipo que alimentou a vida da corte e do país, unindo o reino e preenchendo-o de cor e vitalidade. Para manter essa ilusão, entretanto, era preciso sacrificar a realidade cotidiana. Embora a mulher Elizabeth não pudesse estar à altura das expectativas criadas por sua própria mitologia, o poder de sua imagem inspirou um grande florescimento cultural e uma noção de identidade nacional que nunca mais foram superados. O surgimento de Elizabeth como arquétipo da Rainha da Beleza só foi possível graças à disposição de seus súditos de acreditar que, se ela não era imortal, era pelo menos a coisa mais próxima de uma deusa sobre a face da Terra.

É difícil encontrar símbolos duradouros e poderosos da Rainha da Beleza no mundo de hoje. Mas é possível captar vislumbres dela nos rostos ao nosso redor. Na rua, no metrô, entrevemos uma bela deusa grega, uma poderosa rainha africana ou uma linda divindade indiana. Um vislumbre, apenas; mas, se olharmos com cuidado, o mais provável é que vejamos também a mulher real com a mesma clareza. Nossa deusa talvez esteja mascando chiclete; nossa rainha talvez coce o nariz de um jeito pouco elegante; nossa divindade talvez esteja de péssimo humor. O que vemos é, quase sempre, mera insinuação de algo que poderia ser, mas ainda não se realizou por completo. A beleza, no entanto, alcança uma profundidade bem maior que a da pele, e as mulheres têm sempre o potencial de estabelecer um elo entre a beleza física e a espiritual. Não é fácil; exige força, decisão e uma adaptação contínua. Mas a Rainha da Beleza atua como lembrança constante de que isso pode ser feito.

## Imagens da Rainha da Beleza

- *Imagem cotidiana:* Uma mulher bonita, bem-vestida, de trinta e poucos anos; ela presta grande atenção à maquiagem, aos acessórios e às roupas, mas estes não sufocam sua personalidade. Está a caminho da galeria de arte que administra, onde presidirá, mais tarde, uma exposição particular. Ela irradia um calor, um brilho; seus movimentos são seguros e comedidos. Enquanto ela passa, as pessoas a olham de modo automático. Pensam que já a viram em algum lugar – não era ela na televisão ontem à noite?

- *Imagem mítica:* Rainhas da Beleza do passado – Helena de Troia, Cleópatra, Salomé – rainhas cuja beleza silencia a oposição e inspira a lealdade de seus súditos. A Rainha da Beleza aparece também em imagens que criamos. Reside na miniatura que o cavaleiro leva na mão quando se encaminha para a batalha; pode ser uma estrela de cinema adorada por milhões. Suas criadas podem vê-la nua em seu quarto, mas ninguém mais pode ali penetrar, exceto o amante que ela mesma escolheu. Então, sua sexualidade salta como uma língua de fogo, brincando com seu corpo sedento.

- *Imagem pessoal:* Há ocasiões em que você sente que seu corpo e sua alma estão em harmonia; sabe que sua imagem exterior é um reflexo feliz de seu estado interior. Mas você tem plena consciência de sua beleza ou só a vislumbra no reconhecimento alheio? Quais fotos suas a agradam? Do que gosta em sua imagem? Quando se olha no espelho, o que de fato vê?

## Evolução da Rainha da Beleza

- *Juventude:* As meninas podem estar totalmente inconscientes de sua beleza. Na juventude, procuramos adequar as expectativas da moda à nossa identidade pessoal em formação; leva tempo para que disso nasça uma identidade segura. Há momentos em que despertamos para nossa beleza de modo espontâneo, mas é raro que ela seja apreciada de fato nos primeiros anos da vida adulta feminina; em geral, ela é algo que sequer é percebido, e só é lamentado quando por fim desaparece.

- *Maturidade:* Esta é a época em que a mulher é capaz de fazer o melhor com o que ela tem e o que ela é. Pode ter menos inibições para fazer experiências com sua imagem exterior; por outro lado, gosta da sua aparência individual e é menos escrava da moda. Quando sua aparência é apreciada, ela entende isso como um bônus e sabe que a passagem do tempo torna preciosos esses elogios.

- *Velhice:* A mulher mais velha é capaz de aceitar o envelhecimento com elegância e ainda assim parecer bonita. Não usando as roupas da moda – a maioria delas nem sequer serviria ou cairia bem nela agora –, mas escolhendo cores agradáveis e talvez certos estilos que datam de sua juventude e ajudam a definir sua personalidade. O maior desafio é impedir que emoções negativas como a cobiça, a autocomiseração e a suspeita corroam os contornos do seu rosto. A essa altura, já não há disfarce interior que esconda o caráter interior. No entanto, ainda é possível que o brilho da beleza atravesse essa barreira; o amor, a generosidade e a sabedoria se revelam na face enrugada da mulher idosa.

## Manifestações da Rainha da Beleza

- *Dons:* Beleza física. Consciência de seu valor interior e talento para refleti-lo nas formas e aparências exteriores. Um admirador que a aprecia; um namorado que desperta o que há de melhor em você. Artes da cor e da harmonia; a capacidade de criar beleza no ambiente ao seu redor.

- *Provações:* Perda da beleza física. Ser ridicularizada pela sua aparência; ausência de apreciação externa de sua beleza. Situações de anonimato forçado; ser obrigada a usar um uniforme ou roupas escolhidas por outras pessoas que ferem seu senso estético. Envelhecer.

- *Rituais e cultos:* Sessões na penteadeira, em lojas de roupas, no cabeleireiro e no salão de beleza. Cultos da moda e do *design* e vestimentas exclusivas; definir o que é aceitável para o baile, a reunião do conselho, o jantar festivo. Adornar-se com joias e pedras preciosas. Concursos de beleza. Rituais de banho e cuidados com o corpo.

## Visão da Rainha da Beleza

- A beleza divina refletida na forma e na presença do feminino.

# Capítulo 9

## A GRANDE MÃE

Em Torbay, no sul do condado de Devon, há um lugar notável chamado Kents Cavern. Seus atrativos aumentam ainda mais pelo fato de se entrar nele por uma rua convencional, típica de uma cidade praiana – uma rua ladeada de hotéis e lanchonetes que vendem *fish and chips*\*. Nada nos prepara para o momento em que passamos por uma porta comum de madeira e de repente nos encontramos na Idade da Pedra. Túneis cheios de curvas nos conduzem em meio à rocha até uma série de cavernas que se parecem com passagens que penetram "no corpo" da própria terra. Quando entrei, me senti como se estivesse penetrando no útero da humanidade. A caverna que visitei, uma das primeiras usadas como habitação, desempenhou o papel de Grande Mãe para a raça humana, abrigando neandertais e espécimes do *Homo heidelbergensis* muito antes de o *Homo sapiens* surgir na forma em que o conhecemos agora.

A caverna em que entrei tinha servido de mãe para famílias que já moravam ali havia 40 mil anos, no alvorecer da história humana. Havia

---

\* Peixe frito com batatas fritas, um petisco tipicamente britânico. (N. T.)

milênios que as pessoas chamavam aquelas câmaras rochosas de lar e as usavam como refúgio coletivo. Viviam juntas, comendo daquilo que conseguiam caçar e coletar. A existência era precária, e nem naquela caverna profunda elas estavam seguras, pois a partilhavam com animais selvagens, como ursos e hienas. Só a muito custo conseguiam iluminar a escuridão ao redor, usando lâmpadas feitas com conchas e sebo de animais.

Enquanto eu via uma lâmpada de sebo queimando e ouvia a preleção de um guia jovem e instruído, procurei sentir como era a vida antiga na caverna e como eram seus primeiros habitantes. Então, algo estranho aconteceu: abriu-se uma conexão entre as cavernas e as camadas profundas da minha memória. As profundezas sombrias davam a impressão de gerar sopros de recordação, correntes de impressões flutuantes que vinham de um domínio além da minha apreensão consciente. A Grande Mãe havia armazenado ali as memórias de seus antigos filhos, e, embora eu não fosse capaz de capturá-las de modo claro e distinto, tive vislumbres fugazes das múltiplas formas de vida que ela abrigara em seu útero rochoso, das épocas em que homens e animais viviam juntos sob o seu abrigo. As memórias das vidas que ela nutriu ainda estão vivas ali.[1]

Há um vínculo entre a maternidade e o tempo, e, do mesmo modo, a experiência que tive em Kents Cavern me sugeriu uma fusão, no tempo, de todas as vidas vividas ali. Essa mesma consciência de períodos mais longos de tempo pode surgir na maternidade quando a experimentamos pessoalmente, no sentido de estarmos ligadas tanto ao passado quanto ao futuro por meio de uma sucessão de nascimentos. Quando uma amiga entrou em trabalho de parto, teve uma impressão vívida do vínculo que a unia à sua mãe e à mãe de sua mãe, bem como a todas as mães de sua linhagem até o alvorecer das eras. A escala da visão era assombrosa e a sustentou durante todo o parto, acrescentando um significado especial ao ato de dar à luz uma única vida. Quando a aparente atemporalidade da gestação e da vida no útero dão lugar à entrada neste mundo, começa uma linha do tempo individual que um dia acabará, fundindo-se ao ciclo atemporal das vidas já vividas.

Isso significa que a mãe, por meio do filho que traz ao mundo, dá à luz o próprio tempo. Nesse ato, ela participa da qualidade atemporal da Grande Mãe. Isso se reflete na experiência da dar à luz. É comum que, durante o parto, as mulheres percam por completo a noção do tempo e sintam que o estágio final ocorre numa outra dimensão da realidade. Quando damos à luz, nosso sentido do tempo pode desaparecer, junto com a sensação habitual que temos do nosso eu. Nossas percepções podem mudar – sentimos o corpo vasto como uma montanha e ouvimos nossa respiração como um som produzido por outra pessoa.

No momento em que nasce, o bebê é o membro mais jovem da raça humana – sua estrela de esperança e seu futuro. Mas, ao passo que cada filho vive apenas uma vez, a mãe pode dar à luz outras vidas e outros tempos de vida. Sua relação com um determinado filho pode parecer atemporal e eterna – até ela ficar grávida de novo e tornar a dar à luz. Então, o encanto da conexão eterna pode se romper para ela e para o filho, uma vez que o novo bebê representa ainda outro ciclo de tempo que ela traz ao mundo.

O ato de dar à luz anuncia a separação entre mãe e filho. Mas qual é o ponto no tempo em que a maternidade de fato começa? Quando a criança sai do útero? No momento da concepção? Poderá remontar a um período ainda anterior, quando a mulher atraiu o homem cujo filho agora leva no ventre? Ou mais longe ainda, quando ela menstruou pela primeira vez e seu corpo deu sinais de estar pronto para engravidar? Ou teremos de voltar ao momento em que a própria mãe nasceu? Ou à sua existência intrauterina, pois é nessa época que os ovários e o potencial de ter filhos se forma na mulher? Com efeito, quando a menina nasce, ela já traz em seu corpo o padrão de todos os filhos que poderá ter.

Estes são apenas alguns aspectos dos mistérios da maternidade e do tempo, e retomaremos alguns desses pontos mais adiante neste capítulo. A contemplação de tais mistérios pode ampliar nossa consciência – da vida individual para a percepção de uma vida maior, comum a todos nós, das quais a própria Grande Mãe é o símbolo.

## DAR À LUZ

O ato de dar à luz muda de modo irrevogável a vida da mulher, tanto no plano físico quanto no mental. É um ato de transformação. Para muitas, é um dos marcos mais profundos da nossa vida. Depois que minha primeira filha nasceu, eu sentia que aquela era a coisa mais "real" que eu já tinha feito. As condições do parto variam muitíssimo de mulher para mulher, mas o normal é que a experiência do parto em si seja intensa para todas. Eu tinha vontade de ter um parto o mais natural possível. Tive sorte por não sofrer complicações em nenhum dos meus dois partos e, por isso, pude optar por dar à luz sem anestesia. Na década de 1970, quando meus filhos nasceram, às vezes era difícil termos controle sobre o nosso próprio parto, e as maternidades dos hospitais eram lugares onde imperava a frieza clínica. Não existiam "planos de parto", e muitas vezes era preciso lutar para resistir às ofertas bem-intencionadas de medicamentos anestésicos ou intervenções médicas excessivas. Hoje, felizmente, a necessidade de as mulheres se envolverem por inteiro no processo do parto é mais reconhecida, e os médicos já parecem ter compreendido melhor que a tecnologia não é o único fator importante para um parto seguro e aceitável.

No entanto, o parto ainda é objeto de muitos debates. Quem está no comando? O melhor é a casa ou o hospital? Como as mulheres devem lidar com a dor? E o debate, assim como o processo de parto em si, continuará evoluindo nos séculos vindouros. O desafio que hoje enfrentamos é o de usar as técnicas médicas para garantir o parto mais seguro possível, mas ainda assim deixar que as mulheres reajam às forças naturais do parto para que de fato sintam que *elas próprias deram à luz*, e não que um bebê foi apenas tirado de dentro delas. Como sabemos, o processo de formação dos laços entre a mãe e o bebê é crucial, e, embora a natureza seja muito adaptável, ele pode ser intensificado ou prejudicado pela experiência do parto.

Outro fator da experiência do parto é o apoio que as mulheres recebem de sua própria linhagem materna. A amiga que mencionei antes recebeu esse apoio de maneira extraordinária pela via de suas mães ancestrais, mas nem todas nós temos essa oportunidade. Nossa mãe pode estar longe; talvez não estejamos falando com ela, talvez ela já tenha falecido; a sociedade moderna nem sempre encoraja ou apoia o vínculo entre mãe e filha. Encontramos substitutas: parteiras, acompanhantes e mentoras podem assumir esse papel durante a gravidez e o parto. Minha própria Grande Mãe, que me ajudou a ter meus filhos, foi a famosa professora e escritora Sheila Kitzinger, uma defensora da "melhor experiência" no parto e uma das luminares do movimento pelo parto natural.

A maternidade nos nivela. No rádio, perguntaram a uma jovem se ela sentia que sua profissão – faxineira – estava abaixo de seu nível. Ela respondeu: "Sou mãe, por isso nada está abaixo do meu nível". A gravidez destrói todas as perspectivas de elegância pessoal, à medida que nossa barriga cresce e nosso andar muda. A individualidade vale muito pouco quando passamos pelas consultas pré-natais e descobrimos que, por algum motivo, nossos nomes foram agora substituídos por "Mamãe" e "Bebê". Depois de dar à luz, qualquer desejo nosso de nos elevar acima da existência física é esmagado pela rotina de trocar fraldas, vazar leite e sujar as mãos. Prendemos o cabelo para evitar aqueles dedinhos que tudo agarram, dispensamos o esmalte e nos resignamos a usar roupas velhas, nas quais as manchas não aparecem tanto. É certo que as mães envolvidas no cuidado de seus filhos estão em contato com os elementos mais básicos da vida.

É claro que a maternidade não é só isso. É uma fonte de sentimentos intensos, alegrias e descobertas que não poderiam ser vividas de nenhuma outra maneira. Às vezes, depois de ter um filho, as mulheres se descobrem; a menina tímida ou acanhada pode se tornar senhora de si ao cuidar de seu bebê recém-nascido. A maternidade também derruba as barreiras sociais, pois todas as mulheres com bebês têm algo em comum e têm facilidade para conversar entre si. Além disso, quando o bebê entra em cena, as mulheres mais velhas e as jovens também têm facilidade para superar as diferenças que as separam.

Nem sempre, contudo, as coisas são fáceis, e talvez um dos aspectos mais importantes de nosso papel de mães seja a de darmos segurança umas às outras e apoiarmos as mães jovens quando já não podemos mais ter filhos, mesmo que os costumes delas sejam diferentes dos que nós tínhamos. Mas tome cuidado. Essas interações podem dar origem a conflitos, pois, quando o que está em questão é a maternidade, ataques e competições podem surgir entre as mulheres. A mulher cujo bebê é tranquilo tem certeza de que isso se deve a seus métodos e não hesita em aconselhar a mãe do bebê chorão sobre o que esta deve fazer. "*Eu* sei o que é melhor para *meu* filho" é a frase que põe fim a todas as conversas quando um conselho inoportuno é mal recebido.

É importante que você tenha confiança em sua própria capacidade como mãe. Essa confiança pode ser bastante frágil, sobretudo com o primeiro bebê, mas é um ingrediente essencial da felicidade na criação dos filhos e é um dos pilares da relação entre mãe e filho. Sheila Kitzinger, que foi minha mentora no parto, não era apenas uma autoridade em matéria de parto, mas também uma antropóloga. Numa expedição que fizera ao Caribe, no início de sua carreira, ela descobriu que, caso questionasse as mulheres de maneira muito detalhada acerca de por que haviam feito isto ou aquilo com seus bebês, a confiança e a tranquilidade dessas mulheres começavam a ruir de repente. O mais provável é que seus métodos de criação de filhos seguissem o que suas mães e avós lhes haviam ensinado – numa sociedade tradicional, essa seria sua principal fonte de orientação. Nas sociedades modernas, perdemos a maioria dessas tradições que passam da avó para a mãe e desta para a filha e confiamos cada vez mais nos conselhos de profissionais.

O problema dos conselhos profissionais, entretanto, é que eles mudam a todo momento. Eu mesma, em meu tempo de vida, já vi o método preferido de pôr o bebê para dormir mudar de "de costas" para "de bruços" e depois voltar para "de costas". Levar o bebê junto ao corpo era algo que a geração da minha mãe não gostava, mas era encorajado pela minha geração. Enrolar o bebê num "charutinho" era visto como algo horrível quando tive meus filhos (prender os bracinhos deles – quanta crueldade!), mas hoje é considerada uma prática útil, que conforta os bebês. E assim vai. O que lhe resta é fazer o melhor possível, encarando com certa reserva todas as últimas tendências. É certo que não conseguirá agradar o tempo todo a todos os especialistas em criação de filhos (profissionais ou autoproclamados). Talvez os melhores conselhos sejam aqueles que as próprias mães jovens trocam entre si, quando são dados de boa vontade e não para afirmar superioridade. Os especialistas profissionais têm sua utilidade, mas as outras mães são o sistema de apoio que você tem à mão.

## ACEITAR A MATERNIDADE

Algumas representações pré-históricas da Grande Mãe a retratam como uma mulher de seios enormes e curvas monumentais.[2] A maioria dessas figuras é feita para parecer bonita no sentido convencional, ou tal como normalmente percebemos a beleza. Ao contrário, evocam o aspecto fecundo, dilatado, expansivo e receptivo da maternidade. Hoje em dia, a noção comum de beleza pende para os tipos altos, magros, de seios pequenos, quase pré-adolescentes – o oposto de uma mulher gestante ou lactante. Na qualidade de mães modernas, temos de abandonar as noções contemporâneas de beleza durante os anos de gravidez e de cuidados dos filhos. Com isso, cresce em nós o temor de sermos possuídas pelo arquétipo volumoso da Grande Mãe.

A imagem da Grande Mãe parece ameaçar nossa individualidade, e isso pode até produzir em nós uma relutância a termos filhos. As mulheres que consideram a hipótese de ficar grávidas podem ter medo de perder sua boa aparência. Talvez também temam que o fato de ter um filho as faça perder a inteligência, as oportunidades de carreira, a energia ou a liberdade. Ser mãe de um filho é assumir um papel universal, com a consequente perda da individualidade, e correr o risco de ser vista pelo mundo em geral como uma personagem padronizada.

No passado, a identidade grupal era mais forte que a individualidade, e é provável que a adoração de uma deusa-mãe facilitasse as transições do nascimento e da morte. A ênfase moderna na importância da pessoa individual pode dificultar nossa submissão às forças da Grande Mãe. Não obstante, ela sempre estará presente no nascimento de uma criança. O ato de dar à luz nos priva de boa parte da nossa vida pessoal; as mulheres em trabalho de parto muitas vezes não prestam atenção em quem está na sala ou no que está sendo dito. O senso normal de identidade dá lugar à sensação: *sou o próprio ato de dar à luz*. Nas fotografias, os rostos das mulheres em trabalho de parto são todos parecidos, como se seus traços individuais se dissolvessem numa imagem universal de perfeita abertura.

O papel de mãe não termina quando o bebê se transforma numa criança ou mesmo quando as crianças crescem. Você será "mãe" de seus filhos para sempre, e eles sempre terão ideias muito claras sobre o que você deve e não deve fazer como mãe deles. Os adolescentes se sentem envergonhados na companhia da mãe e, mesmo depois que se tornam adultos, pode acontecer de seus filhos se indignarem se você não atender de imediato a uma necessidade deles. Isso perdura na meia-idade e até depois. Seus filhos adultos podem sentir a necessidade de monitorar seus encontros românticos caso esteja saindo com um novo companheiro. No fim da vida, podem concluir que sabem o que é melhor para você em matéria de cuidados médicos. É claro que o apoio e o amor envolvidos em tudo isso são maravilhosos. É reconfortante saber que seus filhos vão (com toda a probabilidade) amá-la até o fim, pelo simples fato de ser a mãe deles. Mas também é verdade que o ato de ser mãe traz consigo uma série de expectativas e obrigações permanentes, mesmo que a natureza dessas expectativas e obrigações mude à medida que o tempo passa.

Por isso, é natural que esteja apreensiva com a maternidade que virá. Acolher a maternidade significa acolher a mudança em nossas vidas e, em certa medida, perder o controle sobre o modo como vivemos no mundo. Eu me preocupo quando vejo uma mulher grávida descrevendo o futuro como certo – ela planeja trabalhar até o oitavo mês, depois parar por três meses até voltar a trabalhar e assim por diante. Ela não pode contar com nada disso. A pressão alta pode obrigá-la a parar de trabalhar antes; o bebê pode precisar de cuidados especiais; ela não sabe como se sentirá depois que o bebê nascer. Talvez esteja em êxtase, radiante; talvez se sinta cansada e deprimida. É natural que isso afete suas escolhas de maneira radical. Por mais seguro que seja o processo de parto em si, seu curso não pode ser determinado com certeza absoluta. E o que acontece depois varia de mulher para mulher e de nascimento para nascimento. A transição pela qual a mulher volta a ser "ela mesma" nem sempre é imediata, e é possível que "ela mesma" também tenha mudado ao longo desse processo.

Além disso, como já vimos, a mulher enfrenta a realidade do tempo e do envelhecimento depois de ter um filho. As crianças novas, em geral, não têm uma ideia realista da idade de suas mães. Quando eu tinha cerca de 5 anos, perguntei a minha mãe qual era a idade dela num momento em que ela estava sentada, conversando com um grupo de amigas, após um jogo de tênis. "Vinte e quatro anos", disse ela sorrindo, e todas as suas amigas riram também. E não sabia o porquê. Guardei aquela idade na memória e a cada ano fui acrescentando mais um número, até que percebi tratar-se de uma ficção completa. Na época, ela devia ter quarenta e poucos anos. Eu, porém, uma criança, não tinha motivo nenhum para duvidar dela. Por que ela não poderia ter 24 anos?

Com efeito, as mulheres parecem sem idade aos olhos de seus filhos, mas elas próprias percebem muito bem a passagem do tempo. Os filhos crescem; a aparência delas muda; à fertilidade logo se seguem a menopausa e os sinais visíveis da idade. Sofremos uma contínua série de choques quando percebemos que, para nós, faz apenas "uns poucos anos" que nosso bebê ainda dormia no berço, ao passo que o bebê, agora crescido, vê esse período como uma vida inteira. Ter filhos na juventude é um dos meios de que dispomos para correr contra o relógio, mas as mães jovens e sorridentes podem se tornar avós relutantes muito mais rápido do que gostariam. E, por mais que pareçamos jovens aos nossos próprios olhos, sempre seremos velhas para nossos filhos.

Algumas mulheres se entregam felizes e se envolvem a fundo com o papel de mães por muitos anos, até depois que seus filhos saem de casa. Porém, é perigoso nos envolvermos demais com qualquer um dos papéis representados pelos nove arquétipos. Cada um deles é um aspecto da feminilidade e nenhum deles a representa em sua totalidade. Pode ser que, em determinada época, um arquétipo predomine – talvez seja sinal de sabedoria curvar-se perante as exigências da Grande Mãe durante a gravidez, o parto e a primeira infância da criança. Muitas vezes, as mães precisam elas próprias adentrar um ventre que as proteja; são vulneráveis e precisam de carinho e apoio. A tentativa de "continuar fazendo as mesmas coisas" durante essa fase crítica pode causar conflitos e pode representar um meio de fugir das realidades do nascimento de um filho. Quando damos à Grande Mãe aquilo que lhe é de direito – quando estabelecemos sua presença dentro de nós, pelo menos por algum tempo – a transição para a maternidade, pela primeira vez ou nas vezes subsequentes, fica facilitada.

Muitas mulheres não têm filhos, quer por escolha, quer por necessidade. Porém, essas mulheres não deixam de ter uma conexão com a Grande Mãe. Ela é a grande cadeia de mães e filhas cuja vida se estende desde a alvorada dos tempos até um futuro muitíssimo distante. Toda mulher é ligada a essa linhagem, quer a perpetue por meio da reprodução física, quer não. As mulheres sem filhos são as pontas dos ramos dessa árvore enorme e robusta, criando um rendilhado de gravetos e moldando-lhe os contornos. As mães são a madeira que ainda está crescendo, e suas filhas as prolongam, ocupando o espaço ao redor.

## NASCIMENTO E MORTE: ESCURIDÃO E LUZ

Alguns dias depois do nascimento da minha filha mais nova – depois de um parto feliz e de ela ser acolhida com alegria –, comecei a chorar de modo incontrolável. Não estava sofrendo de depressão pós-parto, pelo menos no sentido hormonal. Eu tinha tocado uma fonte profunda de sofrimento, nascida da percepção de que aquela vida humana, tão pequena e tão perfeita, envelheceria e morreria de modo inevitável. Assim como minha amiga vira toda a sucessão das mães até o mais remoto passado quando entrara em trabalho de parto, eu também vi aquela cadeia se estendendo no sentido do futuro – minha filha crescendo, talvez tendo suas próprias filhas e, depois, envelhecendo e morrendo. É inevitável que toda vida termine na morte.

Como sabemos, a Grande Mãe é um símbolo do modo pelo qual a vida vem para este mundo – desde a primeira centelha de vida oculta na escuridão até o nascimento de um ser plenamente formado. Mas ela também é um símbolo do retorno à escuridão quando a existência individual termina e se dissolve no caldeirão maior da vida.

A Grande Mãe não é mais "causadora de vida" do que os outros oito arquétipos. Seu papel é, antes, o de moldar a chegada e orientar a partida de cada vida. Às vezes sua presença pode ser testemunhada no momento da morte, numa espécie de "contemplação" sutil e visionária. Isso pode ocorrer com uma pessoa mais velha, quando a personalidade individual começa a se dissolver e surge uma espécie de campo cristalino de luz. A personalidade perde os contornos, mas o espírito se torna mais visível e facilita a transição para a morte. É isso também que vemos com as outras criaturas. Eu mesma "vi" uma vida se dissolvendo na alma comum da espécie quando a "mãe lobo" veio buscar nosso cão, que estava morrendo, e também quando vi um passarinho ferido perder a vida individual e se unir à "alma dos pássaros". Há pouco tempo, sentei-me ao lado do meu gato, que estava muito velho, e procurei facilitar sua passagem para a morte enquanto sua respiração se tornava mais lenta e ofegante. Aos poucos ele relaxou, e chegou um momento em que, embora eu continuasse falando com ele, senti que minha presença já não era necessária. Seu espírito fora recebido.

Esse processo tem muito a ver com o papel do arquétipo da Grande Mãe, que traz a compaixão e o fechamento de um processo quando a vida termina. As mulheres sempre desempenharam um papel importante na facilitação da passagem da morte. Era muito comum, na vida dos povoados, que a parteira fosse chamada a um leito de morte a fim de preparar um corpo para ser enterrado. Talvez você conheça, como eu conheço, algumas mulheres que têm um dom particular para se sentar ao lado dos doentes e moribundos, oferecendo-lhes uma presença tranquila, vigilante e compassiva. A maternidade também tem um papel a desempenhar no final da vida.

O útero representa o espaço escuro e o espaço primordial em que a vida toma forma. Pode conter em si as memórias das vidas que acalentou, bem como o conhecimento prévio das formas que ainda virão a se arraigar dentro dele. É um símbolo universal do confinamento protetor, e o útero da mãe tem uma dignidade toda especial em tradições espirituais como as do cristianismo e do budismo, onde é o veículo da sagrada encarnação.

Será que a concepção sempre é um acontecimento sagrado? É possível que, mais do que em geral se reconhece, a mulher sinta algo especial na época da concepção. Certas mulheres conhecem com certeza o momento em que ficam grávidas. No meu caso, pouco tempo depois de conceber meu primeiro filho, sonhei que estava sendo iniciada por um velho que fez um corte ritual na minha testa e depois me mostrou uma espécie de aquário em que um menininho estava nadando. (Era mesmo um menino!) No caso da minha filha, percebi um leve brilho de luz em meu corpo, na altura do útero, cerca de uma semana depois da concepção. Àquela altura, embora ainda não houvesse nenhum indício físico, eu já sabia que estava grávida.

A concepção ainda tem muitos mistérios. É o filho que escolhe a mãe? A mãe reconhece o filho num sentido profundo antes de sua presença física estar confirmada? E o que dizer sobre a incômoda questão de saber quando o feto pode ser considerado uma vida humana, bem como sobre a questão ética de se e quando o aborto é aceitável? Quaisquer que sejam as suas crenças a esse respeito, essas questões a obrigam a assumir algumas responsabilidades da Grande Mãe, inclusive a de escolher entre a vida e a morte. Quando ocorrem problemas à medida que o feto vai crescendo, também é possível que tenhamos de tomar decisões difíceis, comparando as vantagens da intervenção médica com as de deixar que a natureza siga seu curso e chegando a um meio-termo entre nosso conhecimento instintivo e os conselhos dos profissionais.

As mulheres que engravidam e dão à luz são, em certa medida, elas próprias encarnações da Grande Mãe, e podem ter de tomar decisões difíceis ou exigentes acerca da gravidez e do parto. Embora não nos seja possível controlar esse processo por inteiro, temos de adquirir conhecimento a seu respeito e assumir a responsabilidade por nossas decisões. O âmbito dessas decisões é ainda maior hoje em dia, com as opções de barriga de aluguel, fertilização *in vitro* e bancos de esperma e de óvulos que permitem que a concepção ocorra no futuro. De certo modo, a ciência foi adiante do nosso desenvolvimento psicológico, e talvez precisemos de mais uma ou duas gerações para compreendermos todas as implicações emocionais, espirituais e práticas dessas inovações.[3]

O processo de gestação encontra paralelos também no nível psicológico. Não é mera figura de linguagem dizer que uma ideia "nasceu", visto que, em regra, ela tem de passar por uma fase de desenvolvimento entre a concepção e o nascimento. Reconhecer quando essa gestação está ocorrendo é uma arte, assim como é uma arte resistir à tentação de interferir no processo. No meu caso, tenho sentimentos que correspondem no plano emocional às sensações físicas da gravidez – uma vaga inquietude, uma sensação de peso e uma espécie de taciturnidade. Quando não percebo que há uma ideia a caminho, tendo a ficar me perguntando qual é o problema. Então, quando a ideia está pronta para vir à luz, toda a tensão desaparece.

O momento em que decidi escrever a primeira versão deste livro foi precedido por uma tarde em que me senti fisicamente doente. Fiquei várias horas deitada no sofá e caí numa sombria semi-inconsciência. De repente, a neblina se dissipou; sentei-me e disse: "Já sei o que tenho de fazer!". Até aquele instante, eu jamais tivera qualquer pensamento consciente sobre a possibilidade de escrever um livro a respeito do Círculo das Nove Mulheres. Esse tipo de experiência não é exclusiva do sexo feminino, mas simboliza algo da qualidade da Grande Mãe e mostra que temos a capacidade de conceber e produzir num nível além do físico. Porém, temos de dar espaço à escuridão e ao período de espera; a sondagem prematura pode causar o aborto do embrião.

A gestação de uma criança também encontra paralelos na vida cotidiana, o que dá a entender que o período de nove meses tem um significado mais profundo para os seres humanos. Percebi que é muito comum que uma coisa ocorra nove meses depois de um determinado evento ou acontecimento. Talvez você sinta que chegou a hora de mudar de direção e encontrar um novo emprego. Talvez explore possibilidades de um jeito inconsequente e depois esqueça por completo o assunto. Então, nove meses depois, vê-se pronta para dar aquele passo e a oportunidade de assumir um emprego mais interessante cai do céu como que por mágica. Os momentos decisivos nos relacionamentos também podem ser mapeados dessa forma; uma briga, um encontro ou uma reconciliação podem marcar o momento da "concepção". Está claro que uma nova fase está começando, mas a forma que ela tomará não se evidencia até depois de passado esse período de nove meses. É então que você dá um passo consciente numa nova direção, seja ela a do casamento ou a da separação.

Na busca por um nível transcendente de conhecimento, há muito os seres humanos criam um "útero" simbólico, escuro, e ali guardam vigília. Muitos templos, cavernas, câmaras mortuárias e "poços de visão" foram construídos ou usados para esse fim. A Kents Cavern talvez não tenha sido um espaço ritual, mas posso afirmar que teve esse efeito sobre mim, ainda que de maneira transitória. Senti que, ali, as fronteiras entre a cognição "normal" e os recessos mais profundos da consciência coletiva e da memória ancestral se dissolviam. Também visitei as grutas de Niaux, nos Pireneus franceses, que contêm magníficas pinturas rupestres. Os grupos que visitam essas cavernas são pequenos e monitorados com rigor. Para visitar o complexo, é preciso penetrar meio quilômetro na montanha, ou ainda mais, com meras lanternas de cabeça para iluminar o caminho. Tivemos uma sensação profunda de maravilhamento quando por fim entramos na câmara principal, circular, que com toda a probabilidade fora usada para ritos xamânicos e de caça, envolvendo talvez sons e a ressonância especial das grutas. Não é exagero conceber essas cavernas antigas como uma espécie de útero que gera experiências especiais num espaço limitado, mas atemporal.

Mais uma vez surge aí o vínculo entre nascimento e morte, pois é comum que, na construção física dessas câmaras, bem como nos estados que se espera sejam provocados nos visitantes, não haja distinção rígida entre o "útero" e a "tumba". Nos ritos de iniciação de seitas mágicas e religiões de mistério, os candidatos muitas vezes precisam permanecer fechados num local escuro durante um período prolongado a fim de morrer e renascer para si mesmos. Vestígios disso se encontram no xamanismo e no mitraísmo, e é bem possível que a mesma coisa ocorresse nos antigos mistérios egípcios e nas vigílias dos candidatos a se tornarem cavaleiros na época medieval.

Assim podemos entrar no espaço do útero simbólico e nele nos encerrar. Dentro de sua escuridão, podemos descobrir de que maneira ele nutre a chama sagrada do espírito. Situando-nos dentro de limitações físicas tão rígidas, podemos também descobrir que somos livres para transcendê-las e alcançar um conhecimento que não permanece agrilhoado aos limites físicos. Quando nos fechamos no útero da terra, podemos ter uma visão dos céus.

Essas visões podem trazer em si um quê de tristeza, pois talvez contenham não só o conhecimento do princípio de todas as coisas, mas também do fim. A Grande Mãe é como uma sacerdotisa sentada num templo escuro – uma mulher muito idosa que já assistiu à chegada e à partida de muitos buscadores, cada um com seus problemas e suas alegrias. Ela vê as semelhanças entre eles, muito embora cada pessoa se considere única. E vê também os resultados mais prováveis, embora nem sempre possa revelá-los. Dará seus conselhos com compaixão, ciente de que nem sempre serão ouvidos. E, por meio de sua compreensão, ela sabe que está completa e irremediavelmente sozinha. A vida passa por seus domínios, mas ela própria não pertence a ele; está além dele.

## FIGURAS DA GRANDE MÃE

Tenho uma figura simples de argila, um modelo primitivo de mulher – não muito diferente das representações pré-históricas que citei antes –, com seios enormes, protuberantes, que ela apoia nos braços. Essa figura me fascina, com sua forma forte e confiante e sua postura audaz, com os seios desnudos. Ela é pintada de maneira precária, com manchas de tinta vermelha e azul, e sua forma é estilizada, de tal modo que a saia longa como que faz parte de seu corpo tubular. Trata-se de uma estatueta russa, feita num vilarejo remoto, no norte do país, onde a mesma figura é produzida desde tempos pré-históricos. Ela é apenas uma de muitas versões da Grande Mãe, a quem as pessoas, há milênios, vêm honrando e definindo como o arquétipo essencial da mãe.

Conheci outra versão da Grande Mãe, que ainda tem pertinência em nossa época, numa viagem à Sibéria. Levaram meu grupo para conhecer uma estela de pedra chamada Starushka, a Anciã. Os habitantes locais traziam-lhe oferendas e deixavam-nas com reverência ao redor da base da pedra – libações de leite, pequenas pilhas de moedas e até alguns cigarros. Na era soviética, as autoridades arrancaram a pedra do lugar onde estava e colocaram-na num museu nas proximidades, a fim de desencorajar a superstição entre os cidadãos. Procuraram reduzir Starushka a uma mera curiosidade local. No entanto, os casais que queriam prestar tributo à Anciã e pedir-lhe para terem logo um filho não se deixaram assustar. Apenas iam ao museu e continuavam fazendo a mesma coisa. Por fim, com a queda da Rússia soviética, Starushka foi devolvida ao local que antes ocupava em meio à paisagem, onde hoje é venerada.

Construiu-se ao seu redor uma grande estufa de vidro que a protege, bem como a seus devotos, das condições climáticas.

Uma terceira figura da Grande Mãe que conheci em minhas viagens situa-se na entrada de uma igreja no povoado de Saint Martin, na Ilha de Guernsey, e é chamada *La Gran'mère de Chimquière*. Entalhada em pedra, tem a altura de uma mulher pequena; tem um rosto benigno, talvez um pouco triste, e seios pequenos e empinados. Quando a vi há pouco tempo, ela trazia uma guirlanda de flores murchas; costuma ser coroada com flores pelos casais que saem da igreja logo após seu matrimônio. Sua história, no entanto, é mais antiga que a da própria igreja. Na verdade, ela foi erigida há pelo menos 4 mil anos. Os romanos mudaram-lhe um pouco a aparência e os clérigos cristãos, indignados, tentaram depois tirá-la dali, pois era uma influência pagã. Mas ela sobreviveu triunfante apesar de tudo isso.[4]

E assim a Grande Mãe sobrevive ao tempo, tanto como símbolo quanto em suas diversas formas físicas. Como que para provar esse ponto, quando eu estava terminando este capítulo, o espírito do Círculo das Nove Mulheres pôs outra Grande Mãe no meu caminho. Eu havia encomendado pela internet um livro que nada tinha a ver com os tópicos femininos. Quando ele chegou, veio com um marcador de páginas. A figura no marcador de páginas era a de uma Grande Mãe nua da Anatólia, toda fecunda e cheia de curvas.

## IMAGENS DA GRANDE MÃE

- *Imagem cotidiana:* Ela traz consigo dois filhos e tem um terceiro a caminho. Um carrinho para o menor, uma sacola de compras e uma bolsa que traz objetos adicionais, como lenços umedecidos, lanches e brinquedinhos. Ela parece casada, mas domina a situação. Empurra a criança mais nova, responde às infinitas perguntas da mais velha e, enquanto isso, vai sentindo o bebê crescendo, crescendo dentro de si.

- *Imagem mítica:* Uma figura disforme, taciturna, da qual podem nascer a dor, a morte, a vida e a alegria. A deusa sem nome dos cultos antigos, esculpida com simplicidade, mas também com ternura. A deusa que sustenta miríades de vidas, como a Ártemis de muitos seios. A Grande Mãe tem muitas formas; cada um de seus filhos a chama por um nome diferente.

- *Imagem pessoal:* Se você já deu à luz, reexamine o processo e veja como ele a mudou. Abriu-lhe um mundo mais amplo ou a fechou num mundo mais estreito? Se ainda não teve filhos, quais fatores a impediram? Ainda é capaz de reconhecer em si uma mãe? Há uma imagem de mãe dentro de cada uma de nós. Ela é criada, em parte, pela experiência que tivemos com nossa própria mãe, mas também, em parte, pela nossa natureza individual e pelo ato de dar à luz. É a chave da nossa linhagem, uma chave que destranca a porta do tempo.

## Evolução da Grande Mãe

- *Juventude:* A certa altura, surge o desejo físico de ser mãe. O momento exato em que isso acontece varia muito; algumas meninas pequenas já são dedicadas a seus bebês de faz de conta, ao passo que, para outras, esse tipo de brincadeira é apenas uma pantomima que elas se veem obrigadas a representar. O desejo pode vir na adolescência, no início da idade adulta ou mesmo depois disso. Algumas dizem que ele nunca vem. Tornar-se mãe no início da idade adulta é um poderoso processo de iniciação; a vida nunca mais será a mesma.

- *Maturidade:* Para a mulher que já é mãe, o desafio agora é lidar com o crescimento dos filhos e vê-los sair de casa. De algum modo, esses desafios são sempre diferentes de como você os imaginava. Tem então a oportunidade de transferir sua energia materna para outro campo – o trabalho, os relacionamentos ou o crescimento espiritual. Em algumas culturas, a mãe alcança então o *status* de matriarca, no qual assume a autoridade de mãe em relação a toda a família extensa ou a tribo.

○ *Velhice:* A Grande Mãe sofre uma morte simbólica quando percebe que seu corpo já não é capaz de gerar filhos. Por meio disso, seu amor pode ser abrandado, transformando-se numa compaixão e compreensão com que ela se torna capaz de ajudar e sustentar os outros. Pode ser uma sacerdotisa, uma conselheira ou uma avó sábia.

## Manifestações da Grande Mãe

○ *Dons:* O nascimento de uma criança. A experiência do amor materno, dado ou recebido. A descoberta de reservas inesperadas de força e paciência. Expansão da percepção do tempo. Conhecer sua própria ligação com a linhagem das mães, vendo o lugar que você ocupa na história das mulheres.

○ *Provações:* Perda da identidade pessoal por ser obrigada a cuidar dos outros. A pressão das exigências dessas pessoas. Infertilidade. A morte de um filho ou da mãe. As tensões físicas da gravidez e do parto. Não ter mais tempo para si mesma. A noção da história familiar na qual você é obrigada a desempenhar um papel.

○ *Rituais e cultos:* Aulas de parto; procedimentos e rotinas das maternidades e das parteiras. Formação de parteiras. Grupos formais e informais de mães centrados no bem-estar das crianças. A forma que as orientações institucionais assumem em uma cultura – ambulatórios para bebês, médico familiar, instruções de cuidados com as crianças transmitidas pelas mães e avós. Assumir você mesma esse papel: aprender a aconselhar e orientar outras pessoas. Reconhecer a linhagem e descobrir a história da família. Participar nos rituais de seus próprios filhos – batismo, casamento, o nascimento dos netos.

## Visão da Grande Mãe

○ A inevitabilidade do nascimento e da morte e o conhecimento de que o amor transcende a ambos.

# Capítulo 10

## A SENHORA DA LUZ

Numa bela noite de verão, passei pelo antigo jardim murado e cruzei o adro da igreja a caminho do chalé que era meu lar temporário. Eu estava participando de um curso de música de uma semana, realizado numa grande mansão rural nas proximidades. Voltando tranquila ao meu quarto depois de um dia maravilhoso de música e cantoria, percebi pequenos brilhos de luz pontilhando, aqui e ali, entre as folhas e a grama, como se fossem lanterninhas de fadas. O que era aquele brilho pálido? Eu nunca vira nada parecido. Percebi então que eram vaga-lumes – uma raridade, hoje em dia, na paisagem britânica. Foi um momento de puro encanto.

Na mesma semana, tive outro encontro mágico com a luz ao nadar no mar à noite. Alguns participantes do curso fizeram uma longa caminhada por um caminho deserto que levava até a praia. Quando chegamos lá, a distância e a escuridão fizeram com que eu perdesse toda noção de lugar e de direção. Éramos apenas nós numa longa faixa de areia, com o mar escuro estendendo-se à nossa frente até o infinito, ou assim nos parecia. Mas a noite estava estrelada; e, enquanto nadávamos, a escuridão da água era fragmentada pela luz cintilante das estrelas refletida nas ondas, que brincava sobre nossos dedos e sobre os contornos lisos de nossos corpos.

Ambas essas experiências sintetizaram, para mim, uma rara qualidade de alegria – algo que se aproximou muito da perfeição que caracterizou aquela semana da minha vida. Esses momentos são incomuns, mas acontecem; quando os examinamos depois, vemos que muitas vezes nascem de uma combinação de pessoas, lugares e circunstâncias. Não podem ser planejados, e esse elemento de espontaneidade e surpresa nos permite apreciá-los ainda mais. A Senhora da Luz entrou na minha vida nessa ocasião, de maneira sutil e delicada. Trouxe-me a luz dos vaga-lumes e das estrelas dançando nas ondas – o suficiente para despertar em mim uma sensação de deleite que destilou toda a felicidade daquela semana. Não precisei de um farol de luz no alto de uma montanha. Aqueles lembretes delicados e sutis foram suficientes.

É certo que a luz influencia todos os níveis da nossa vida – desde a luz física que nos permite enxergar até a luz metafórica da iluminação interior e a luz transcendente descrita em muitas experiências místicas. Embora isso seja algo sobre o qual gostamos de refletir, aqui conheceremos a Senhora da Luz falando sobre as qualidades específicas que ela reúne em si; não procuraremos entender o conceito de luz em termos universais. Com efeito, se tentarmos compreender a luz em si, em seu sentido absoluto, é possível que ela nos escape. Devemos, antes, convidá-la a se colocar no centro do círculo como uma das Nove. Consideremos, portanto, a Senhora da Luz como um arquétipo feminino, representando a luz como a conhecemos em nossa vida de mulheres.

Os estágios pelos quais passamos a conhecer a Senhora da Luz como um arquétipo feminino são três. No primeiro, descobrimos a luz coletiva; no segundo, a luz focalizada; e, no terceiro, abraçamos a luz e o papel que ela desempenha em nossa vida feminina. Vamos examinar os três estágios, um por vez.

## LUZ COLETIVA

O modo pelo qual a luz se expressa por meio do feminino é diferente do modo pelo qual se expressa na atividade masculina. A luz feminina é radiante – ou seja, nos banha no interior, é difusa e sutil. Os raios de luz masculina, por sua vez, são intensos e se dirigem para fora. Em termos psicológicos mais amplos, os homens se orientam para as realizações exteriores e dirigem seus esforços para metas específicas, ao passo que as mulheres se preocupam mais em pôr em harmonia os diferentes elementos de suas vidas, incluindo-os no círculo de luz dentro do qual giram. Essa qualidade de inclusão também é um indício do sentido coletivo das mulheres, do qual elas adquirem força para suas vidas. Uma luz que se irradia com sutileza de sua fonte é capaz de transpor os limites pessoais, dissolvendo um sentido de eu rígido e se mesclando a outros bolsões de luz para formar um círculo maior – uma irmandade feminina.

O termo "irmandade feminina" (ou "sororidade") teve diferentes usos no decorrer dos anos – desde a silenciosa reclusão das freiras e monjas até um grito de guerra do feminismo. Na minha opinião, contudo, restabeleceu-se hoje em dia como um conceito que traz em si um significado verdadeiro para as mulheres no mundo moderno. Quer ele se refira a mulheres que se unem para fazer caridade, lutar pelos direitos femininos, oferecer apoio umas às outras durante o parto ou apenas desfrutar da companhia umas das outras, todas nós podemos abraçar a ideia de irmandade feminina, seja qual for a nossa cultura, religião e orientação política ou sexual. As mulheres que se encontram e trabalham juntas são, em geral, capazes de encontrar um prazer contínuo e natural em sua interação.

Reparei nisso numa ocasião em especial em que estava com problemas que me deixavam muito infeliz. Eu tinha marcado uma reunião de estudos com outras mulheres a quem conhecia e com quem simpatizava. Quando encontrei o grupo, o peso de minha infelicidade caiu de minhas costas como um fardo que eu não queria mais. Sequer tive de tornar a pensar em minhas dificuldades pessoais durante toda a duração da sessão. A companhia das outras mulheres criou uma atmosfera em que todas nós nos sentíamos felizes e realizadas, uma atmosfera quase tangível, como se fosse feita de água ou ar.

Embora as mulheres possam ajudar umas às outras a resolver seus problemas individuais, a irmandade feminina tende a florescer melhor quando o objetivo geral vai além dos objetivos pessoais – e por isso me referi ao trabalho espiritual, educacional ou caritativo. Houve ocasiões em que a irmandade feminina girou em torno dos direitos e problemas das mulheres. Quando escrevi a primeira versão deste livro, as coisas eram assim. Embora *Os Nove Arquétipos da Alma Feminina* não trate do feminismo em si – não sou especialista nessa área –, creio ser justo afirmar que o feminismo que vigorou entre as décadas de 1960 e 1980 colaborou muito para restaurar o senso da coletividade feminina e as redes de apoio de mulheres. Essas redes nunca haviam deixado de existir, sobretudo em movimentos como o das Sufragistas (que reivindicavam o voto feminino) e no Women's Institute [Instituto das Mulheres] do Reino Unido, mas essas formas mais antigas haviam se tornado obsoletas.

Depois da década de 1980, o conceito de irmandade feminina foi reavaliado, e nos encontramos agora num momento muito construtivo, em que podemos apreciar a força e a luz especial que provêm dos grupos de mulheres que se unem. O conceito de círculos votivos de nove mulheres, quer de forma literal, quer de modo figurativo, também está pronto para ressurgir. E, como demonstro neste livro, ele pode representar um progresso, atuando como modelo para os grupos ou as irmandades de mulheres – um modelo que poderá ser importante no futuro (ver o Capítulo 1).

Minha noção de irmandade feminina – que estamos investigando aqui como meio para compreender a luz coletiva gerada pelas mulheres – se estabeleceu com firmeza na escola. Muitas escolas secundárias no Reino Unido eram e ainda são segregadas por sexo. Para mim, esse fato teve uma importância tremenda. Enquanto crescia, na adolescência, eu tinha permissão para me encontrar com meninos em diversas situações fora da escola, e isso de fato aconteceu. Na escola, contudo, podia ficar tranquila com minhas colegas e partilhar com elas quase qualquer coisa. Tenho de confessar que os meninos da minha idade, em comparação, pareciam infantis. E, no que se refere ao romance, qualquer menino, para ser interessante, tinha de ser pelo menos dois ou três anos mais velho. Ou seja, do meu ponto de vista pessoal, não perdi nada frequentando uma escola só para meninas. O grupo de colegas do qual eu participava era muito forte. Todas nós éramos muito individualistas – com efeito, o que parecíamos ter em comum era a reputação de sermos rebeldes e encrenqueiras –, mas partilhamos o mesmo caminho rumo à vida adulta, influenciando umas às outras e criando uma força coletiva.

A prova do nosso elo é que muitas de nós ainda mantemos contato e nos reunimos com certa frequência. Seguimos caminhos muito diferentes na vida, somos escritoras (várias!), cirurgiãs, ativistas pelos direitos das mulheres na esfera internacional e advogadas – isso para citar apenas algumas das profissões que escolhemos. Apesar dessa diferença de caminhos, ainda temos muito em comum e continuamos a desenvolver nossos laços ainda hoje. Na escola, não nos limitávamos às "conversas de menina". Embora nossa vida amorosa ocupasse lugar de destaque, discutíamos tudo o que há sob o sol, inclusive religião e filosofia. Embora já não me lembre de muitas conclusões a que chegamos, a qualidade daquela comunicação permanece viva comigo. Penetramos na vida umas das outras e nos conhecíamos na essência.

A coletividade das mulheres também tem uma base física. Na verdade, há indícios de que as mulheres que moram juntas durante algum tempo desenvolvem entre si uma "sincronia" de ritmos menstruais – fenômeno conhecido como Efeito McClintock.[1] No entanto, não podemos pressupor que a força de coletivização das mulheres seja sempre positiva. Pode suscitar seus próprios problemas quando a tendência feminina natural à cooperação e ao acordo faz com que as pessoas relutem em expressar suas opiniões pessoais ou que ninguém se disponha a assumir a responsabilidade geral quando necessário. Isso pode acarretar perda de direção ou, pior ainda, a incapacidade de defender e promover os valores morais.

Certa vez, fui convidada para conduzir um *workshop* numa conferência de fim de semana sobre as Mulheres Rurais. O fim de semana foi bem desorganizado; a ideia era deixar tudo "fluir" – e isso, na prática, fez com que muitos eventos não acontecessem. Marcar o tempo dos eventos estava fora de questão; todas as tentativas de criar uma estrutura foram abandonadas; e, no final do encontro, alguém roubou todo o dinheiro, rompendo assim os laços coletivos de confiança que supúnhamos existirem. O único contingente organizado era o dos homens, que haviam sido relegados a cuidar das crianças num salão ali perto, o qual era preparado toda manhã com precisão militar. Os homens aguardavam as crianças numa creche primorosamente estruturada, preparada para proporcionar atividades lúdicas construtivas. No final do dia, contudo, aqueles homens bem-intencionados viam-se aturdidos em meio ao mar de caos absoluto criado por um *tsunami* de anarquia juvenil. Talvez cada um dos dois sexos pudesse ter aprendido algo com o outro naquela ocasião.

É preciso, sem dúvida, chegar a um equilíbrio entre o individual e o coletivo. Se as mulheres de fato têm a forte capacidade de constituir um corpo coletivo, isso não significa que os indivíduos devem se perder por completo nessa coletividade. Um reservatório de luz coletiva se forma a partir de reservatórios menores de luz individual, mas é preciso reconhecer também a fonte de cada luz isolada. Por outro lado, as mulheres podem de fato ter medo de perder sua individualidade quando formam um laço coletivo com outras mulheres. Algumas de nós não querem se envolver em grupos desse tipo, e o motivo talvez seja esse. Isso acontece quando sentimos que o grupo que está se formando não partilha do nosso ponto de vista. Para os homens, isso não parece ser tão problemático. O homem pode ser apenas um elemento num esquadrão inteiro de soldados que usam a mesmíssima roupa e marcham em uníssono, ou pode ser apenas um dos mil funcionários de uma firma, mas *mesmo assim* saberá que ele é único e especial.

As mulheres parecem ter muito mais medo de perder sua identidade, pois sabem quão fácil é para elas fundirem-se umas com as outras. As jovens às vezes relutam em filiar-se a organizações antigas chefiadas por mulheres mais velhas, pois temem que, de algum modo, essa filiação possa sufocar sua própria imagem dinâmica. As mais velhas talvez hesitem em se unir às mais novas, sabendo que não serão capazes de imitar seus costumes para ser aceitas por elas. Por outro lado, às vezes acontece de as mulheres fazerem um esforço para alargar seu círculo e facilitar a entrada de recém-chegadas. Mesmo que uma mulher não tenha a mesma idade ou a mesma mentalidade das outras que fazem parte do grupo, ela pode acrescentar um ingrediente valioso à mistura.

As mulheres têm habilidade para cooperar e partilhar tarefas, bem como para apoiar-se umas às outras. Quando um grupo de mulheres acolhe uma mulher infeliz, esta acaba sendo, em geral, recuperada em boa medida pelo espírito do grupo caso se permita unir-se a ele. O simples fato de estar na companhia de outras mulheres e se dedicar a coisas práticas, até frívolas, pode ser muito útil. Um grupo de amigas que passa o dia fora, fazendo compras e almoçando juntas, nem sempre está se dedicando a uma atividade frívola. O passeio pode servir para libertá-las de suas preocupações urgentes e ajudar uma amiga deprimida a encontrar de novo o prazer de viver. As visitas a sebos e brechós também podem ajudar a dissolver as fronteiras de idade e cultura, ou reaproximar a mãe e a filha que vêm vivendo uma fase complicada de seu relacionamento. Sair pelas lojas, experimentar roupas e revirar prateleiras de cosméticos são atos que, de alguma forma, nos relembram as mulheres "coletoras" das sociedades tribais. Essas atividades inocentes, aparentemente despreocupadas, podem de fato ajudar a mulher a se libertar de seus problemas individuais e a renovar-se graças à luz gerada pelas irmãs.

Quando as mulheres se veem separadas pelas circunstâncias, buscam restabelecer contato. As gestantes, por exemplo, que às vezes se sentem ansiosas e sozinhas no ambiente hospitalar, costumam conversar com outras gestantes nas salas de espera das consultas pré-natais ou nas enfermarias de hospital. Os laços que se formam entre mulheres nas aulas de parto podem perdurar durante todo o período de adaptação ao novo bebê – ou até depois disso, pois nem sempre as famílias estão à mão para dar apoio. Lutamos muito, e por muito tempo, para ter direito a uma certa privacidade na sociedade, sobretudo dentro de casa, mas isso tem seu preço. Agora estamos buscando meios de restabelecer nossa identidade coletiva, e essa busca faz parte da natureza das mulheres.

## LUZ FOCALIZADA

À medida que nossa consciência da luz feminina aumenta, acontece de a vermos focalizada numa figura – uma Senhora da Luz interior ou exterior que assume uma forma identificável com a qual podemos nos relacionar. Este é o segundo estágio do nosso desenvolvimento como Senhoras da Luz, em que a luz se cristaliza e é vista como algo externo ao nosso ser.

Como figura externa, a Senhora da Luz que nos orienta pode ser uma pessoa mítica, histórica ou viva que leva em seu ser a qualidade da luz. Pode ser reconhecida como tal pela população em geral ou pode ter esse significado para uma determinada mulher. Assim, as agentes de cura, as professoras e as santas podem ser representantes da Senhora da Luz. É claro que esses papéis não pertencem de modo exclusivo às mulheres, mas a tentativa de distinguir as diferenças essenciais entre os arquétipos masculino e feminino da "luz orientadora" está além do alcance da nossa discussão aqui. Sugiro examinarmos a questão de maneira muito mais simples. As mulheres precisam de um princípio orientador feminino com o qual possam se identificar e se relacionar, e essa figura passa a representar suas próprias aspirações e ideais, seu futuro. Por mais que uma mulher tenha professores e guias do sexo masculino, ela ainda precisa dessa inspiração feminina que ressoa dentro do seu próprio ser.

Para dar um exemplo simples: muitas mulheres se lembram com gratidão de uma ou duas professoras que lhes iluminaram o caminho a seguir. Prestamos-lhes homenagem, não em razão dos fatos que nos ensinaram ou por nos terem elogiado ou punido, mas por parecerem ter reconhecido nosso ser interior e falado com nossa essência. Em certo sentido, esse tipo de comunicação é atemporal e não é regido pelos protocolos normais de idade ou *status* social. A professora que foi sua Senhora da Luz pode ter sido alguém que a ensinou na escola, que foi sua mentora no emprego ou a ajudou a soltar sua criatividade artística. Pode ter desempenhado um papel importante em sua vida há cinquenta anos ou na semana passada. Pode ser bem mais velha ou, quem sabe, até mais jovem que você. Não importa. Você sabe o que ela significa para você.

A professora pode se tornar um modelo para as alunas num sentido que não ocorre com um professor e seus alunos. Depois de ter tido professores de ambos os sexos em diversos contextos da vida adulta, intrigam-me as diferenças entre os papéis que professores e professoras representam. O professor (do sexo masculino) é capaz de nos irritar, nos atrair, levar-nos a nos esforçar mais e nos conscientizar de aspectos nossos que não sabíamos que existiam. Quando esses aspectos têm algum potencial, um homem é capaz de aplicar uma pressão útil para nos levar a desenvolvê-los. A professora, por outro lado, é capaz de nos conhecer por dentro; não é fácil nos esconder dela ou desviar sua atenção. Ela reconhece o nosso ser. A luz que ela emite pode, às vezes, parecer fria, mas é sempre clara. Uma relação funcional entre uma professora e uma aluna pode ser marcada por um saudável realismo.

Tendemos a idealizar nossa Senhora da Luz. Nos apegamos com afeto à sua memória, e ela pode se instalar como uma espécie de deusa em nossa mente. Sei por experiência, também, o quão difícil pode ser nos afastarmos das esperanças e pressupostos que ela desperta em nós. É maravilhoso quando um arquétipo entra na nossa vida e ilumina o nosso caminho. Mas é importante reconhecer que ela ainda é um ser humano, não uma divindade infalível. Quando a Senhora da Luz aparece para nós em forma humana, podemos reconhecer com gratidão aquilo que ela nos traz; mas precisamos ser capazes de ver que aquilo que ela ilumina em nós é, na verdade, o nosso próprio potencial. O que ela nos mostra é a Senhora da Luz arquetípica no nosso próprio ser.

Figuras da história e da vida contemporânea podem se tornar símbolos da Senhora da Luz para a população em geral. Florence Nightingale, a pioneira da enfermagem, chamada "Senhora da Lâmpada", recebeu esse nome devido à lanterna que carregava quando levava conforto e cuidado aos soldados feridos na Guerra da Crimeia. O trabalho de Madre Teresa também foi um farol que iluminou o tratamento dos pobres e dos intocáveis na Índia. Nas últimas décadas, a Princesa Diana brilhou como um ícone de compaixão e encontrou lugar no coração de muitos como sua Senhora da Luz. Com efeito, na vida de indivíduos como esses, a fronteira entre o humano e o mítico se dissolve e a presença de um elemento arquetípico cria uma sensação incrível de maravilhamento. No entanto, devemos também ter em mente que essas Senhoras da Luz de carne e osso não são perfeitas; têm suas fraquezas e deficiência. Isso, no entanto, pode torná-las ainda mais notáveis: mulheres que conservaram sua individualidade ao mesmo tempo que deram uma contribuição de valor universal.

A divindade Kuan Yin também pode ser considerada uma Senhora da Luz em sua representação como deusa da lua e senhora da compaixão. Embora costume ser vista como uma divindade chinesa, Kuan Yin é uma figura quase universal, pois aparece no xintoísmo e no budismo e tem elos com a Nossa Senhora cristã. É muitas vezes considerada mais um espírito do que uma deusa e é descrita como "aquela que ouve os lamentos do mundo". Em seus templos, para consultar seus oráculos, um recipiente de madeira ou metal contendo cem varetas é agitado; a primeira vareta a cair do recipiente tem um número que aponta para uma passagem específica de um texto sagrado, e assim é interpretada. Kuan Yin também pode ser abordada por um antigo costume que envolve a visualização da lua. A meditação lunar de Kuan Yin pode ser uma prática poderosa e é descrita no livro *Bodhisattva of Compassion*, de John Blofeld.[2] Há não muito tempo, convidei um grupo do Círculo das Nove Mulheres para experimentar essa prática, e a consideramos eficaz e comovente.

Como indivíduos que fazem parte de um grupo, às vezes convém para nós identificar um determinado espírito ou deusa com um dos nove arquétipos; mas, por outro lado, também é importante que você se atenha às suas visões pessoais dos nove arquétipos e não as relacione muito de perto com deusas, espíritos ou símbolos de outras culturas. Deve-se reconhecer que as Nove existem por seus próprios méritos, e não vê-las como um amálgama de diferentes imagens de outras fontes. É certo que podemos usar correspondências e referências para construir nosso conhecimento desses arquétipos e talvez lançar luz sobre nossas crenças pessoais ou tradições espirituais, mas nosso objetivo deve ser o de manter as Nove centradas em suas próprias identidades. Por outro lado, a figura de Kuan Yin, tão disseminada e relacionada à luz e à compaixão, parece compatibilizar-se bem com o nosso Círculo das Nove Mulheres, e para mim foi muito esclarecedor trabalhar com seu oráculo, sua imagem e sua meditação da lua.

A Senhora da Luz também pode ser percebida como uma fonte interna. A certa altura de sua vida, a mulher pode ter a vaga percepção de uma guia – uma presença feminina que cuida dela. Essa guia pode dar a impressão de estar bem distante dos ruídos da vida cotidiana, vivendo em outra dimensão e tendo uma visão mais clara do passado e do futuro. Ela pode surgir em decorrência dos nossos esforços de nos sintonizarmos com o mundo espiritual, ou pode chegar de maneira espontânea numa época de crise. As formas que ela assume variam e algumas têm relação com as necessidades do momento. Uma noite, numa época de muitas tribulações, eu acordei de um sonho inquieto e turbulento e senti uma mulher sentada ao lado da minha cama, cuidando de mim. Se eu tivesse de descrevê-la, diria que era uma mulher sensata, realista, de aparência comum e roupas simples. Ela compreendia o que eu estava sentindo; encarava minha loucura com um suspiro de resignação e ficou de olho em mim, com toda a paciência, até eu começar a me sentir mais forte. No entanto, não tenho a expectativa de tornar a encontrar a Senhora da Luz sob essa forma. Ela representava o poder feminino capaz de cuidar de mim e me ajudar a perseverar naquele momento em particular. Suas qualidades eram aquelas que me faltavam na época – praticidade, solidez e a recusa a se deixar perturbar.

# ABRAÇAR A LUZ

O tremendo surto de criatividade feminina nos últimos cem anos, sobretudo nos campos da literatura e da arte, evidencia o desejo cada vez maior das mulheres de abraçar "o princípio da luz" e manifestá-lo em suas vidas. Isso se tornou mais fácil na mesma medida em que as convenções sociais perderam a força, o trabalho doméstico se tornou mais leve e os anticoncepcionais, mais acessíveis. Chegamos a um ponto em que quase se considera normal que as mulheres ocupem posições de poder em suas profissões, mesmo que os homens ainda sejam em maior número nos postos de chefia e na política. Hoje em dia, a fama instantânea, em especial por meio dos blogs e das mídias sociais, leva as jovens a considerar a possibilidade de se tornarem famosas num sentido que as gerações anteriores não eram capazes de conceber. Esse fato traz consigo uma necessidade cada vez maior de saber como trabalhar de modo construtivo com essa luz. A luz difusa que acessamos no nível coletivo e a luz focalizada com que nos relacionamos em nossos ícones pessoais agora se fundem para formar uma poderosa corrente de luz para a qual nós mesmas podemos servir de canal.

Há muitas válvulas criativas e construtivas para canalizar essa luz, desde os trabalhos de assistência social até a liderança espiritual. Aqui, quero falar sobre música, tomando o canto como um exemplo específico, pois durante muitos anos estudei canto, me apresentei em concertos e ensinei a arte do desenvolvimento da voz. Nem uma voz bela por natureza terá força ou flexibilidade se o aspirante a cantor não a treinar e desenvolver. Como qualquer outra arte, o canto exige habilidade e inspiração. Os cantores precisam desenvolver suas vozes para estender seu alcance vocal e realizar todo o seu potencial de expressão emocional.

Tudo isso demanda tempo e trabalho. A certa altura do processo, no entanto, a cantora pode começar a sentir a própria voz como se esta fluísse, passasse através dela, como um rio de luz correndo pelo canal de seu corpo. A isto nos referimos às vezes como "descobrimento" da voz. É sentido como uma viagem emocional em que a resistência se dissolve e a cantora se dispõe a expor não apenas a voz, mas também a alma. Quando esse fluxo básico está presente, a técnica da cantora pode deixar que a luz brilhe e dance ou que emita um brilho constante, segundo as exigências da música. Tudo isso começa a parecer natural e até simples em certas ocasiões, mas é provável que a cantora, a essa altura, já tenha empenhado anos de disciplina e esforço para chegar a esse ponto. E isso não significa que ela não tenha mais de trabalhar. A prática regular ainda é necessária a fim de manter tudo no correto equilíbrio, para que a voz continue fluindo como antes.

A arte do canto, aqui descrita, corresponde em grandes linhas a outras formas de empenho criativo. A dança, a pintura, a escrita e o teatro podem ser meios por intermédio dos quais a mulher venha a abraçar sua luz criativa. Porém, a geração e utilização da luz é algo que envolve um esforço consciente. Requer, ainda, a autenticidade do ser. Só podemos nos abrir com eficácia para o fluxo criativo quando estamos dispostas a encarar nossa própria natureza.

Cientes de que temos acesso a uma fonte de luz, podemos aprender a usá-la não apenas nas atividades criativas, mas também nos relacionamentos. No livro *She – Understanding Feminine Psychology*, Robert Johnson identifica a luz feminina à lâmpada do mito de Eros e Psiquê. Esta última, tão bela que não consegue encontrar um marido mortal, é condenada a se casar com a Morte. É, porém, resgatada desse funesto destino quando Eros se apaixona por ela. Ele a leva para viver consigo no Vale do Paraíso, onde ela realiza todos os seus desejos, exceto um – não pode ver o rosto do marido. Lhe é dito que, se o vir quando ele vier visitá-la em meio à escuridão, ele a deixará. Incitada pelas irmãs invejosas, que a convencem de que o esposo misterioso é, na verdade, uma perversa serpente, ela se arma com uma lâmpada e uma faca, para que possa atacar o marido caso descubra que ele é na verdade um monstro. Quando a luz da lâmpada revela que ele é de fato o Deus do Amor, já é tarde demais para que ela possa impedi-lo de ir embora. Depois de muitas provações, no entanto, Psiquê acaba se unindo de novo a Eros no Monte Olimpo.

Johnson identifica a lâmpada de Psiquê com a capacidade feminina de lançar luz sobre aspectos da vida que, para os homens, permanecem na escuridão. Segundo ele, as mulheres sabem usar sua luz para ajudar os homens a encontrar sentido no que eles vivem, e talvez conduzi-los rumo a relacionamentos novos e mais plenos. Quando a mulher usa sua lâmpada com sabedoria e bondade, o homem em questão ser-lhe-á grato, mesmo que a princípio relute em ver o que a lâmpada revela.

A luz também pode desempenhar um papel na cura e no cuidado, bem como na religião e na jornada espiritual. Com efeito, você pode encontrar oportunidades de abraçar a luz em qualquer contexto que tenha relação com sua peregrinação. Nos contextos religiosos e espirituais, as diferenças entre sacerdotes e sacerdotisas vêm ao caso de modo particular. Em regra, esses papéis não são intercambiáveis. Dependendo da religião, os sacerdotes e as sacerdotisas podem ter funções diferentes. E as religiões modernas, com efeito, têm certa relutância até para aceitar o papel das sacerdotisas, quanto mais para investigar o que ele significa. Podemos ver essas diferenças importantes na interpretação que fiz das imagens das cartas da Sacerdotisa e do Papa do Tarô de Marselha:

> *A Sacerdotisa é uma mestra de sabedoria. Pode assim ser vista de diferentes maneiras, de acordo com a tendência de cada pessoa; pode ser uma deusa antiga (Ísis) ou uma personificação feminina da presença de Deus (Shekinah), da sabedoria (Sofia) ou do nascimento espiritual (Maria). Talvez você prefira uma dessas imagens às demais, e é muito provável que o mesmo tenha acontecido com outras pessoas que*

> usaram o tarô nos séculos passados. Porém, se for além dos adereços, poderá também vê-la como um símbolo da própria contemplação. Ela se senta à entrada do templo e é a guardiã de seus mistérios. [...]
>
> Tanto o Papa quanto a Sacerdotisa são cartas que falam do conhecimento, mas a diferença é a seguinte: a Sacerdotisa se senta logo à frente do véu que marca a entrada do Santo dos Santos, ao passo que o Papa está entronizado a uma certa distância dos dois pilares do Templo Sagrado. [...] Por isso, ao passo que a Sacerdotisa é um símbolo de contato direto com os mistérios interiores, o Papa representa a autoridade espiritual fora do santuário.[3]

Os mistérios interiores que a Sacerdotisa representa podem estar envoltos em escuridão, mas ela ajuda a trazê-los ao mundo por meio de sua luz radiante. Sua função não é idêntica à da Rainha da Noite, que é aliada do poder fundamental da própria escuridão.

Antes de deixar de lado a questão da luz no papel das sacerdotisas, vale insistir em que o Círculo das Nove Mulheres é neutro em termos religiosos e sociais. Minhas percepções são moldadas pela cultura ocidental em que vivo, e os exemplos que apresento talvez reflitam esse fato, mas o Círculo das Nove Mulheres pode se tornar um modelo que se encaixa na estrutura da sua escolha, aquela que você usa.

## LUZ E VIDA

A Senhora da Luz tem um poder transformador, e podemos usar essa luz para operar mudanças em nossa vida. As mulheres mais fortes e desenvolvidas podem deixar que essa luz permeie toda a sua presença, refinando e modificando a própria substância — assim como a luz pode fazer com que um abajur de vidro opaco pareça translúcido. Talvez a luz seja o equivalente feminino do ouro dos alquimistas – um elixir que foi ele próprio desenvolvido a partir da matéria grosseira e que tem o poder de criar mais ouro a partir de materiais primitivos.

Num sentido simples, podemos usar nossa luz para efetuar mudanças. Quando há algo que de fato queremos ou precisamos mudar, podemos invocar a luz que trazemos dentro de nós e usá-la com arte, aplicando as habilidades e o conhecimento que desenvolvemos para efetuar uma transformação real. No entanto, esse poder é exigente, e demanda que incorporemos a mudança em nosso próprio ser – e em nossos hábitos, sendo que mudar os hábitos é uma das coisas mais difíceis que existem. Isso se evidencia num exemplo ocorrido há muitos séculos, na lenda que conta de como os cavaleiros eram controlados nas Cortes do Amor. Os estudiosos se perguntam se as Cortes do Amor medievais existiram de fato, mas, mesmo que não sejam uma verdade histórica exata, oferecem um exemplo maravilhoso de como as mulheres podem mudar todo um contexto social pela aplicação de sua inteligência e sabedoria.[4]

Antes da instituição da cavalaria, os cavaleiros eram pessoas grosseiras – rudes, bocas-sujas, sempre atrasados para o jantar, desrespeitosos com suas mulheres. As mulheres decidiram que a situação tinha de mudar e instituíram tribunais que estabeleceram padrões de comportamento e honra. Cada cavaleiro deveria escolher uma única dama e servi-la. Tinha de justificar sua conduta perante a corte, onde um painel de mulheres julgava quão bem ele havia servido o amor. As cortes eram as árbitras supremas da conduta cavalheiresca, e esperava-se que os cavaleiros se mostrassem à altura de seus padrões. Para isso, tinham não apenas de honrar suas mulheres, mas também de ter para com elas uma relação de castidade, pois seu amor tinha por objeto, em geral, uma mulher casada com quem eles não poderiam ter uma relação física. Assim, segundo a história, os cavaleiros começaram a demonstrar cortesia e, melhor ainda, bons modos à mesa. As mulheres gozavam de sua admiração verdadeira sem ser obrigadas a entrar em situações comprometedoras. Os feitos galantes se multiplicaram quando os cavaleiros passaram a levar "um objeto de recordação" das damas que haviam escolhido para que se lembrassem, em batalha, de seus elevados ideais.

Verdadeira ou não, essa lenda conta uma história significativa com a qual podemos aprender ainda hoje. As mulheres podem cultivar sua luz e fazê-la brilhar de um jeito que provocará uma resposta nos homens. A luz da Senhora, quando usada com intenção consciente, pode ser uma catalisadora de mudança.

## Imagens da Senhora da Luz

- *Imagem cotidiana:* Talvez você passe por ela e não a veja; sua aparência não é fora do comum. Ela se veste de maneira meio desalinhada, talvez usando um casaco bem funcional, com um penteado mais prático que glamoroso. Embora seja simples, reconhece-se que seu rosto é bondoso e franco. Ela está indo ajudar numa clínica ou ensinar um grupo de crianças em idade escolar. Se a visse no trabalho, sua impressão seria bem diferente; veria que essa qualidade suave e luminosa se transforma num envolvimento radiante com a tarefa que tem em mãos.

- *Imagem mítica:* Mulheres que levam uma lâmpada ou são associadas à luz: Psiquê, Florence Nightingale, Kuan Yin, Sofia. Deusas dos astros, como a deusa egípcia Nut e a deusa assíria Ishtar. Mulheres que iluminam o caminho – a guia que você encontra na jornada da sua vida, a fada-madrinha que resolve seus problemas.

- *Imagem pessoal:* O que é a luz dentro do seu ser e a que ela a conduz? Esse ideal permanece constante ou muda de forma à medida que você cresce e se desenvolve? Quando se sente leve, luminosa e contente em seu ser? Pense naquilo que mais quer mudar e em se a Senhora da Luz pode ajudá-la a efetuar essa mudança.

## Evolução da Senhora da Luz

- *Juventude:* A Senhora da Luz é uma criança capaz de agir com simplicidade e sem egoísmo. Não é moralista nem boazinha demais, a ponto de ser irritante. Parece mais sábia e mais bondosa que as outras crianças da sua idade, mas não se vê nela nenhum sinal de pretensão. É como se ela tivesse acesso a uma realidade maior e agisse sem reservas. O mesmo se encontra na jovem, que inspira confiança nas pessoas que a conhece. Sua presença é capaz de iluminar uma sala, embora ela oculte timidamente sua luz durante boa parte do tempo.

- *Maturidade:* Nessa época, a mulher pode encontrar um papel o qual exerce de forma consciente. Pode servir a uma causa maior que ela própria. Talvez se trate de uma atividade artística, um trabalho social ou o trabalho numa comunidade religiosa. Talvez ela não seja a líder do culto de adoração, mas apenas prepare o chá; no entanto, se conversar com ela, você será nutrida por sua sabedoria discreta. Essa mulher é compassiva, mas não sentimental; não quer que a luz seja coberta pela névoa. Conhece o amor e o vê como a moeda corrente da vida.

- *Velhice:* Sua vida pessoal já não significa muito para ela; o foco principal de seus interesses adquire um sabor espiritual. A contemplação e o silêncio são coisas que ela aprecia. Seus poderes parecem curiosamente independentes da idade, e, quando surge a necessidade, ela sabe fazer uso de extraordinárias fontes de energia. É amada e visitada por muitos e quase nunca está sozinha.

## Manifestações da Senhora da Luz

- *Dons:* Talento criativo nas artes, na literatura, nas artes do palco. Conhecimento intuitivo do futuro. A capacidade de esquecer de si mesma e de não ser egoísta. Sentir-se à vontade na companhia de outras mulheres. Encontrar uma guia ou mestra do sexo feminino. Encontrar a orientação interior. Amor e compaixão dados e recebidos.

- *Provações:* Falta de recursos para pôr suas visões em prática. Ser acusada de egoísmo. Sofrer a ingratidão e a dureza de coração das outras pessoas. Perder a fé. Perder o senso de direção. Falta de alguém a quem recorrer em busca de orientação.

- *Rituais e cultos:* Irmandades femininas dos mais diversos tipos – sociais, feministas, religiosas, de estudo. Trabalhar para o bem comum – em obras de caridade, por exemplo. Rituais privados de trabalho artístico e devoção religiosa pessoal.

## Visão da Senhora da Luz

- A sabedoria que se encontra tanto nos mais sutis raios de luz quanto nos mais ferozes clarões.

# Capítulo 11

## O TRABALHO COM O CÍRCULO DAS NOVE MULHERES

E agora o círculo se fecha. Com as Nove Mulheres estabelecidas em seus lugares, sua circunferência define um espaço de grande significado e um ingrediente essencial da psique feminina. Já examinamos a necessidade das mulheres de criar espaço em sua vida – espaço físico, atmosferas em que possam pensar e devanear e a liberdade para afirmar seu ponto de vista e suas intenções. O espaço criado pelo Círculo das Nove Mulheres é, portanto, um espaço de potencial. É um local onde as mulheres podem descobrir sua identidade única, aquilo que todas elas têm em comum enquanto seres humanos do sexo feminino. As figuras míticas que envolvem esse lugar ajudam a ativar seu potencial e guardam o santuário interior especial em que o indivíduo é capaz de trabalhar e refletir sem intromissões. Nesse local, sozinha ou na companhia de outras mulheres, ela pode afirmar seu sentido de feminilidade, o que, por sua vez, lhe dá mais consciência e confiança quando ela volta a circular no mundo mais amplo.

Quando as Nove Mulheres são conhecidas e estabelecidas em seus lugares, há inúmeras maneiras de trabalhar tanto com os arquétipos quanto com o próprio círculo. Você talvez prefira organizar as Nove Mulheres numa sequência diferente da apresentada neste livro; cada sequência é capaz de gerar novas intuições. Também pode planejar sua própria viagem ao redor do círculo, visitando os arquétipos em sequência, um por vez. Na verdade, há 362.880 maneiras ($9^9$) de se fazer isso, de modo que suas opções de exploração jamais se esgotarão. Você poderá também combinar dois ou mais arquétipos e ver como eles interagem. Eles podem enriquecer sua arte de contar histórias, inspirar projetos artísticos ou até revelar a dinâmica de sua própria vida. Quando a Mãe Tecelã é associada à Rainha da Noite, por exemplo, abre-se o caminho para uma história de magia, tramas e intrigas. Quando a Senhora do Lar é apresentada à Mãe Justa, tem-se o potencial para uma saga épica sobre os destinos de duas famílias – o toque dinástico.

Apresento a seguir algumas maneiras pelas quais isso pode ser feito, sugerindo exercícios estruturados para trabalhar com os arquétipos. Esses exercícios podem praticados individualmente ou em grupo e todos eles são baseados em experiências concretas do Círculo das Nove Mulheres. Isto aqui, no entanto, é apenas um ponto de partida; as possibilidades criativas são infinitas. Quando você se familiarizar com a abordagem geral, será relativamente fácil criar exercícios e projetos diferentes com base nos mesmos princípios. Lembre-se, além disso, de que não é preciso se esforçar demais para ser inteligente ou original. No trabalho em grupo, as discussões baseadas na observação e na experiência poderão fazê-las avançar bastante. No trabalho individual, a observação honesta será sua maior vantagem. E você poderá continuar inventando novas maneiras de trabalhar nos anos que vêm por aí, à medida que mudanças forem ocorrendo em sua vida e no mundo ao seu redor.

Mais à frente neste capítulo, veremos o que fazer para criar um grupo e examinaremos ideias para dar continuidade a esse tipo de trabalho no futuro. No final do capítulo, você encontrará atividades que unem gerações: mães e filhas ou avós e netas.

## O CÍRCULO DAS NOVE MULHERES NO MUNDO MAIS AMPLO

O Círculo das Nove Mulheres pode servir de fundamento para os mais diversos tipos de grupos de mulheres e empreendimentos coletivos femininos. Na verdade, as Nove Mulheres têm servido de modelo para o trabalho e a autoexpressão das mulheres há milhares de anos, como vimos no Capítulo 1. Os arquétipos do Círculo das Nove Mulheres, tal como foram apresentados aqui, podem ser aproveitados para atender às necessidades práticas das mulheres de hoje, bem como às necessidades de grupos cuja prioridade é espiritual. Um grupo de mulheres que se prepara para o parto, por exemplo – ou que estão criando uma rede de negócios ou oferecendo um serviço à comunidade –, pode usar o Círculo das Nove Mulheres de maneira eficaz para aprofundar a conexão entre elas. A exploração dos nove arquétipos e a descoberta de o que eles têm que ver com a vida das mulheres cria uma saudável dinâmica de grupo, a qual então ajuda as integrantes a concentrar-se de modo ainda mais eficiente em seus próprios objetivos, sejam estes práticos ou espirituais.

Dedicar algumas sessões para explorar as qualidades de cada uma das Nove Mulheres é algo que pode servir de ponto de partida para mulheres que se reúnem numa nova associação ou grupo. A discussão da natureza das Rainhas, das Mães e das Senhoras – e a identificação de cada um dos nove arquétipos individuais na vida pessoal, na história e nos mitos – cria uma base comum de compreensão que pode ser de grande valia para o trabalho futuro do grupo. Os exercícios e discussões também podem ser conduzidos de acordo com o foco particular do grupo. Uma vez terminado esse trabalho preliminar, o Círculo das Nove Mulheres pode continuar sendo um elemento da sabedoria coletiva do grupo, permanecendo talvez latente, logo abaixo da superfície, à medida que o grupo enfoca objetivos mais específicos ou práticos; e está sempre à disposição para ser invocado quando necessário.

## EXERCÍCIOS PARA OS NOVE ARQUÉTIPOS

A bem da brevidade, formulei as instruções abaixo da maneira mais concisa possível. Em grupo, no entanto, talvez valha a pena dar instruções verbais mais detalhadas para que todas trabalhem com a mesma dinâmica.

Nestes exercícios, o objetivo é conhecer cada arquétipo, tanto em seu sentido mítico quanto na medida em que se relaciona com sua vida e com a vida das mulheres em geral. É claro que você também pode fazer isso fora da estrutura dos exercícios. Apenas se proponha as seguintes perguntas muito simples:

- o Você é capaz de perceber o arquétipo em si mesma? Como o percebe?
- o Você é capaz de ver as qualidades do arquétipo em mulheres que conhece?
- o Você é capaz de identificar e observar atividades da vida cotidiana que têm relação com essas qualidades?
- o Você é capaz de identificar uma figura feminina da história, da cultura popular ou do mito que tenha relação com o arquétipo? (Procure figuras diferentes daquelas mencionadas neste livro.)

Se estiver trabalhando sozinha, sugiro que escreva as respostas a essas perguntas e as mantenha registradas. Pode ser muito útil, a certa altura, comparar suas anotações com as de uma ou duas amigas. Se estiver trabalhando em grupo, alguns exercícios podem ser adequados para as reuniões, mas na maioria das vezes devem ser feitos individualmente entre uma reunião e outra e discutidos na reunião seguinte.

Um bom caminho para começar a trabalhar com as Nove Mulheres é visualizá-las num círculo. Você deve conhecer os nomes delas e a composição dos grupos de Rainhas, Mães e Senhoras. Visualize-as então como indivíduos, recordando-se do nome de cada uma, uma por vez, e estudando a aparência de cada figura. Há de constatar que a ordem apresentada neste livro é uma sequência forte e equilibrada, e recomendo que a use a princípio. À medida que for ganhando experiência, no entanto, poderá colocá-las na ordem que quiser, ou mudar a ordem a cada vez que fizer os exercícios.

A maioria das pessoas está familiarizada com a prática da imaginação ativa, em que encorajamos a formação de uma imagem ou sequência de imagens na mente. Nos exercícios a seguir, use o método que preferir, ou que seu grupo preferir, para fazer isso. Para as que têm menos familiaridade com a visualização, no entanto, sugiro que se sentem com a coluna reta, sem apoiar as costas, com os pés no chão. Antes de começar, fechem os olhos, acalmem a respiração e tranquilizem a mente. Uma coisa que ajuda é uma luz suave – nem luz forte nem um ambiente escuro. Quando terminarem, abram os olhos e voltem para o momento presente.

## *A Rainha da Terra*

- ○ ***Reconheça seus domínios:*** Quem e o que você governa na qualidade de Rainha da Terra? Qual é seu território e onde, dentro dele, seus afetos são mais fortes? Mapeie, descubra e conheça seus domínios.

- ○ ***Sentido do olfato:*** Aguce o seu sentido do olfato; tenha consciência dele na companhia de outras pessoas e no mundo ao seu redor. Leve em conta seus próprios odores corporais: esteja pronta para cheirá-los todos, sem julgá-los. Quantos aromas é capaz de identificar?

- ○ ***Crescimento e fertilidade:*** Escolha uma planta que queira plantar ou da qual queira cuidar (compre ou tome uma emprestada) e traga-a para sua casa ou jardim. Qual é sua impressão a respeito da planta quando ela chega? Pergunte-se do que ela precisa e, depois de cuidar da planta por um tempo, veja se ela está diferente.

## *A Mãe Tecelã*

- ○ ***Teça os fios:*** Escolha uma modalidade de tecelagem que já conheça – pode ser algo bem simples, como fazer uma trança, uma pulseira de crochê ou até um ninho para gatos – e faça algo, observando todo o processo. Observe seus dedos trabalhando e contemple o processo de desenvolvimento da tecelagem. A que altura repara que um padrão está começando a se formar?

- ○ ***Tramas:*** Quais emaranhamentos verifica em seu próprio comportamento? Como as tramas das outras pessoas atrasam a sua vida e complicam seus assuntos? Seja sincera em suas observações. Veja se esses emaranhamentos servem a um propósito útil; caso não sirvam, procure simplificar o processo. Enfoque alguns casos apenas.

- ○ ***Padrões:*** Escreva em poucos parágrafos a história da sua vida. Quais são os fios principais da sua história e como você os combinou para chegar ao lugar onde está hoje? É capaz de ver os padrões? Volte seu olhar para o futuro e veja como os padrões continuam sendo tecidos.[1]

*A Senhora da Dança*

- ***O movimento como dança:*** Escolha um tipo particular de movimento repetitivo que você sempre faz – qualquer coisa, desde escovar o cabelo até lavar uma panela ou girar o volante do carro. Transforme-o numa espécie de dança – nada de artificial ou exagerado, mas apenas mais fluido, gracioso e lírico.

- ***Observe a dança:*** Sempre que puder, veja mulheres dançando – se possível, de diferentes tradições e culturas. Veja o que define cada tipo de dança; considere seus ritmos, seu fluxo, sua energia. Como as mulheres expressam suas qualidades individuais dentro dessa dança?

- ***Mude de ritmo:*** Prestando atenção, pegue um movimento rítmico que você faz – caminhar, martelar, escavar – e torne-o mais rápido ou mais lento. Observe de que maneira isso a ajuda ou atrapalha e identifique as diversas qualidades que a mudança introduz na atividade. Mantenha o ritmo.

*A Rainha da Noite*

- ***Metamorfoseie-se:*** Use uma roupa diferente a cada dia durante uma semana. Decida de antemão qual efeito quer criar e, com isso em mente, escolha o que usar. Repare em como as outras pessoas reagem.

- ***Noite adentro:*** Saia para caminhar à noite, procurando os lugares mais escuros. Uma alternativa é tentar tornar um cômodo o mais escuro possível e tentar sentar-se nele e caminhar dentro dele durante um curto período. (Tanto num caso como no outro, evite riscos desnecessários.) Observe se suas percepções se alteram e como elas se alteram.

- ***O tempo e o humor:*** Observe como se sente a cada dia. Está alegre? Deprimida? Anote os detalhes do tempo – temperatura, vento, chuva. Veja se há correlações entre o tempo e seu estado de humor.

## A Mãe Justa

- ***Escolha suas ferramentas:*** Pegue uma ferramenta com a qual nunca ou quase nunca tenha trabalhado e aprenda a usá-la. Seu objetivo é completar uma tarefa pequena do modo mais preciso e limpo possível. Procure aplicar seus esforços com eficiência, de modo que a ferramenta funcione da melhor maneira.
- ***Decisões:*** Durante uma semana, mais ou menos, preste atenção em todas as decisões que toma – desde decidir dar uma volta a pé até decidir mudar de emprego. Em que momento toma consciência da decisão? Já a tomou? Considere quais são ou serão as consequências da decisão.
- ***Agir com limpeza:*** Escolha uma tarefa que precisa ser feita – uma tarefa que você deteste, por exemplo, ou que venha adiando. Decida-se a cumpri-la e aja segundo essa decisão o mais rápido possível. Mantenha as emoções em modo neutro, sem dar espaço à raiva ou à frustração. Como se sente depois?

## A Senhora do Lar

- ***Faça uma tarefa doméstica:*** Escolha uma tarefa doméstica simples, como descascar batatas ou passar pano no banheiro, e preste atenção a ela. Quando tiver terminado, pare um pouco para refletir sobre as qualidades da experiência. Foi tão tediosa quanto você esperava? Ou teve um aspecto de iluminação, talvez até agradável?

- *Qualidade do lar:* Tome consciência do momento em que passa pela porta de sua casa, tanto para entrar quanto para sair. O que sente ao entrar em casa? O que sente ao sair dela? Mantenha essa prática por alguns dias.

- *Altere um espaço:* Escolha um espaço ou um cômodo – em casa, no trabalho ou em outro lugar – e altere-o em aspectos importantes ou nem tanto. Introduza um novo objeto no cômodo, por exemplo, e veja qual é a qualidade que ele traz consigo. Identifique o verdadeiro centro do espaço e o que ele simboliza para você.

*A Rainha da Beleza*

- *As joias da rainha:* Procure manipular ou pelo menos olhar uma pedra translúcida lapidada, sua ou de outra pessoa. Não precisa ser uma pedra preciosa; pode ser um cristal. Que qualidade pode ser observada na beleza dela? O que a torna única? Como ela deixa mais bonita a mulher que a usa?

- *Sensação de beleza:* Permita-se sentir-se bela neste momento. Qualquer que seja a roupa que esteja usando, quer esteja arrumada ou não, conheça e sinta a beleza em sua forma de mulher. Numa outra ocasião, vista-se e dispa-se; tome consciência de como a beleza é intensificada pelas roupas e revelada pela nudez.

- *Mudanças de beleza:* Pense nas diversas preferências culturais relativas à beleza e em como elas mudaram no decorrer dos séculos. Qual o significado de certos estilos de roupa ou formas corporais? Quais são as que você, como indivíduo, prefere?

*A Grande Mãe*

- *Figuras maternas:* Encontre uma imagem ou um objeto que você sinta de fato representar a Grande Mãe. Pode ser uma forma abstrata, uma escultura ou um objeto comum do cotidiano que pareça expressar a natureza dela. O que ele significa?

- *A linhagem das mães:* Escolha uma linhagem de mães e filhas, de preferência a da sua própria árvore genealógica, e vá recuando na linhagem, visualizando ou se lembrando de cada mulher à medida que recua. Se conhece apenas duas ou três gerações, complete o exercício em sua imaginação.

- *Pausa:* Permita-se parar um pouco e fazer uma pausa de pelo menos uma hora, de preferência duas. Não faça nada, exceto relaxar num lugar confortável, dentro ou fora de casa. Nada de telefone, livros e computadores; nada de companhia. Deixe-se sonhar e devanear. No final da sessão, faça uma investigação gentil para ver se algo germinou nesse espaço.

*A Senhora da Luz*

- *Iluminação:* Durante um período determinado – algumas horas, um dia ou uma semana –, repare em todas as ocasiões em que cria algum tipo de luz, seja acendendo uma lâmpada elétrica, uma vela ou os faróis do carro. Nesse momento, saiba que você é a Senhora da Luz.

- *Qualidade luminosa:* Qual qualidade luminosa você vê em outras mulheres? Toda mulher leva alguma luz dentro de si. É sombreada, brilhante ou suave? É tremulante, firme ou emite pulsos periódicos de luz? Tome notas.

- ***Atos de bondade:*** Disponha-se a oferecer pequenos atos de bondade a outras pessoas. Quando fizer cada um deles, tome consciência da luz em seu ser. Mas procure agir da maneira mais limpa possível, sem sentimentalismo. Deixe que a luz seja simples em sua essência.

*Para criar seus próprios exercícios*

No geral, os exercícios que funcionam bem para se descobrir os nove arquétipos se baseiam em quatro abordagens: observação, visualização, criatividade e tarefas pessoais.

- *Observação* é o processo de olhar ou contemplar quando você está ativa ou interagindo, deixando que os processos de pensamento interfiram o menos possível.
- *Visualização* é usar a imaginação ativa para "ver" uma imagem ou sequência de imagens com o olho interior.
- *Criatividade* é usar as atividades criativas de que gosta, ou experimentar atividades novas, com o objetivo de capturar qualidades de um dos nove arquétipos, ou mais de um.
- *Tarefas práticas* são tarefas simples da casa ou ações que você possa destacar e repetir de modo intencional.

Às vezes, essas abordagens se sobrepõem. Se as mantiver em mente ao inventar seus próprios exercícios, isso a ajudará a dar eficácia e variedade a suas experiências.

## FUNDAR UM CÍRCULO

Participar de um grupo do Círculo das Nove Mulheres é um jeito maravilhoso de conhecer os nove arquétipos e aprender a incorporá-los à vida cotidiana. Os grupos também proporcionam oportunidades para criar intimidade com outras mulheres e talvez encontrar um jeito de trabalharem juntas no futuro.

O objetivo de as mulheres se reunirem num Círculo das Nove Mulheres é penetrar na feminilidade que elas têm em comum e apreciar os nove aspectos de sua diversidade. Estes tendem a transcender os sistemas de crenças e as normas culturais das integrantes do grupo e exige de todas uma disposição para alargar as suas fronteiras. Quando isso acontece, um conhecimento verdadeiro surge dentro do grupo; as compreensões que assim se geram podem ter uma profundidade extraordinária. Esses grupos podem servir de base para reflexões penetrantes, orientações sábias ou oferecerem-se serviços à comunidade. A seguir, algumas diretrizes para ajudá-la a fundar um círculo autêntico e poderoso dentro do qual possa trabalhar.

*Número de integrantes e horário das reuniões*

Não é preciso nove integrantes para formar um Círculo das Nove Mulheres, embora esse seja o número ideal. Recomendo, no entanto, um mínimo de sete, pois este é o número mínimo necessário para criar a identidade e a energia do grupo. O número máximo para que o trabalho em grupo tenha eficácia parece ser de dezesseis, embora haja aqui certa flexibilidade.

Doze sessões devem ser dedicadas à familiarização com os nove arquétipos. Incluem-se aí sessões introdutórias e de finalização, bem como uma sessão para cada arquétipo. O melhor é que as sessões sejam semanais, se possível, para que vocês não percam o embalo. É claro que, depois das doze primeiras sessões, o grupo pode continuar se reunindo e ampliar seu campo de ação. Se conseguirem sustentar o grupo por seis meses, por exemplo, poderão dedicar duas sessões a cada arquétipo. A seguir, encontrarão ideias para outros projetos que poderão realizar depois de estabelecer o conhecimento preliminar do Círculo das Nove Mulheres.

Na reunião preliminar, explique o contexto do Círculo das Nove Mulheres e o motivo pelo qual está fundando o grupo. Depois, introduza o arquétipo que será o tema do segundo encontro e estabeleça tarefas para que as integrantes cumpram entre uma sessão e outra.

*Etiqueta*

O ideal é que o grupo se reúna num lugar neutro, não pessoal, onde haja espaço para que vocês se movimentem. A sala deve ser simples; música, incenso e uma iluminação especial só devem ser usados caso isso seja necessário para o trabalho específico que está sendo feito. Com isso, os símbolos e artefatos mostrados, bem como as imagens que surgirem, ficarão mais fortes e mais claros. Não deixem de desligar os telefones e deixá-los fora do círculo.

Cada grupo precisa de uma líder geral, mas as sessões específicas podem ser comandadas por outras integrantes. Não é correto que uma única integrante subsidie todo o grupo; os gastos devem ser divididos entre as integrantes.

Alguns grupos gostam de começar e terminar suas reuniões com um rito simples, e recomendo que se faça isso. A prática de acender três velas – uma para as Mães, uma para as Rainhas e uma para as Senhoras – é eficaz. As velas podem ser formalmente apagadas no final da sessão. As integrantes também podem afirmar a presença das Nove Mulheres e da linhagem delas repetindo o seguinte:

*Lembrem-se da antiga linhagem.*

*Lembrem-se do círculo.*

*Lembrem-se das Nove Mulheres que estão presentes em toda mulher.*

A parte operativa de cada reunião deve ser encerrada de maneira clara e definida. Se possível, depois do fim formal da reunião, continuem juntas de modo informal, dedicando um tempo a conversas e a um pequeno lanche.

*Código de conduta*

Seu grupo só dará certo se você estabelecer diretrizes firmes a serem seguidas pelas integrantes. Algumas sugestões:

- o  Respeitem tudo o que for dito em confidência dentro do grupo.
- o  Estejam preparadas para ficar na reunião do início ao fim.
- o  Estejam preparadas para contribuir, tanto trabalhando entre as sessões quanto comunicando-se durante a reunião.
- o  Compareçam com regularidade às reuniões; um grupo desse tipo só vai funcionar direito se a participação for regular.
- o  Aceitem que os debates são importantes (mesmo que não levem a um consenso) e que as perguntas podem ser mais importantes que as respostas.
- o  Falem a partir da sua própria experiência e sejam sinceras.
- o  Ouçam com a máxima atenção o que as outras dizem.

# TRABALHOS AVANÇADOS

Quando o grupo completar sua primeira exploração dos nove arquétipos, as integrantes talvez queiram levar o trabalho adiante. Há várias maneiras de permanecer na companhia das Nove Mulheres. Veja a seguir, algumas sugestões.

*Tríades*

Trata-se de uma área frutífera para explorações criativas. Há 84 combinações possíveis dos nove arquétipos quando estes são agrupados em tríades, ou conjuntos de três. Cada tríade terá sua própria qualidade e poderá gerar histórias, dramas, diálogos ou novas imagens. As tríades podem ser usadas para descobrir como os arquétipos se relacionam uns com os outros, como suas histórias se entrelaçam e de que maneira eles podem funcionar juntos em nossa vida. Há três tríades fundamentais – as Rainhas, as Mães e as Senhoras –, nas quais vocês talvez já tenham pensado durante as primeiras reuniões. Procure escolher vários outros exemplos das 81 possibilidades restantes para descobrir os panoramas criados pelas diversas tríades e como elas podem se manifestar em sua vida.

*Símbolos*

À medida que o grupo progride, as integrantes talvez queiram representá-lo por meio de um símbolo específico ou de um conjunto de símbolos. Os primeiros grupos que nasceram da primeira definição dos arquétipos do Círculo das Nove Mulheres, por exemplo, escolheram um narciso; depois, com a evolução dos trabalhos, ele mudou para uma espiga de trigo. Em geral, leva tempo para que a identidade do grupo se firme. Até isso acontecer, trabalhem com quaisquer símbolos e imagens que lhes sejam sugeridos pelo trabalho com as Nove Mulheres. Em caráter provisório, talvez valha a pena adotar um trio de símbolos que representem as Rainhas, as Mães e as Senhoras. Mais tarde vocês talvez descubram um símbolo ou uma imagem que ressoa com o grupo e com a direção que os trabalhos vêm tomando. Qualquer símbolo adotado deve ser aceito por todas as integrantes do grupo.

*Tarefas práticas*

Um Círculo de Nove Mulheres que encontre uma tarefa a que se dedicar – uma tarefa a desempenhar na comunidade – pode ser tão bem-sucedido quanto outro que cresça em consciência mística, e não é impossível, em absoluto, combinar as duas coisas. Meu grupo mais recente do Círculo das Nove Mulheres decidiu enviar caixas cheias de pequenos presentes a mulheres na África por meio de uma instituição de caridade reconhecida. Queríamos que os presentes fossem práticos, mas também queríamos que tivessem relação com os nove arquétipos. Essa pequena contribuição foi muito apreciada pelo grupo e espero que tenha beneficiado as mulheres que a receberam. Pode ser que, um dia, um grupo do Círculo das Nove Mulheres assuma uma tarefa de grande importância e dê uma contribuição significativa ao mundo. Enquanto isso não acontece, não desconsiderem a possibilidade de fazer uma pequena diferença. Pequenos impulsos às vezes produzem grandes resultados.

Um grupo do Círculo das Nove Mulheres que dure bastante tempo pode criar seus próprios temas e escolher seus próprios caminhos, desde que tudo se construa sobre o fundamento dos nove arquétipos. Conheço grupos que exploraram temas como geometria sagrada, dança, sexualidade, antepassados e magia. Nossa tarefa, aqui, foi a de estabelecer o Círculo das Nove Mulheres e descobrir maneiras comprovadamente eficazes de trabalhar com as nove figuras femininas. Quando as integrantes do grupo tiverem todas o mesmo entendimento dos nove arquétipos, poderão ir além das estruturas apresentadas aqui e gerar um caminho dinâmico e frutífero a ser explorado pelo grupo.

# O TRABALHO COM VÁRIAS GERAÇÕES

Como avó, tenho um gosto imenso em fazer companhia às minhas netas em atividades lúdicas que tenham relação com os nove arquétipos. Esta é uma área cuja exploração recomendo. Você pode fazer o mesmo com filhas pequenas, ou mesmo com qualquer menina com quem tenha relação de amizade ou parentesco, ou que seja sua aluna. As sugestões abaixo são apenas diretrizes gerais; fique à vontade para desenvolver suas próprias ideias – as quais, de qualquer modo, talvez tenham de ser adaptadas à idade da menina em questão. Atividades como essas, simples, mas especiais, podem criar uma conexão calorosa e talvez deixar impressões vívidas na memória da menina – impressões que, com o tempo, também ela talvez queira comunicar a uma geração mais jovem. Essas atividades também podem ser usadas para criar um elo entre mãe e filha. As únicas instruções são: as interações entre vocês devem ser agradáveis; lembrem-se do vínculo com as Nove Mulheres; e permaneçam atentas e presentes no momento. É isso que dará uma dimensão especial a suas atividades.

- *Rainha da Terra:* Colham frutas ou ervas silvestres. Juntas, tirem ervas daninhas, podem plantas, dediquem-se à jardinagem.

- *Mãe Tecelã:* Experimentem fazer artesanato juntas: amarrar nós, crochê, tear, tricô, trançar o cabelo ou trançar fitas, trançar vime. Também pode ser divertido desemaranhar e tornar a enrolar uma bola de lã.

- *Senhora da Dança:* Usem echarpes ou fitas esvoaçantes para deixar rastros de movimento enquanto dançam juntas ao som de uma música de sua escolha.

- *Rainha da Noite:* Saiam para passear no escuro (com segurança). Só usem lanternas se for absolutamente necessário. A paisagem noturna da cidade também pode funcionar.

- *Mãe Justa:* Saiam para passear a pé ou de carro e deixe a criança escolher o caminho (dentro do razoável); reparem nas consequências de cada escolha. Para as mães e filhas adultas, troquem os papéis de autoridade. Aquela que está acostumada a seguir deve assumir a liderança. Vejam quais são as consequências.

- *Senhora do Lar:* Cozinhem juntas ou preparem um lugar acolhedor em casa, reorganizando um cômodo.

- *Rainha da Beleza:* Aqui, as possibilidades são muitas – usar maquiagem, experimentar joias juntas, lavarem os cabelos uma da outra.

- *Grande Mãe:* Estudem a história familiar e vejam antigas fotos de família. Partilhem lembranças.

- *Senhora da Luz:* Acendam lamparinas ou velas, juntas, para marcar uma ocasião especial. Podem decidir juntas como melhor dispô-las num cômodo. Animem-se juntas, empolguem-se juntas, admirem-se juntas.

# Conclusão

# FECHANDO O CÍRCULO

Meu objetivo, neste livro, foi dar sugestões que você possa aproveitar e indicar caminhos que possa seguir para desenvolver seu próprio vínculo com os arquétipos do Círculo das Nove Mulheres. Minha recomendação final é que promova e mantenha um espírito lúdico e de prazer naquilo que faz. Para trabalhar com os arquétipos é preciso esforço, mas não rigidez. A alegria e a tristeza podem se entremear em seu trabalho, mas, se o arquétipo tocar algo de verdadeiro em sua natureza, ambas as emoções lhe darão ricas experiências.

Ao terminar sua jornada com este livro, você talvez constate que algumas ideias apresentadas a interessaram ou inspiraram, ao passo que outras a irritaram e a levaram a discutir com as questões levantadas. Com o tempo, no entanto, é possível que essas questões sirvam a um propósito, ajudando-a a desenvolver uma concepção própria das Nove Mulheres. Não tive de maneira alguma a intenção de estabelecer dogmas, mas apenas de atrai-la para o reino dos nove arquétipos femininos e descrever meus próprios encontros com eles de maneira tão imaginativa e pertinente quanto possível. No site, em inglês, *www.cicleofnine.org*

encontram-se outras histórias a respeito desses encontros, bem como outros materiais ainda sobre os arquétipos e o trabalho com o Círculo das Nove Mulheres. Escrever e reescrever este livro foi uma rica jornada, que me deu a conhecer muitas maravilhas ao longo da caminhada. Cada expedição me abriu novos campos de investigação e revelou novos tesouros no domínio das Nove Mulheres. Se as suas próprias viagens em torno do Círculo tiverem o mesmo efeito, meu objetivo terá sido atingido. Assim como o espaço entre as pedras do círculo original das Nove Senhoras deixa livre o acesso ao centro, assim também o mundo dos arquétipos está sempre aberto a explorações. Cada viajante voltará com suas próprias histórias para contar. Basta se lembrar que, por mais fortes que sejam a presença e a qualidade de cada arquétipo, todos eles nascem de uma mesma fonte. Suas diferenças não passam de uma celebração das incontáveis maneiras pelas quais a unidade do Círculo se expressa na criação.

Desejo tudo de melhor a todas vocês em suas explorações das Nove Mulheres. Espero que as nove figuras femininas toquem seu coração, acendam sua criatividade e lhe deem coragem para se soltar no mundo.

# Notas Finais

## INTRODUÇÃO: A HISTÓRIA DO CÍRCULO

[1] Na época daquela visita, a charneca tinha menos vegetação do que hoje em dia; de lá para cá, foram plantadas árvores que hoje formam um belo pano de fundo para o círculo de pedras. Para saber mais sobre o círculo das Nove Senhoras e sobre outras ocorrências do número nove em monumentos megalíticos, consulte o Capítulo 1.

## CAPÍTULO 1: A COMPANHIA DAS NOVE MULHERES

[1] Não disponho de espaço, neste livro, para tentar estabelecer uma cronologia de como essa tradição se disseminou pelo mundo, mas é certo que esse tópico é digno de estudo. Além disso, descobri que não sou a única pessoa a ter convicção de que as Nove Mulheres têm sido importantes desde há milhares de anos. O escritor Stuart McHardy também tem seguido essas pistas, e seu livro é utilíssima fonte de exemplos, sobretudo aqueles localizados nas Ilhas Britânicas. Ver *The Quest for the Nine Maidens* (Luath Press Ltd., 2003).

[2] Traduzido do grego antigo para o inglês por Brooks Haxton em *Dances for Flute and Thunder* (Viking, 1999). Reproduzido aqui com a gentil permissão do autor.

[3] As histórias de Santa Brígida e suas nove damas de companhia, bem como de São Donevaldo e suas nove filhas, são relatadas em diversas fontes, entre as

quais J. M. Mackinlay, "Traces of the Cultus of the Nine Maidens in Scotland", *Proceedings of the Society of Antiquaries of Scotland*, 1910.

[4] Allyson M. Poska, *Women and Authority in Early Modern Spain: The Peasants of Galicia* (Oxford University Press, 2005).

[5] Um longo estudo sobre as "alegres donzelas" e dançarinas nas tradições da Bretanha e das Ilhas Britânicas, que teriam sido transformadas em pedra por seu comportamento transgressor, foi elaborado por S. P. Menefee, "The 'Merry Maidens' and the 'Noce de Pierre'", *Folklore*, Vol. 85 nº 1 (Primavera de 1974), pp. 23-42.

[6] Ver o *site* Legendary Dartmoor, uma excelente fonte de informações folclóricas sobre essa região da Inglaterra: *http://legendarydartmoor.co.uk/nine_maidens.htm*.

[7] B. C. Spooner, "The Stone Circles of Cornwall", *Folkore*, Vol. 64 (dezembro de 1953), pp. 484-87.

[8] A vila de Ninewells (Nove Poços), perto de Dundee, estaria associada às Nove Donzelas segundo Mackinlay, "Traces of the Cultus of the Nine Maidens in Scotland", *Proceedings of the Society of Antiquaries of Scotland*, 1910, pp. 255-65. Para uma descrição sucinta do círculo de pedras das Nove Senhoras em Stanton Moor, ver https://en.wikipedia.org/wiki/ Nine_Ladies.

[9] Mackinlay, "Traces of the Cultus of the Nine Maidens in Scotland", *Proceedings of the Society of Antiquaries of Scotland*, 1910, pp. 255-65.

[10] Ver *Celtic Culture: A Historical Encyclopedia*, Vols. 1-3, organizado por John T. Koch, p. 1.558; ver também http://llan-community.org.uk/, o artigo "Druidic Survivals in Celtic Hagiography, Part III", e McHardy, *Quest*, p. 65. Atente-se também para a semelhança entre a visão das Últimas Remanescentes de uma Poderosa Ordem, relatada neste capítulo, e o fato de se afirmar que a profetisa islandesa Torbjorg foi a última remanescente de um grupo de nove. A ideia de mulheres que mantêm acesa a chama da magia de um período mais antigo parece ser uma constante.

[11] É fácil encontrar imagens dessa pintura na internet. Vale a pena consultar várias fotos, pois algumas imagens têm definição melhor e outras.

[12] Sayan Zhambalov, Virlana Tkacz e Wanda Phipps, *Siberian Shamanism: The Shanar Ritual of the Buryats* (Inner Traditions, 2015), pp. 18-9.

[13] Para conhecer mais detalhes sobre cada uma das Sibilas e sua história, ver https://en.wikipedia.org/wiki/Sibyl.

[14] O contexto histórico da vista dessa *völva* foi descrito por H. R. Ellis Davidson em *Gods and Myths of Northern Europe* (Penguin,1964), pp. 114-23. Segundo a tradução da saga, a profetisa Thorbjorg tinha nove irmãs, das quais era a única ainda viva. A rigor, ela integraria assim um grupo de dez, mas Davidson a descreve como "a última sobrevivente de uma companhia de nove mulheres".

[15] De *The Saga of Erik the Red*, publicada em http://sagadb.org/eiriks_saga_rauda.en, traduzida para o inglês por J. Sefton em 1880.

## CAPÍTULO 2: A RAINHA DA TERRA

[1] *Maiden in the Moor Lay*, início do século XIV. Modernizei um pouco o texto, que pode ser encontrado em diversas antologias, entre as quais *Medieval English Lyrics*, org. R. T. Davies (Faber & Faber, 1963).

[2] Esther Harding, uma analista junguiana, defendeu de modo convincente esse ponto de vista em meados do século XX, em seu livro *Women's Mysteries*.

[3] A festa em questão era a de "Ivan Kupala" e a flor mágica era uma "flor de fogo". Ver Cherry Gilchrist, *Russian Magic: Living Folk Traditions of an Enchanted Landscape* (Quest Books, 2009), pp. 155-56.

[4] Poucas semanas após a morte de Diana, pediram-me que escrevesse, para estudantes de língua inglesa, uma pequena biografia sua. A permanência de sua popularidade é atestada pelo fato de esse livro estar ainda em catálogo em vários países do mundo. Ver Cherry Gilchrist, *Princess Diana* (Penguin Readers, 1998).

[5] Cântico dos Cânticos, 4.12-3.

## CAPÍTULO 3: A MÃE TECELÃ

[1] Descobertas arqueológicas relacionadas à tecelagem continuam vindo à tona, e as diferentes estimativas que tenho visto para os primeiros exemplos de tecido os fazem remontar a um período que vai de 10 mil a 50 mil anos atrás. O mais seguro, porém, talvez seja postular uma origem intermediária entre essas duas datas.

[2] C. G. Jung, *Memories, Dreams, Reflections* (Collins, 1983).

[3] Cherry Gilchrist, *Growing Your Family Tree: Tracing Your Roots and Knowing Who You Are* (Piatkus, 2011), p. 39. Ver também, neste capítulo, minhas reflexões sobre os diferentes modos de traçar nossa ascendência pelas linhagens patrilinear e matrilinear.

[4] Se você quiser fazer este exercício, aconselhe-se quanto a que tipo de nó usar e tenha certeza de que a árvore seja forte o suficiente para aguentar seu peso.

[5] "The Knotting Song", letra de Sir Charles Sedley, música de Henry Purcell.

## CAPÍTULO 4: A SENHORA DA DANÇA

[1] Essa citação é atribuída às vezes ao filósofo Friedrich Nietzsche, mas na verdade é um antigo provérbio das Ilhas Britânicas, já citado como tal no jornal *Times* em 1927. Ver *The Oxford Dictionary of English Proverbs*, organizado por William George Smith (Oxford University Press, 1935).

[2] O professor e filósofo G. I. Gurdjieff coletou muitas danças desse tipo durante suas primeiras explorações da Ásia Central e do Oriente. Entre elas há danças para cardar e fiar lã, danças para costurar sapatos e fazer meias de tricô e danças para tecer tapetes. Essa lista específica foi dada por C. S. Nott, *Teachings of Gurdjieff*, publicado pela primeira vez em 1961 pela Routledge & Kegan Paul (p. 14 na edição de 1974). Algumas delas integram o repertório de danças sagradas chamadas "Movimentos de Gurdjieff", que contêm danças exclusivas para mulheres, danças exclusivas para homens e danças para forças mistas.

[3] Há muito mais coisas a se dizer sobre essas três forças, que se encontram também no centro da doutrina de Gurdjieff e na Árvore da Vida da Cabala, bem como

nas trindades e triplicidades das principais religiões. Elas também têm relação com os arquétipos da Rainha, da Mãe e da Senhora; mas, para não nos dispersarmos demais neste assunto, é mais simples vê-las como diferentes tipos de forças ou dinâmicas que se refletem no movimento e na dança.

[4] Ver http://www.scottishdancetheatre.com/company/fleur. Além disso, há muito tempo que Fleur Darkin se interessa pelos arquétipos do Círculo das Nove Mulheres.

[5] C. Scott, *Music – Its Secret Influence through the Ages* (Rider, 1933).

[6] Pode-se ver uma reprodução oficial de alta qualidade no *site* da Galeria Uffizi, de cujo acervo a pintura faz parte:http://www.uffizi.org/artworks/la-primavera-allegory-of-spring-by-sandro-botticelli/.

[7] Embora o "significado" da pintura *A Primavera* ainda seja debatido, as interpretações que apresento aqui são concordes, de maneira geral, com as dos especialistas que se interessam de modo particular pelos aspectos neoplatônicos e filosóficos da obra de Botticelli.

## CAPÍTULO 5: A RAINHA DA NOITE

[1] C. G. Jung, *Memories, Dreams, Reflections* (primeira edição inglesa, 1963).

[2] Ver Cherry Gilchrist, *Tarot Triumphs: Using the Marseilles Tarot Trumps for Divination and Inspiration* (Red Wheel/Weiser, 2016), pp. 139-40. Essa Dominadora dos Animais pode também ter uma relação com as *jongleuses* (artistas populares e malabaristas do século feminino); sabe-se que, na Idade Média, domadoras de animais estavam entre os artistas itinerantes.

[3] Uma leitura interessante é *H is for Hawk*, de Helen Macdonald (Jonathan Cape, 2014). A autora treinou um milhafre, em parte para conseguir lidar com a dor da perda do pai; sua longa e íntima associação com o falcão envolveu-a numa jornada emocional profunda e poderosa.

[4] Cherry Gilchrist, *Russian Magic: Living Folk Traditions of an Enchanted Landscape* (Quest Books, 2009), pp. 97-103.

[5] "Hark All You Ladies", canção para alaúde de Thomas Campion (1567-1620).

## CAPÍTULO 6: A MÃE JUSTA

[1] Ver descrição e interpretação da carta A Justiça do Tarô de Marselha em Cherry Gilchrist, *Tarot Triumphs: Using the Marseilles Tarot Trumps for Divination and Inspiration* (Red Wheel/Weiser, 2016), pp. 128-30.

[2] Já encontrei essa informação em textos de antropologia. Uma descrição da prática é dada em http://www.indianreader.com/indian.html.

[3] Veja a descrição em http://www.imdb.com/title/tt0094540/.

[4] Podem-se encontrar informações sobre as mulheres que acompanhavam os exércitos em E. C. G. Page, *Following the Drum: Women in Wellington's Wars* (Andre Deutsch, 1986).

[5] Para saber mais sobre a tradição das mulheres guerreiras, particularmente as amazonas, ver Lyn Webster Wilde, *A Brief History of the Amazons* (Robinson, 2016).

[6] Citado em "Women in Combat", artigo publicado em http://www.livescience.com/52998-women-combat-gender-differences.html, que faz referência a "Skeletal muscle mass and distribution in 468 men and women aged 18-88 yr", *Journal of Applied Physiology*, http://jap.physiology.org/ content/89/1/81.

## CAPÍTULO 7: A SENHORA DO LAR

[1] Laurens van der Post, *The Heart of the Hunter* (Hogarth Press, 1961).

[2] Cherry Gilchrist, *Life in Britain in World War One* (Batsford, 1985). Depois das duas guerras, muitas mulheres optaram por conservar a independência que assim haviam adquirido, mas às vezes eram obrigadas a reassumir seu papel dentro de casa porque os homens que voltavam da guerra – como bancários, fabricantes de cerveja, encanadores, veterinários, agricultores, engenheiros, limpadores de chaminés e coveiros.

[3] Cherry Gilchrist, *Russian Magic: Living Folk Traditions in an Enchanted Landscape* (Quest Books, 2009).

[4] Robert A. Johnson, *He – Understanding Masculine Psychology* (Harper and Row, edição revista, 1991).

## CAPÍTULO 8: A RAINHA DA BELEZA

[1] Miguel Serrano, *The Serpent of Paradise* (Routledge & Kegan Paul, 1974).

[2] Dorothy Clarke Wilson, *Hilary: The Brave World of Hilary Pole* (Storyworkz LP, reimpressão 2012). A pesquisa de seu nome na internet revela homenagens e discussões sobre sua doença e suas realizações. Hilary viveu de 1938 a 1975 em Walsall e num hospital de Birmingham, Reino Unido.

[3] Anne Kreamer, *Going Grey* (Little, Brown US, 2008).

[4] Às vezes, também as jovens adotam a moda dos cabelos cinzentos, mas isso não é a norma e a aparência é muito diferente – mais parecida com um prateado ou platinado de fantasia.

## CAPÍTULO 9: A GRANDE MÃE

[1] Visita a Kents Cavern, Torquay, fevereiro de 2017. Ver http://www.kents-cavern.co.uk/.

[2] São exemplos famosos a Mulher Sentada de Çatalhöyük e a Vênus de Willendorf; esta última foi esculpida há quase trinta mil anos. (https://en.wikipedia.org/wiki/Venus_of_Willendorf.)

[3] Para uma reflexão sensível e inteligente sobre o aborto espontâneo e a questão da barriga de aluguel, ver Alice Jolly, *Dead Babies and Seaside Towns* (Unbound, 2015).

[4] http://www.megalithicguernsey.co.uk/la-granmere-du-chimquiere/. Muitos outros *sites* falam da pedra Gran'mère, situada na paróquia de Saint Martin's, Guernsey.

## CAPÍTULO 10: A SENHORA DA LUZ

[1] O Efeito McClintock leva o nome de uma psicóloga cujo estudo, publicado em 1971, demonstrou que as menstruações de estudantes universitárias que moravam no mesmo dormitório começaram a se sincronizar. O mesmo fenômeno foi relatado entre mulheres árabes vivendo juntas em reclusão e entre as mulheres do Greenham Common Peace Camp, na década de 1980.

² John Blofeld, *Bodhisattva of Compassion: the Mystical Tradition of Kuan Yin* (Shambhala 1977, 2009), pp. 124-25.

³ Cherry Gilchrist, *Tarot Triumphs: Using the Marseilles Tarot Trumps for Divination and Inspiration* (Red Wheel/Weiser, 2016), pp. 110, 118.

⁴ A principal fonte de informação sobre as Cortes do Amor é o *Book of the Art of Love*, escrito por Andreas Capellanus no final do século XII. O diretor musical Stevie Wishart's nos oferece notas simples e confiáveis sobre a relação dessas Cortes com a música trovadoresca em http://www.hyperion-records.co.uk/dc.asp?dc=D_CDH55186.

## CAPÍTULO 11: O TRABALHO COM O CÍRCULO DAS NOVE MULHERES

¹ Para levar adianta o processo de escrever a história da sua vida, veja Cherry Gilchrist, *Your Life, Your Story* (Piatkus, 2010).

Impresso por :

gráfica e editora

Tel.:11 2769-9056